Samsung Galaxy A16 / A16 5G

Für Einsteiger ohne Vorkenntnisse

Verlag:
BILDNER Verlag GmbH
Bahnhofstraße 8
94032 Passau

http://www.bildner-verlag.de
info@bildner-verlag.de

ISBN: 978-3-8328-0705-4
Bestellnummer: 0721

Autoren: Andreas Lehner, Anja Schmid
Herausgeber: Christian Bildner

Druck: Digital Print Group, Neuwieder Straße 17, 90411 Nürnberg

Bildquellen:
Cover: ©deagreez - stock.adobe.com
Seite 10: ©realstockvector - stock.adobe.com

Einleitung

Wir möchten Ihnen die wichtigsten Einstellungen, Apps und Einsatzmöglichkeiten Ihres neuen Samsung Galaxy A16 bzw. A16 5G näherbringen. Wir starten mit der Einrichtung Ihres Android-Smartphones, erklären grundlegende Einstellungen und zeigen Ihnen im Laufe des Buchs, wie das Smartphone zum täglichen, hilfreichen Begleiter werden kann.

Was ist Android?

android

Android ist das Betriebssystem Ihres Smartphones. Es bildet die Plattform zur Speicherung der Apps und zur Ausführung aller Gerätefunktionen. Hersteller, wie Samsung, Google, Xiaomi, Sony, etc., verwenden Android.

Dennoch gleichen sich die Handys verschiedener Hersteller nicht. Grund hierfür ist, dass viele die Nutzeroberfläche von Android verändern und ein eigenes, androidbasiertes Betriebssystem installieren. So geht auch Samsung vor und nennt seine Nutzeroberfläche One UI.

Die aktuelle Version ist Android 15. Ausgeliefert wird Ihr Samsung Galaxy A16 (5G) aktuell noch mit Android 14 und One UI 6.1, jedoch ist für die zweite Jahreshälfte 2025 ein Update auf Android 15 und OneUI 7 angekündigt.

SIM-Karte kaufen

Neben dem Handy benötigen Sie noch eine SIM-Karte. Diese dient der Authentifizierung im Netz. Nur mit einer SIM-Karte können Sie telefonieren, unterwegs im Internet surfen, also kurz Ihr Smartphone sinnvoll nutzen. Dieses Kapitel umreißt grob Ihre Möglichkeiten beim Kauf einer SIM-Karte, erhebt aber keinen Anspruch auf Vollständigkeit.

Grundsätzlich sind zwei Arten von Verträgen zu unterscheiden: Laufzeitvertrag und Prepaid-Karte. Sie können sich in einem der vielen Telekommunikationsgeschäften oder Elektrofachmärkten beraten lassen und dort einen Vertrag abschließen. Natürlich ist auch eine Bestellung im Internet möglich, dann erhalten Sie die SIM-Karte und die weiteren Informationen per E-Mail und Post. Letztendlich können Sie auch eine Prepaid-Karte in einem Supermarkt oder Elektrofachmarkt mitnehmen. Unternehmen wie Telekom, Vodafone, O2 oder 1&1 bieten meist beide Optionen an, also Verträge mit einer Mindestlaufzeit und Prepaid-Tarife.

Laufzeitvertrag: Hier entscheiden Sie sich für ein Angebot aus Datenvolumen (für Internet, WhatsApp etc.) und Kosten für Telefonate/SMS. Zusätzlich wird meist ein einmaliger Bereitstellungsbetrag fällig. Oftmals werden Telefonate und das Versenden von SMS als „Flat" ausgewiesen, d. h. egal wie viele Anrufe Sie tätigen oder SMS schreiben, diese sind mit dem Zahlungsbetrag abgegolten. Zusätzliche Kosten können dennoch anfallen, z. B. bei Telefonaten ins Ausland. Der Vertrag kann eine Mindestlaufzeit von maximal 24 Monaten haben. Erst nach Ablauf dieser Zeit wird eine Kündigung wirksam oder können Konditionen geändert werden. Der Vertrag kann auch die Bereitstellung eines neuen Smartphones alle paar Jahre beinhalten.

Prepaid-Karte: Hier fallen in der einfachsten Form keine fixen monatlichen Kosten an, es gibt also keine Grundgebühr, keinen Mindestumsatz und keine Vertragslaufzeit. Sie kaufen eine Art Starterpaket, das bereits ein Guthaben enthält. Dieses verbrauchen Sie dann für Telefonate (Abrechnung pro Minute), SMS und wenn Sie unterwegs im Internet surfen, WhatsApp benutzen etc. (Abrechnung des verbrauchten Datenvolumens). Auch hier zahlen Sie meist einen einmaligen Betrag für die SIM-Karte. Wenn das Guthaben verbraucht ist, besser kurz davor, laden Sie neues Guthaben auf. Dieser Vorgang kann auch automatisiert werden.

Darüber hinaus gibt es auch Prepaid-Verträge mit Telefonie- bzw. SMS-Flat, die um Datenvolumenangebote erweitert werden können. Die Tarifoptionen gelten dann für die nächsten 4 Wochen und sind meist täglich kündbar. Damit ähneln sie dann schon mehr den Laufzeitvertragsangeboten.

Identifikationsverfahren

Beim Erwerb einer Prepaid-SIM-Karte müssen Sie sich mit einem Ausweisdokument identifizieren. Das ist gesetzlich vorgeschrieben und dient der Verbrechensbekämpfung. Wenn Sie die Karte in einem Mobilfunkgeschäft kaufen, können Sie das gleich vor Ort erledigen.

Wenn Sie eine Karte im Internet bestellen oder im Supermarkt kaufen, müssen Sie ein Identifikationsverfahren durchlaufen, bevor Sie die Karte nutzen können. Hierzu haben Sie entweder beim Kauf der Karte Informationen erhalten oder, wenn Sie die Karte online gekauft haben, wurden Ihnen diese via E-Mail zugesandt. Erst nach erfolgreicher Identifikation wird die Karte aktiviert. Es ist auch möglich, dass die SIM-Karte erst nach einem positiven Identifikationsverfahren versendet wird.

- **Video-Ident:** Sie benötigen Computer, Laptop oder Tablet mit Webcam, Lautsprecher und Mikrofon, sowie eine gute Verbindung ins Internet. Sie haben einen Link erhalten, über den Sie im Browser einen Videochat öffnen. Im Video müssen Sie dem Mitarbeiter des Unternehmens Ihr Ausweisdokument zeigen.
- **Post-Ident in der Postfiliale:** Sie suchen eine Postfiliale auf, hier zeigen Sie das mitgelieferte Formular vor, das die Informationen zum Mobilfunkvertrag enthält und Ihr Ausweisdokument.
- **Partnershop:** Das Unternehmen hat einen Partnershop oder eigene Shops in denen Sie das Identifikationsverfahren durchführen können, auch wenn Sie die Karte nicht dort gekauft haben.
- **Post-Ident mit Online-Ausweis:** Nach 2017 ausgestellte Personalausweise verfügen über eine Online-Ausweisfunktion, die im Bürgeramt aktiviert werden kann. Mit der vom Vertragspartner bereitgestellten Vorgangsnummer und der Postident-App bestätigen Sie anschließend Ihre Identität über die NFC-Schnittstelle Ihres Smartphones.

SIM-Karte

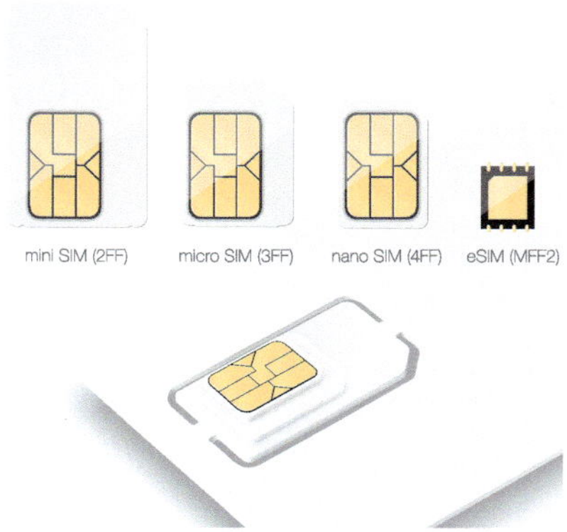

SIM-Karten gibt es in verschiedenen Größen: mini, micro und nano. Die derzeit gängigen Smartphones verwenden nano-SIM-Karten. Es ist möglich, dass Sie eine große Karte mit vorgestanzten Sollbruchstellen erhalten und Sie sich die passende Größe herausbrechen. Die neueste Errungenschaft - die eSIM - ist keine physische, auswechselbare Karte mehr sondern ein fest verbautes Modul im Smartphone, in der Smartwatch etc. Die notwendigen Teilnehmerinformationen werden dann via Internet auf die eSIM übertragen. Danach kann das Smartphone ganz normal genutzt werden. Nicht jedes Smartphone bietet die Möglichkeit der Verwendung von eSIM.

PIN und PUK

Zusammen mit Ihrer SIM-Karte erhalten Sie eine PIN und einen PUK. Die SIM-Karten-PIN geben Sie ein, wenn das Smartphone neu gestartet wurde. Diese dürfen Sie nur dreimal falsch eintippen, dann ist die Karte gesperrt. In diesem Fall benötigen Sie den PUK, den Sie ebenfalls zusammen mit Ihrer SIM-Karte bekommen haben. Diesen meist achtstelligen Code müssen Sie dann eingeben, um Ihr Smartphone wieder zu entsperren.

Netzabdeckung

Ein guter Handyempfang am Wohnort ist wünschenswert. Leben Sie in einer Stadt, müssen Sie sich um die Netzabdeckung nicht so viele Gedanken machen; auf dem Land sieht das oft anders aus. Hier sollten Sie überprüfen, ob und in welcher Qualität das Mobilfunknetz des gewünschten Anbieters verfügbar ist.

Mobilfunkstandard 2G, 4G oder 5G – was ist das?

2G, 4G oder 5G sind Bezeichnungen für die verwendete Technologie zum Austausch von Daten über das Mobilfunknetz. Dabei bezeichnet die jeweils höhere Zahl einen schnelleren und zuverlässigeren Standard.

Vielleicht haben Sie auch schon von LTE gehört? 4G und LTE werden heute synonym verwendet, obwohl es sich genau genommen nicht um die gleiche Technologie handelt. Die Bundesnetzagentur gibt an, dass rund 97% der Fläche in Deutschland durch mindestens einen Netzbetreiber mit einem 4G-Netz versorgt sind; für das 5G-Netz sind es 92% (Stand Juni 2024). Es fällt auf, das 3G fehlt. Dieses Netz wird sukzessive abgeschaltet (Die Telekom bietet es seit Mitte 2021 nicht mehr an). 2G wird nur noch zur Sicherheit zur Verfügung gestellt. Damit kann man zwar telefonieren, das Surfen im Internet ist aber kaum möglich.

Welchen Mobilfunkstandard Sie nutzen, hängt von folgenden Faktoren ab: Smartphone, Vertrag und Verfügbarkeit am aktuellen Standort. Jedes neue Smartphone nutzt momentan 4G, viele sind schon 5G-fähig. Der abgeschlossene Vertrag muss Ihnen den Zugang zum jeweiligen Netz ermöglichen. Zusätzlich muss das entsprechende Netz am Aufenthaltsort verfügbar sein. Das ist bei 5G noch nicht überall der Fall und selbst die 4G-Abdeckung ist bei einer Fahrt über Land nicht immer gegeben.

In Deutschland gibt es vier netzbetreibende Mobilfunkanbieter:

Betreiber & Netz	Welcher Anbieter nutzt es auch:
Deutsche Telekom (D1-Netz)	Congstar (Telekom-Tochter), klarmobil.de
Vodafone (D2-Netz)	Lidl Connect
Telefónica Deutschland (O2-Netz)	Aldi Talk, Blau, 1&1
1&1	1&1-Netz

Das 1&1-Netz befindet sich gerade erst im Ausbau. An Orten, wo noch keine eigene 1&1-Antenne funkt, greift das Unternehmen seit 2024 auf das Vodafone-Netz zurück. Viele Anbieter, wie beispielsweise freenet oder klarmobil, nutzen auch je nach Vertrag die Netze mehrerer Betreiber.

Zur Überprüfung geben Sie beispielsweise die Suchbegriffe „Netzabdeckung Telekom" in Ihren Browser am Computer ein und rufen die passende Telekomseite auf (verfahren Sie analog mit den anderen Anbietern). Hier können Sie dann Ihre Adresse ❶ eintippen, um die verfügbaren Mobilfunkstandards ❷ an Ihrem Standort anzuzeigen.

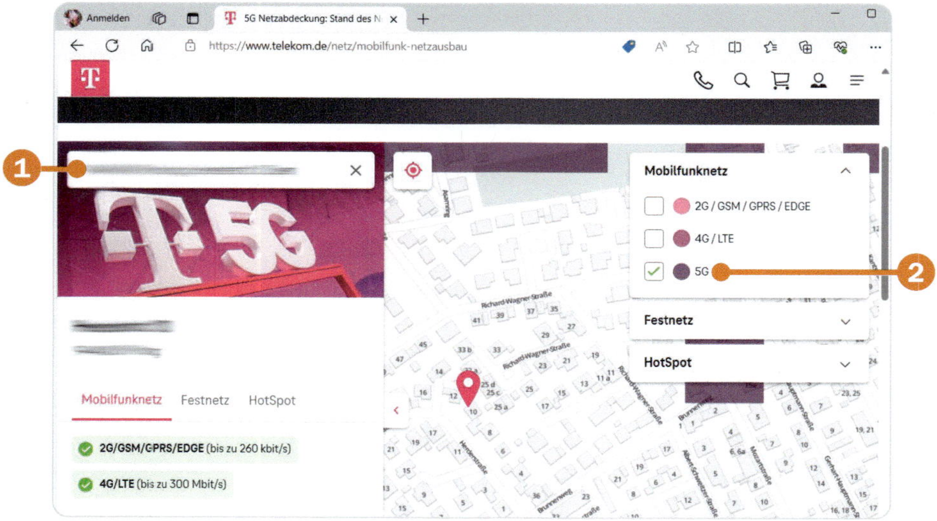

In diesem Beispiel sehen Sie, dass am eingegebenen Ort momentan noch kein 5G-Netz verfügbar ist. Das muss Sie nicht davon abhalten einen 5G-Vertrag abzuschließen, da Sie ja an anderen Orten davon profitieren und auch meist keine gesonderten Verträge für 5G und 4G angeboten werden.

Die Bundesnetzagentur stellt ebenfalls eine Übersicht zur deutschlandweiten Netzabdeckung zur Verfügung. Geben Sie dazu in Ihren Browser *Mobilfunk-Monitoring Karte* ein.

Auf der Webseite ist es möglich durch Auswahl der verschiedenen Netzbetreiber schnell anzuzeigen, welche Anbieter, was an Ihrem Standort zur Verfügung stellen. Im Beispiel ist zu sehen, dass der ausgewählte Mobilfunkanbieter am gewählten Ort noch kein 4G-Netz ❸ zur Verfügung stellt. In diesem Fall sollten Sie überprüfen, ob ein anderer Anbieter hier vielleicht mehr kann.

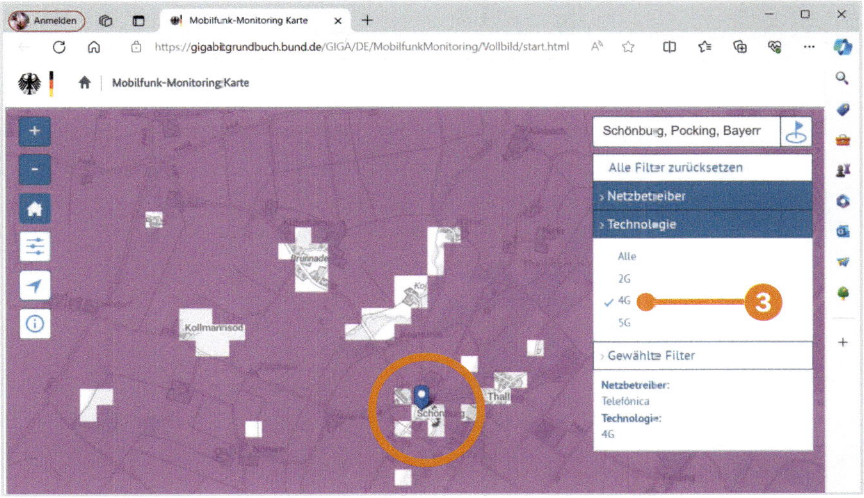

Nutzung von WLAN und mobilen Netzen

WLAN steht für Wireless Local Area Network, also ein kabelloses lokales Netzwerk. Für Zuhause haben Sie im Zuge eines Vertragsabschluss mit einem Provider (z. B. Vodafone, Telekom, 1&1 etc.) wahrscheinlich einen Router (Internetzugang über die Telefonleitung) oder ein Kabelmodem (Internetzugang über eine TV-Kabelverbindung) erhalten und eingerichtet. Mit diesem Gerät verbinden Sie Ihr Smartphone, aber auch den Computer, Laptop oder das Tablet und erhalten dadurch eine Verbindung zum Internet. Außerhalb eines WLANs verbindet sich das Smartphone über das Mobilfunknetz mit dem Internet (mobile Datenverbindung).

Mobiles Netz: Beim Erwerb der SIM-Karte wird Ihnen als Teil Ihres Vertrags ein bestimmtes Datenvolumen für den laufenden Monat zur Verfügung gestellt, z. B. 1 GB (ein Gigabyte) oder die Daten werden nach Nutzung abgerechnet. Sie verbrauchen Datenvolumen beispielsweise, wenn Sie **nicht** mit einem WLAN-Netzwerk verbunden sind und im Internet surfen oder WhatsApp verwenden. Sie nutzen dann eine mobile Datenverbindung. Wenn das festgelegte Datenvolumen aufgebraucht ist, ist die Nutzung der genannten Dienste zwar theoretisch noch möglich, aber praktisch zu langsam, da die Geschwindigkeit von den Anbietern „gedrosselt" wird. Manche Verträge sehen aber auch vor, dass das Datenvolumen für diesen Fall automatisch kostenpflichtig erweitert wird.

Da Ihr Datenvolumen entweder begrenzt ist oder Sie für dessen Nutzung entsprechend der verbrauchten Menge bezahlen, ist es besser datenintensive Tätigkeiten im heimischen WLAN zu erledigen, z. B. YouTube-Videos anschauen, viele Fotos verschicken oder Updates durchführen. Natürlich gibt es auch Verträge, die Ihnen mit 25 oder sogar 50 GB ein sehr komfortables Datenvolumen zur Verfügung stellen. Dann müssen Sie nicht so sehr darauf achten. Allerdings würden wir Updates trotzdem im WLAN durchführen.

Nützliches Zubehör

Ladegerät: Das Samsung Galaxy A16 wird nur mit einem USB-C-Kabel, jedoch ohne Netzteil ausgeliefert. Sollten Sie bisher noch kein passendes Ladegerät besitzen, das Sie weiterhin verwenden möchten, so achten Sie beim Kauf eines neuen Netzteils darauf, dass dieses Schnellladen unterstützt. Die Schnellladefunktion im Handy sollte bereits aktiviert sein: *Einstellungen* unter *Akku* ▸ *Einstellungen für das Aufladen* ▸ *Schnellladen* .

Hülle und Displayschutz: Schützen Sie Ihr Smartphone durch eine Hülle vor Schäden. Taschen und Schutzhüllen gibt es in allen Farben und Formen. Daneben gibt es auch Displayschutzfolien, die den Bildschirm gegen Kratzer und Bruch schützen und zusätzlichen Reflexionsschutz bieten können. Das blasenfreie Aufbringen der Schutzfolie kann unter Umständen Schwierigkeiten bereiten. Der Fingerabdrucksensor Ihres Smartphones befindet sich auf dem Display. In der Regel kann trotz Schutzfolie das Smartphone per Fingerabdruck entsperrt werden. Beim Einlesen des Fingerabdrucks kann eine Folie allerdings hinderlich sein.

Eingabestift: Wenn Ihnen die Fingereingabe über den Bildschirm Probleme bereitet, empfehlen wir einen Eingabestift. Er erleichtert die Auswahl kleiner Symbole enorm. Vorsicht! Auf dem Markt gibt es günstige Eingabestifte mit Metallspitze, die das Display zerkratzen können.

Haltegriff/Handyhalter: An der Rückseite des Handys kann zusätzlich ein Griff angebracht werden, der das einhändige Halten des Smartphones erleichtert.

Externer Akku/Powerbank: Auf Reisen hilft ein externer Akku. Wenn gerade keine Steckdose in der Nähe ist, können Sie das Handy so wieder aufladen.

Je nachdem, wie Sie Ihr Handy nutzen, gibt es eine Reihe weiterer Hilfsmittel, z. B. Objektive und Stative für Smartphonefotografen, KFZ- und Fahrradhalterung für diejenigen, die mit dem Handy navigieren oder Bluetoothlautsprecher bzw. -kopfhörer für Musikliebhaber.

Über dieses Buch

- Befehle und Bezeichnungen von Schaltflächen sind zur besseren Unterscheidung farbig und kursiv hervorgehoben, zum Beispiel: Öffnen Sie die Smartphone-*Einstellungen*.
- Die Nummerierungen ❶ im Text beziehen sich in der Regel auf die darunter aufgeführten Bilder. Auf Ausnahmen wird hingewiesen.
- Die meisten Möglichkeiten, um das Smartphone an Ihre Wünsche anzupassen, finden Sie in der App *Einstellungen* ⚙. Daneben verfügen auch einzelne Apps über einen Bereich für Anpassungen. Dieser wird in der Regel ebenfalls als Einstellungen bezeichnet und oft auch durch ein Zahnradsymbol visualisiert. Deshalb fügen wir zur besseren Unterscheidung für die App *Einstellungen* das Symbol ⚙ ein.
- Der Glossar bietet Hilfe, wann immer Sie im Text einen Begriff nicht verstehen.
- Das Samsung Betriebssystem OneUI und die installierten Apps werden laufend aktualisiert. Das kann zu Abweichungen von den hier gezeigten Inhalten führen.

Für weiterführende Informationen zu Smartphones besuchen Sie auch unseren YouTube-Kanal **BILDNER.TV**

Spickzettel

Schnelle Bedienungshilfen für das Smartphone.

Wichtige Bedienungsschritte haben wir für Sie auf Spickzetteln zusammengefasst. Ausführliche Erläuterungen finden Sie selbstverständlich auch im Buch. Die Spickzettel helfen, wenn Sie schnell etwas nachschauen möchten. Damit sie leicht zu finden sind, haben wir sie an den Anfang des Buchs gesetzt.

Auf den nächsten Seiten finden Sie Kurzanleitungen für folgende Themen:

1 Fingersteuerung

Tippen = Öffnen

Einmaliges, kurzes Tippen auf eine App, auf ein Symbol oder einen Menüeintrag ▶ öffnet die App, öffnet ein Auswahlmenü oder zeigt ein Untermenü an.

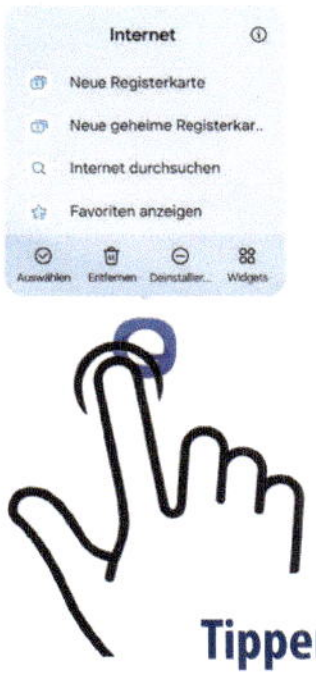

Tippen und halten = Kontextmenü anzeigen

Tippen und den Finger auf dem Bildschirm bzw. einer App halten ▶ öffnet ein Menü (Kontextmenü), welches Befehle anzeigt, die für das angetippte Element zur Verfügung stehen.

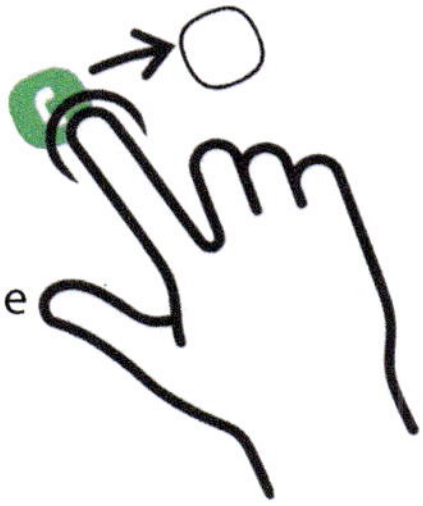

Tippen, halten und ziehen = Verschieben

Das App-Symbol antippen, gedrückt halten und an eine Position ziehen ▶ App verschieben.

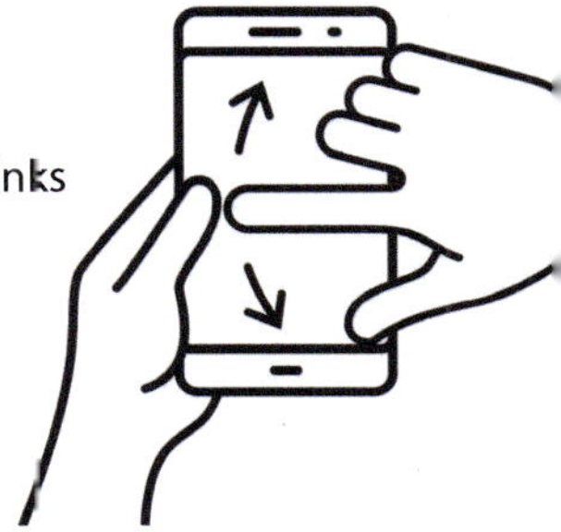

Wischen = Blättern, auch scrollen genannt

Mit dem Finger von unten nach oben bzw. von rechts nach links und natürlich auch jeweils umgekehrt über das Display streichen ▶ blättern zwischen verschiedenen Seiten oder Bildschirmen.

Zwei Finger auseinander ziehen = vergrößern, auch zoomen genannt

Ziehen Sie auf dem Bildschirm zwei Finger auseinander ▶ der angezeigte Inhalt wird vergrößert. Beim Zusammenziehen der Finger wird der Inhalt wieder verkleinert.

2 Kleine Taschenlampe brenn!

Wahnsinnig praktisch, wenn man draußen im Dunkeln mal schnell ein Licht benötigt, ist die Funktion Taschenlampe. Sie gehört zu den Schnelleinstellungen.

1 Wischen Sie vom oberen Rand über den Bildschirm und zeigen Sie die Schnelleinstellungen an. Das Symbol befindet sich in der obersten Zeile rechts ❶.

2 Tippen Sie auf die Taschenlampe, um diese zu aktivieren. Diese wird weiß hinterlegt ❷.

3 Wenn Sie etwas länger auf das Symbol tippen, können Sie die Helligkeitsstufe der Taschenlampe regeln. Bestätigen Sie mit *Ok* ❸.

Über den gleichen Weg schalten Sie die Taschenlampe wieder aus.

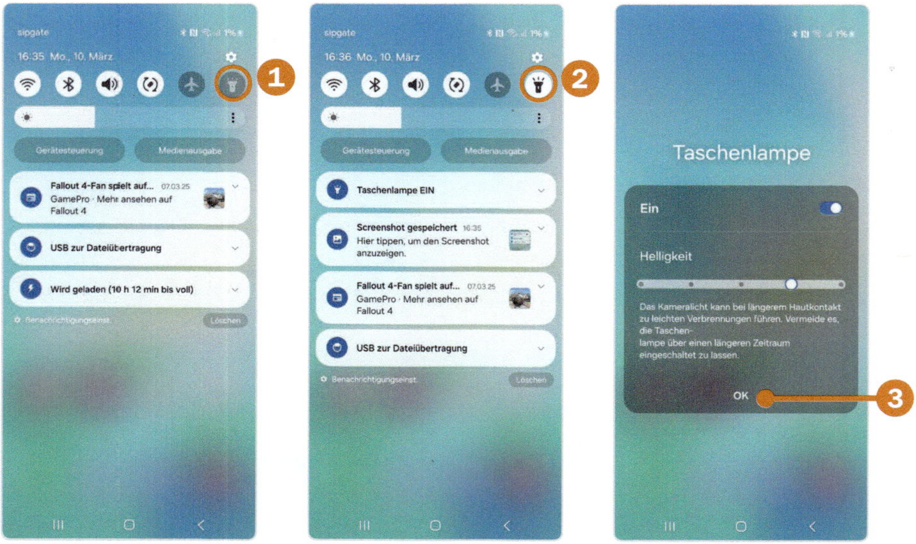

Weitere Informationen finden Sie ab Seite 56.

3 Die Sprache der Apps verstehen

Apps haben ihre eigene Sprache. Wenn Sie diese verstehen, können Sie sich schnell auch in neuen Anwendungen zurechtfinden. Folgende Befehle werden immer durch ähnliche grafische Darstellungen gekennzeichnet.

Befehl	Symbol
Suchfunktion	
Menü: Anzeige von weiteren Bearbeitungsbereichen, z. B. Einstellungen oder Konto	 oder 
Teilen, Inhalte der App versenden via E-Mail, WhatsApp etc., auf einem Cloud-Speicher ablegen oder in eine andere Anwendung laden	
Löschen des markierten Elements	
Einstellungen der App aufrufen	
Schließen, z. B. eingeblendete Werbung	
Chat: Nachricht schreiben	
Kontaktinformationen hinterlegen oder einfügen	
Wecker oder Erinnerung ist aktiv	
Warenkorb/Einkaufswagen	
Favoriten: Das markierte Element kann als Favorit festgelegt werden und wird dadurch gesondert angezeigt.	
Video starten	
Video pausieren	
Kalender anzeigen	

Befehl	Symbol
Brief/E-Mail	
Dreieck mit Ausrufezeichen: Warnung	
Datei anhängen	
Anzeigen, z. B. eines Kennworts, und wieder verstecken	
Cloud (Wolke): zusätzlicher externer Speicherplatz	
Standortermittlung (GPS-Ortung) benötigen viele Apps, um passende Informationen bereitzustellen, z. B. Wetter.	
Offlinemodus, Schlafmodus oder Flugmodus: Alle Netzverbindungen, WLAN und Bluetooth werden deaktiviert.	
Startseite der App	
Über die Glühbirne erhalten Sie Tipps oder weitere Infos.	
Durch Antippen des Häkchens bestätigen Sie eine Eingabe.	
Bearbeiten eines Eintrags	
Neue Benachrichtigung	
Hinweis auf Funktionen, die mit dem letzten Update erweitert oder neu hinzugefügt wurden.	
Weitere Informationen	
Oranger Punkt an einem Eintrag: Hier gibt es eine Neuerung oder Aktualisierung. Tippen Sie den Eintrag an oder öffnen Sie das Menü, um zu erfahren, was sich geändert hat.	

4 Freunde anrufen

1 Öffnen Sie die App *Telefon* und wählen Sie unten *Kontakte* ❶ aus.

2 Tippen Sie auf die Kontaktdaten der Person, die Sie anrufen möchten. Dadurch wird die Telefonnummer ❷ des Kontakts angezeigt.

3 Tippen Sie auf das Telefonsymbol ❸.

4 Die Person wird angerufen. Durch Antippen des roten Hörers beenden Sie das Gespräch.

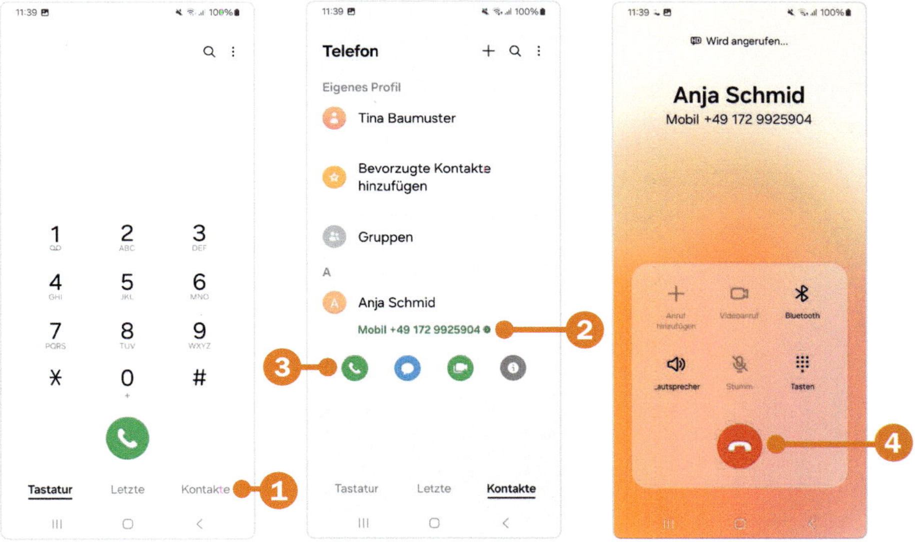

Wenn Sie versehentlich die falsche Person anrufen, können Sie durch Antippen des roten Hörers ❹ den Anrufversuch abbrechen.

Weitere Informationen finden Sie ab Seite 100.

5 In WhatsApp chatten

1 Öffnen Sie WhatsApp. Tippen Sie den Chat mit der Person an ❶, der Sie eine Nachricht schreiben möchten. Falls Sie sich mit einem Freund noch nicht ausgetauscht haben, tippen Sie auf *Neue Nachricht* ❷ und wählen dann den gewünschten Kontakt ❸ aus.

2 Tippen Sie in das Nachrichtenfeld und geben Sie Ihre Antwort ein. Über das Büroklammer-Symbol und Auswahl von *Galerie* können Sie auch ein Bild verschicken und mit ein Emoji einfügen.

3 Tippen Sie auf *Senden* ❹.

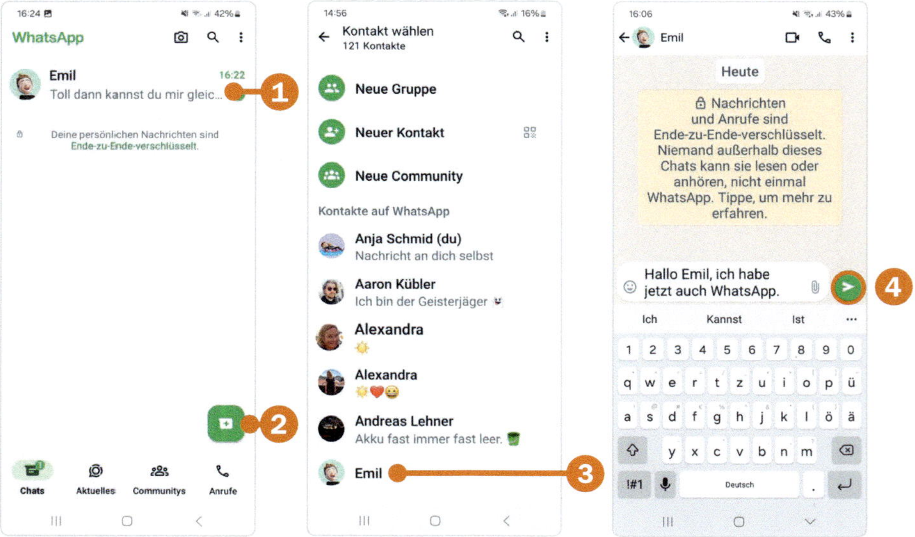

Weitere Informationen finden Sie ab Seite 117.

6 Videotelefonat in WhatsApp

1 Zeigen Sie den Chat mit der Person an, die Sie anrufen möchten. Tippen Sie oben rechts auf das Videosymbol **1** und bestätigen Sie mit Antippen von *Anruf*.

2 Am bequemsten ist es, wenn Sie das Handy auf dem Tisch an etwas anlehnen; vielleicht können Sie auch etwas zweckentfremden, z. B. einen Notenständer. Achten Sie darauf, dass die Frontkamera nicht verdeckt wird.

3 Zunächst sehen Sie sich selbst auf dem Bildschirm des Smartphones. Nachdem der Angerufene das Gespräch angenommen hat, erscheint dieser groß auf dem Bildschirm.

4 Durch Antippen des roten Hörers **2** beenden Sie das Gespräch.

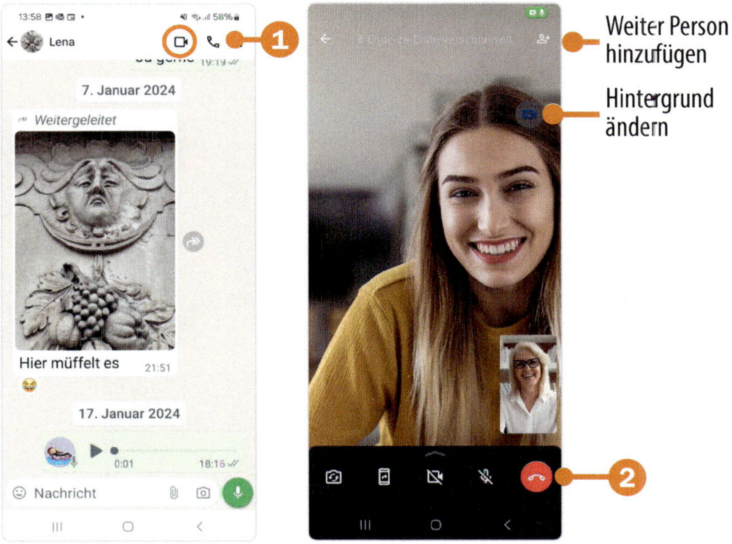

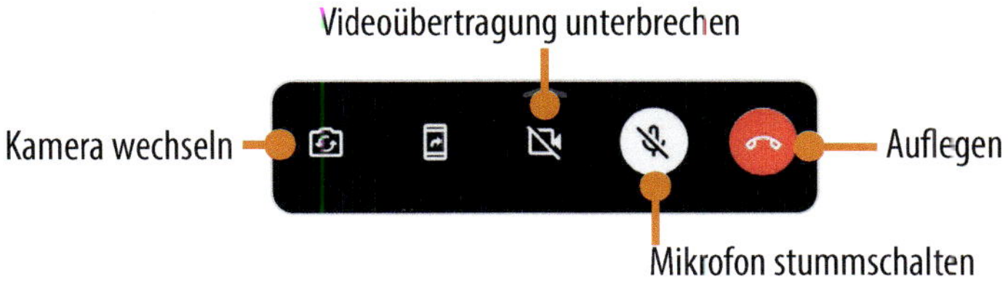

Weitere Informationen finden Sie ab Seite 117.

7 Foto knipsen

1 Öffnen Sie die App *Kamera*. Der Aufnahmemodus *Foto* ❶ ist ausgewählt.

2 Richten Sie das Smartphone auf das Motiv und wählen Sie das passende Objektiv ❷.

3 Tippen Sie mit dem Finger auf den Teil des Motivs, auf den scharf gestellt werden soll ❸.

4 Tippen Sie auf den Auslöser ❹.

5 Sie sehen, dass die Aufnahme funktioniert hat, wenn das geknipste Foto als Vorschaubild ❺ erscheint.

Weitere Informationen finden Sie ab Seite 124.

8 Foto verschönern und versenden

1 Zeigen Sie das Bild in der App *Galerie* an und tippen Sie auf das Stift-Symbol ❶ und dann auf das Filtersymbol ❷.

2 Wählen Sie einen Filter ❸ aus und tippen Sie rechts oben auf *Speichern*.

3 Tippen Sie dann auf das Symbol für *Senden* ❹. Hier stehen verschiedene Optionen zur Verfügung, wie Sie das Foto verschicken können z. B. Gmail, WhatsApp oder auch Nachrichten sind möglich. Allerdings kann der Versand über Nachrichten, auch als MMS bezeichnet, zusätzliche Kosten verursachen. Wir wählen hier *Gmail* ❺, also den Versand als E-Mail-Anhang.

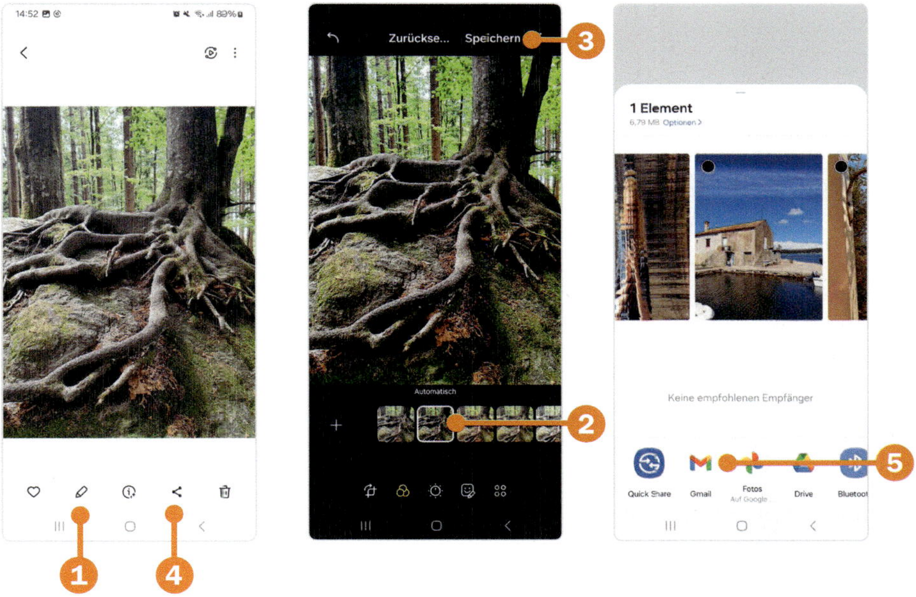

4 Geben Sie dann in Gmail die Empfängeradresse, einen Betreff, eine kurze Nachricht ein und tippen sie auf *Senden* ❻.

Weitere Informationen finden Sie ab Seite 133.

9 Termin eintragen

1 Öffnen Sie die App Kalender. Tippen Sie auf den Tag, für den Sie einen Termin eintragen möchten, und dann auf das Plus-Symbol ❶.

2 Geben Sie eine Bezeichnung für den Termin ein ❷.

3 Tippen Sie auf die Uhrzeit ❸ und dann nochmals auf die Uhrzeit, um die Zahlentastatur anzuzeigen. Geben Sie den Beginn und ggf. ein Ende des Termins ein.

4 Tippen Sie auf *Speichern* ❹.

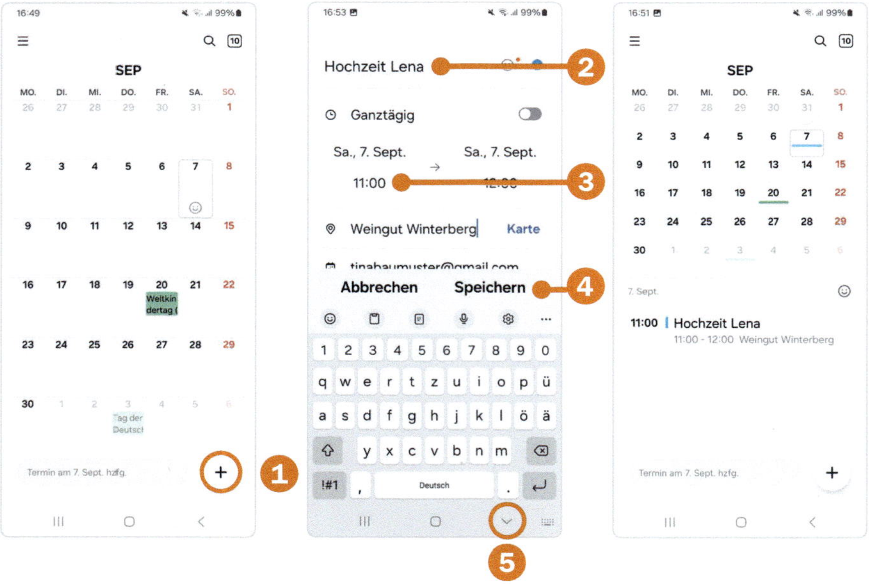

Tipp: Durch Antippen von ⌄ ❺ blenden Sie die Tastatur wieder aus und gelangen so leichter zu den weiteren Feldern des Terminformulars.

Weitere Informationen finden Sie ab Seite 142.

10 Alarm für den nächsten Morgen

1 Öffnen Sie die App Uhr und zeigen Sie den Bereich *Alarm* ❶ an.

2 Falls schon ein Alarm vorhanden ist, dessen Weckzeit passt, ziehen Sie den Regler ❷ auf die Position *Ein*.

3 Sonst tippen Sie auf das Plus-Symbol ❸ und stellen oben die neue Weckzeit ein. Tippen Sie dann auf *Speichern* ❹. Dieser Alarm ist nun aktiv.

4 Oben wird noch mal Datum und Uhrzeit des nächsten Alarms angezeigt ❺. So können Sie verifizieren, dass der Alarm korrekt eingestellt ist.

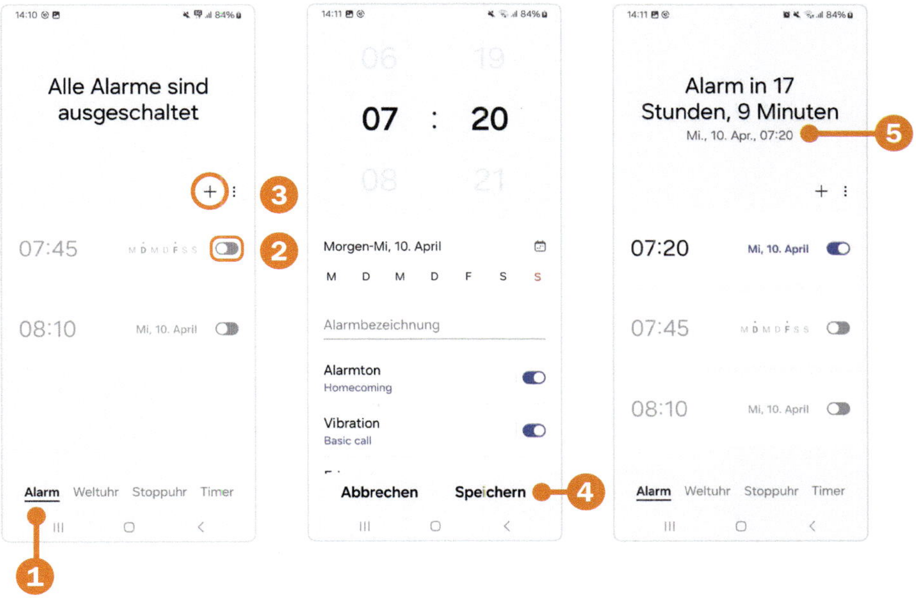

Weitere Informationen finden Sie ab Seite 146.

Bedienelemente am Gehäuse

Wenn der Bildschirm schwarz ist, drücken Sie kurz die Funktionstaste, um diesen zu aktivieren.

1 Handy einrichten und loslegen

Wenn Sie Ihr neues Smartphone gerade aus seiner Schachtel befreit haben, dann gibt es jetzt einiges zu tun: SIM-Karte einlegen, Verbindung mit einem WLAN herstellen und Konto einrichten. Vielleicht wurde das alles schon für Sie erledigt, dann können Sie die nächsten beiden Kapitel überspringen und gleich auf Seite 41 fortfahren.

Diese Dinge sollten Sie zur Hand haben, bevor Sie mit der Einrichtung Ihres Smartphones beginnen:

- SIM-Karte mit PIN
- Name Ihres WLANs und Kennwort
- Benutzername und Passwort für das Google-Konto. Falls Sie eine E-Mail-Adresse wie etwa *beispielname@gmail.com* oder *beispielname@googlemail.com* verwenden, dann haben Sie ein Google-Konto und können diese Adresse nutzen.

1.1 SIM-Karte einlegen und Einrichtung starten

- **SIM-Karte:** Laden Sie den Akku Ihres Handys ggf. auf. Legen Sie eine SIM-Karte ein. Dazu verwenden Sie den mitgelieferten Schlüssel und stecken diesen auf der linken Seite des Smartphones in das kleine Loch des Kartenhalters. Dadurch wird dieser entriegelt und kann entnommen werden. Achten Sie darauf, nicht aus Versehen den Schlüssel in die Mikrofonöffnungen zu stecken. Diese sehen genauso aus, wie die Entriegelungsöffnung des SIM-Kartenhalters, sind allerdings an den oberen und unteren Seiten des Smartphones. Es können bis zu zwei Nano-SIM-Karten oder eine Nano-SIM-Karte und eine microSD-Karte (bis zu einem TB) eingelegt werden. Die micro-SD-Karte bietet zusätzlichen Speicherplatz. SIM-Karte und Kartenhalter haben eine abgeschrägte Ecke; daran erkennen Sie, wie die Karte eingelegt werden muss.

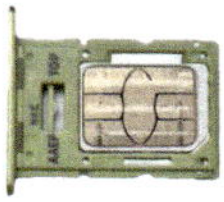

- Drücken Sie zum Erststart die Funktionstaste länger und geben Sie, wenn erforderlich, Ihre PIN (vierstellige Zahl, die Sie zusammen mit Ihrer SIM-Karte erhalten haben) ein. Tippen Sie auf die blaue *Starten*-Schaltfläche und wählen Sie Ihre Sprache aus. Bestätigen Sie mit *Weiter*.
- **Endbenutzer-Lizenzvereinbarung:** Bevor Sie die Lizenzvereinbarung akzeptieren, können Sie durch Antippen von *Details* die einzelnen Informationen anzeigen und durchlesen. Durch Antippen des Pfeilsymbols links unten < gelangen Sie wieder zur vorigen Seite. Alle Einträge, die nicht mit *optional* gekennzeichnet sind, müssen angetippt ❶ und damit ausgewählt werden, um fortfahren zu können. Erst dann können Sie auf *Weiter* tippen.
- **Mit einem anderen Gerät einrichten:** Nun werden Sie gefragt, ob Sie Ihr neues Smartphone mithilfe eines anderen Gerätes einrichten möchten. Folgend gehen wir davon aus, dass es sich hierbei um Ihr erstes Smartphone handelt. Tippen Sie links unten auf *Manuell einrichten* ❷.
- **WLAN:** Verbinden Sie das Smartphone mit Ihrem WLAN. Hierzu wählen Sie aus der Liste der vorhandenen Netze Ihres aus ❸ und geben das Passwort ein. Tippen Sie dann auf *Verbinden*. Nach Verbindungsaufbau wird das Netzwerk blau hinterlegt. Tippen Sie auf *Weiter*.

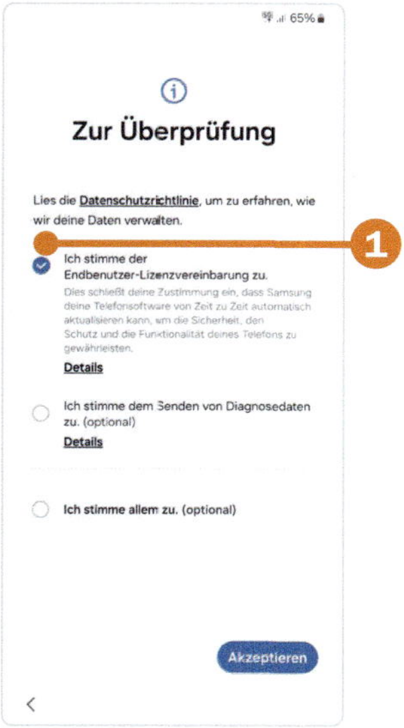

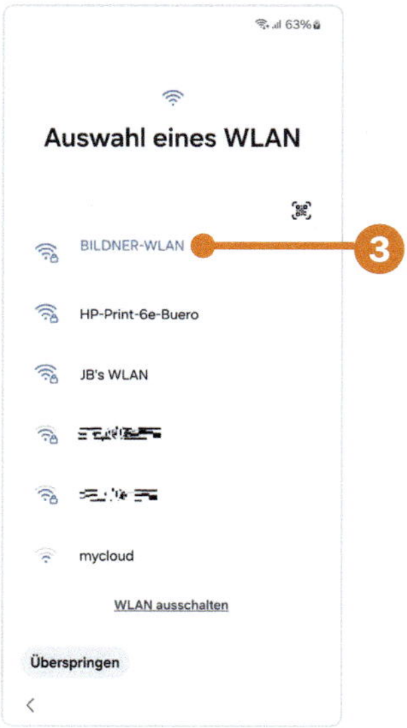

- Beim nächsten Bildschirm können Sie von Ihrem alten Handy *Apps & Daten kopieren*. Wir gehen hier davon aus, dass es sich um eine Ersteinrichtung handelt. Tippen Sie auf *Nicht kopieren* ❹. Wie man Inhalte von einem alten auf ein neues Smartphone überträgt, erfahren Sie ab Seite 180.
- **Konto hinzufügen:** Über das Google-Konto laden Sie Apps im Play Store herunter oder sichern Ihre Daten online. Falls Sie bereits ein Google-Konto haben, geben Sie zunächst die E-Mail-Adresse ein ❺, tippen auf *Weiter*, tragen dann das Passwort ein und tippen erneut auf *Weiter*. Wenn Sie Fragen zur Tastatur haben, blättern Sie auf Seite 50. Falls Sie noch kein Google-Konto besitzen, tippen Sie auf *Konto erstellen*. Wie man ein Google-Konto erstellt, erfahren Sie auf Seite 35.
- Im nächsten Schritt entscheiden Sie, ob Sie Ihre Handynummer ❻ für das Gmail-Konto hinterlegen möchten. Wenn Sie beispielsweise das Passwort für Ihr Gmail-Konto vergessen haben, kann Google Ihnen einen Bestätigungscode auf Ihr Smartphone schicken. So erhalten Sie wieder Zugriff auf das Konto. Wischen Sie von unten nach oben und wählen Sie entweder *Ja, ich stimme zu* oder *Überspringen* aus.

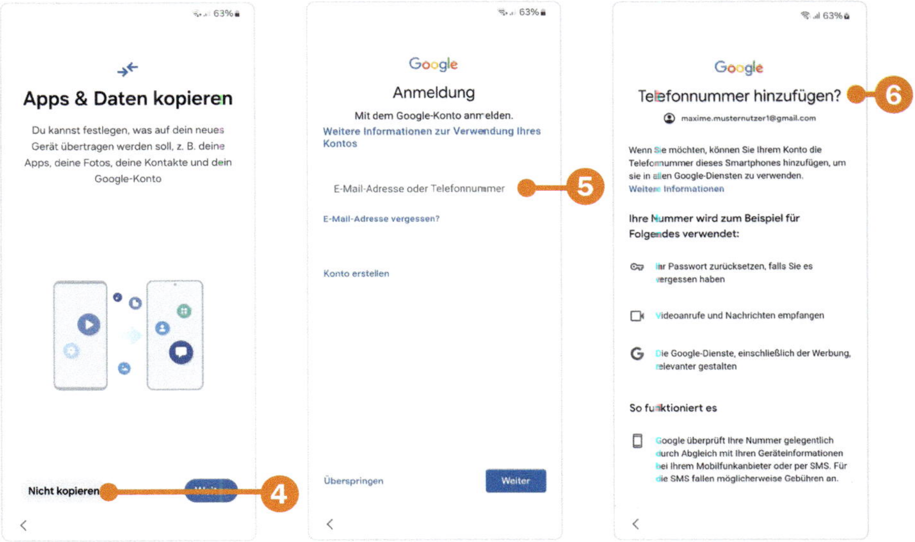

- **Nutzungsbedingungen:** Danach müssen durch Anklicken von *Ich stimme zu* die Nutzungsbedingungen von Google akzeptiert werden, um fortfahren zu können.

- In den weiteren Schritten werden Sie aufgefordert, einzelne *Dienste* zu aktivieren bzw. deaktivieren. Sie können die Sicherung Ihrer Daten auf *Google Drive* und die *Standortermittlung* (Position des Smartphones wird ermittelt) aktivieren.

  Viele Apps (Wetter, Google Suche, Google Maps, Fahrpläne etc.) nutzen diese Standortinformationen, um Ihnen passgenaue Informationen anzubieten. Mit *WLAN-Suche zulassen* verbessern Sie das Ergebnis der Standortermittlung.

  Alle Einstellungen, die Sie hier treffen, können nachträglich verändert werden. Wischen Sie von unten nach oben über das Display oder tippen Sie auf *Mehr* ❼, um die einzelnen Einträge anzuzeigen. Tippen Sie auf die einzelnen Schalter, um diese auszuschalten bzw. einzuschalten. Tippen Sie dann unten auf *Akzeptieren* ❽.

- **Browser und Suchmaschine:** Wählen Sie anschließend sowohl einen *Browser* als auch eine *Standard-Suchmaschine* aus. Der Browser ist jene Anwendung, mit der Sie im Internet Webseiten betrachten, mit der Suchmaschine werden Ihre Suchanfragen verarbeitet. Wir schlagen vor, dass Sie hier *Google* ❾ *als Standard festlegen*. Sie können auch später noch jederzeit eine datenschutzfreundlichere Alternative auswählen.

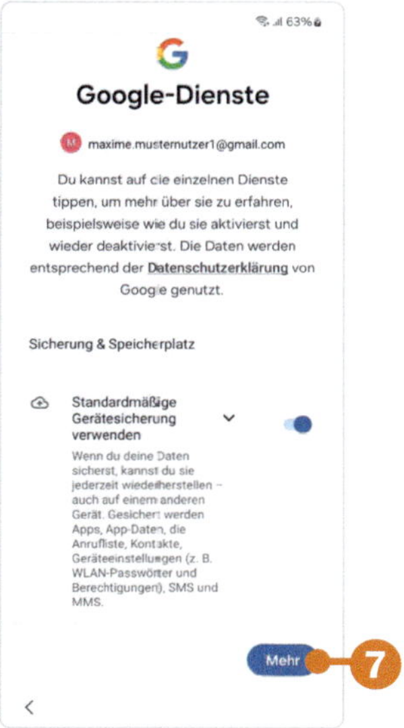

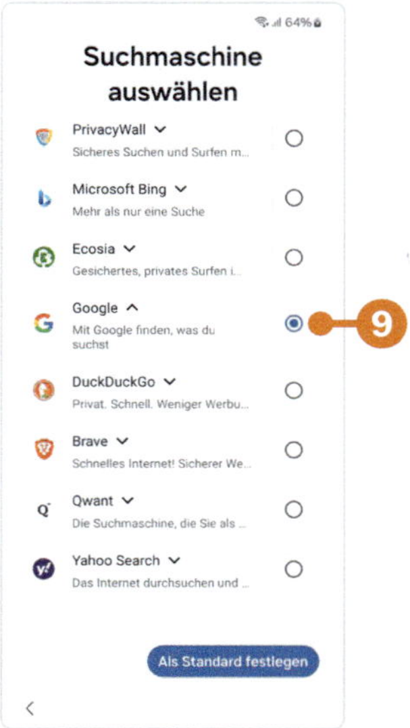

Im Bild links wird die Gerätesicherung verwendet - der Schalter ist auf Ein.
Im Bild in der Mitte werden keine Nutzerdaten gesendet - der Schalter ist auf Aus.

- **Entsperrmethode:** Bei *Schutz Ihres Telefons* bestimmen Sie die Entsperrmethode Ihres Smartphones, z. B. eine Zahlenkombination, die Sie eingeben müssen, bevor Sie das Smartphone verwenden können. Wir wählen hier zunächst links unten *Überspringen* ⑩ aus und bestätigen nochmals mit *Überspringen*. So haben Sie es nach der Einrichtung leichter, das Gerät zu entsperren und etwas Geläufigkeit zu gewinnen. Dennoch sollten Sie **unbedingt** zeitnah den Geräteschutz aktivieren. Wie das geht, lesen Sie in Kapitel 2 ab Seite 65.
- Danach erhalten Sie Informationen über den Sprachassistent von Google, den Google Assistant. Mit ihm können Sie via Sprachbefehl verschiedene Funktionen am Smartphone aufrufen und ausführen. Wenn Sie ihn nutzen möchten, können Sie ihn auch später noch aktivieren. Wischen Sie von unten nach oben und tippen Sie auf *Überspringen*. Bestätigen Sie anschließend mehrmals mit *Überspringen*.
- **Samsung-Konto:** Zusätzlich zu Ihrem Google-Konto können Sie auch ein Samsung-Konto erstellen. Damit können Sie z. B. den Dienst *Find my Mobile*, der Ihnen hilft, das verlorene Smartphone zu orten, nutzen. Das Konto kann aber auch nachträglich eingerichtet werden. Die Erstellung in diesem Prozess zu überspringen ist etwas knifflig. Natürlich können Sie auch gleich ein Samsung-Konto einrichten, wie das geht, erfahren Sie auf Seite 38. Wenn Sie zunächst darauf verzichten möchten, tippen Sie auf *Passwort vergessen oder noch kein Konto* ⑩ und dann auf *Später einrichten* ⑪. Sie erhalten dann Gründe ⑫, warum sich ein Samsung-Konto lohnt. Scrollen Sie nach unten und tippen Sie auf *Überspringen*.
- Wenn der Regler aktiv ⑬ ist, akzeptieren Sie die verschiedenen Samsung-Dienste.
- Jetzt sind Sie fast am Ende der Einrichtung angelangt und müssen sich nur noch zwischen der hellen und dunklen Darstellung entscheiden. Der besseren Lesbarkeit wegen empfehlen wir Ihnen zu Anfang die Anzeige *Hell* ⑭, bestätigen Sie anschließend mit *Weiter*.
- Sie erhalten eine Liste empfohlener Apps (z. B. TikTok), deren Installation Sie leider nicht abwählen können. Sie können Sie aber später wieder deinstallieren. Tippen Sie auf *Weiter* und dann auf *Beenden*.
- Falls Sie nochmals aufgefordert werden, neue Apps zu entdecken, klicken Sie rechts oben auf *Später* ⑮ und bestätigen mit *Fortfahren*.

- Sie erhalten eine Anzeige der SIM-Kartenverwaltung, die Sie darüber informiert, dass die SIM1 erkannt wurde. Wir gehen davon aus, dass Sie nur eine SIM-Karte nutzen. Deshalb sind hier keine weiteren Einstellungen notwendig. Tippen Sie unten auf *Fertig*.
- Unter Umständen müssen Sie über den Bildschirm wischen, um diesen zu entsperren.

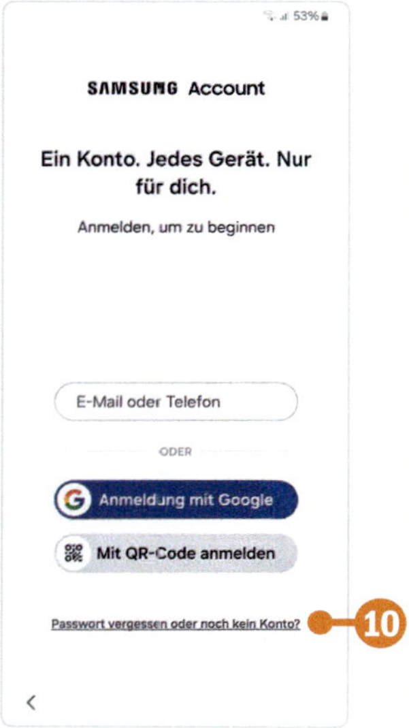

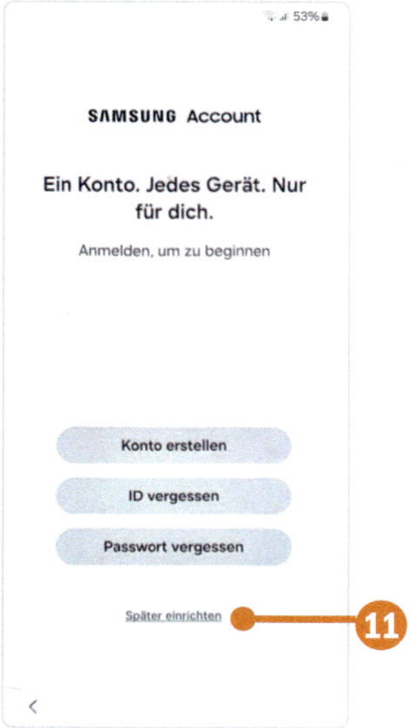

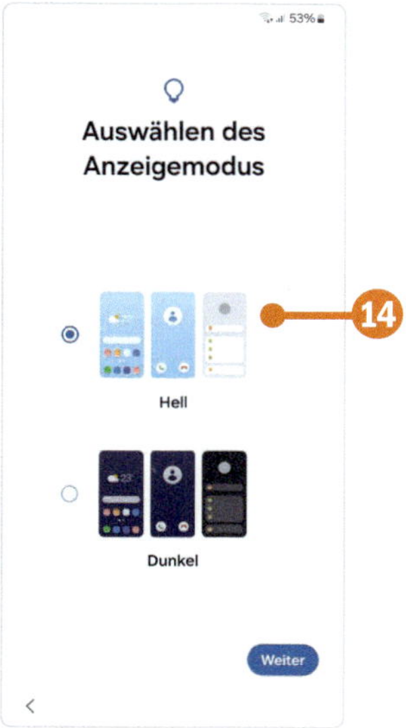

1.2 Das Google-Konto

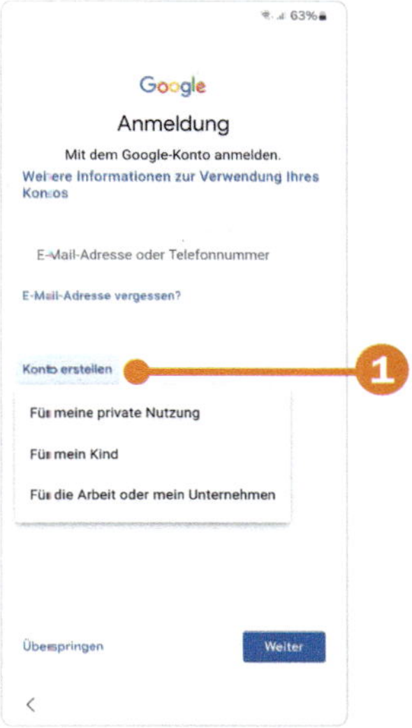

Ein Android-Smartphone ohne Google-Konto zu verwenden, ist möglich. Allein durch den fehlenden Zugriff auf Google-Dienste wie den Play Store (Herunterladen von Apps) raten wir aber davon ab.

Google-Konto im Einrichtungsprozess erstellen

Sie richten gerade Ihr Smartphone ein und haben noch kein Google-Konto? So geht's:

> Wenn Sie eine E-Mail-Adresse verwenden, die auf eine der folgenden Bezeichnungen endet: *@googlemail.com* oder *@gmail.com*, dann haben Sie bereits ein Google-Konto.

1 Klicken Sie im Einrichtungsprozess auf *Konto erstellen* ❶ und wählen Sie *Für meine private Nutzung*.

2 Geben Sie Ihren Vor- und, wenn Sie möchten, Ihren Nachnamen ein ❷ und tippen Sie auf *Weiter*.

3 Anschließend geben Sie Ihr Geburtsdatum ein und wählen eine Option bei *Geschlecht* aus.

4 Sie erhalten Vorschläge für verfügbare Google-Mail-Adresse. Falls Ihnen eine der angegebenen Adressen gefällt, wählen Sie diese durch Antippen aus. Wenn Sie genaue Vorstellungen von Ihrer Adresse haben, tippen Sie auf *Gmail-Adresse erstellen* ❸. Geben Sie dann eine neue E-Mail-Adresse ein. Ihre Wunsch-E-Mail-Adresse muss noch verfügbar sein, d. h. es darf keine andere Person dieselbe Adresse nutzen. Wenn der Nutzername schon vergeben ist, versuchen Sie es mit einer anderen Namensvariation.

5 **Kennwort ausdenken:** Erstellen Sie ein Passwort ❹, also eine Kombination aus Groß- und Kleinbuchstaben, Sonderzeichen und Zahlen. Es kommt aber vor allem auch auf die Länge an. Gefordert werden oft 8 Zeichen, 12 Zeichen sind sicherer. Mit jedem Zeichen mehr erhöhen Sie die Sicherheit. Die meisten Kennwörter müssen gar nicht so oft eingegeben werden, da tun ein paar Zeichen mehr nicht weh. Notieren Sie sich schon während des Prozesses Ihre neue E-Mail-Adresse und das Kennwort.

6 Bestätigen Sie das Kennwort durch nochmalige Eingabe. Mit *Passwort anzeigen* können Sie kontrollieren, was Sie eingetippt haben.

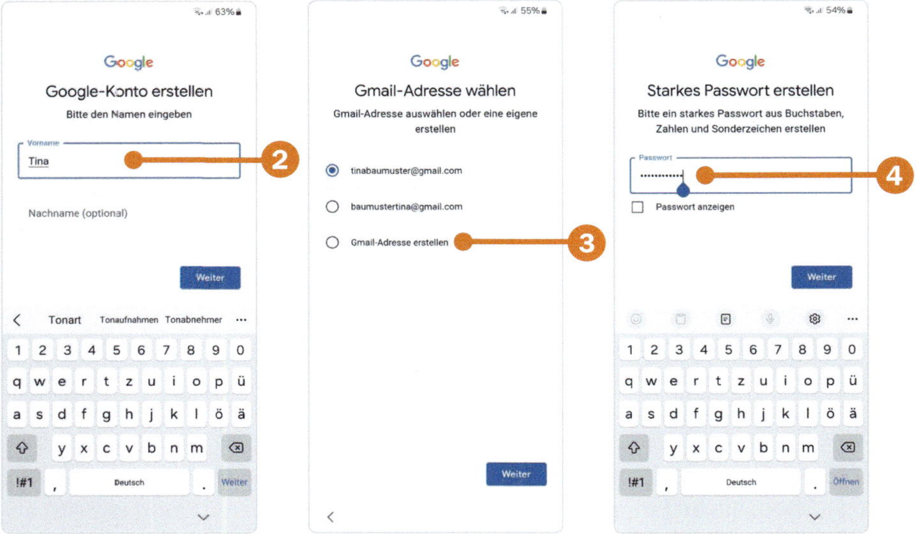

7 Wenn Sie möchten, können Sie Ihre Telefonnummer Ihrem Konto hinzufügen. So können Sie beispielsweise Ihr Passwort zurücksetzen, falls Sie es vergessen haben. Tippen Sie auf *Ja, ich stimme zu* ❺.

8 Im nächsten Schritt müssen Sie die Personalisierungseinstellungen festlegen: Mit der *Express-Personalisierung (1 Schritt)* ❻ sind Sie schnell fertig, stellen Google aber etwas mehr Informationen zur Verfügung, als unbedingt notwendig. Mit der manuellen Personalisierung gehen Sie die einzelnen Optionen durch und entscheiden, was Sie im einzelnen für Einstellungen ❼ treffen. Tippen Sie auf *Weiter* und im nächsten Schritt auf *Bestätigen*.

9 Danach bestätigen Sie Datenschutz und weitere Bedingungen mit *Ich stimme zu*.

10 In den weiteren Schritten werden Sie aufgefordert, einzelne *Dienste* zu aktivieren bzw. deaktivieren. Alle Einstellungen, die Sie hier treffen, können nachträglich verändert werden.

- Google Drive ist ein Cloud-Speicher für Ihre Daten, d. h. ein Teil Ihrer Daten wird in einem Rechenzentrum von Google gesichert. Bei einem Defekt Ihres Smartphones oder beim Umzug auf ein neues

Handy haben Sie so Zugriff auf Ihre Daten. Ist der Schalter auf der Position *Ein*, werden Daten an Google übertragen. Wenn Sie das nicht möchten, ziehen Sie den Schalter mit dem Finger auf *Aus*. Wenn Sie mit dem Finger vertikal über das Display von unten nach oben streichen, zeigen Sie die weiteren Einstellungen an.

- Google Assistant: Mit diesem Dienst können Sie Ihr Smartphone per Sprachbefehl steuern. Mit *Aktivieren* stellen Sie dem Dienst mehr Informationen für eine bessere Bedienung zur Verfügung.

11 Tippen Sie abschließend auf *Konto erstellen*.

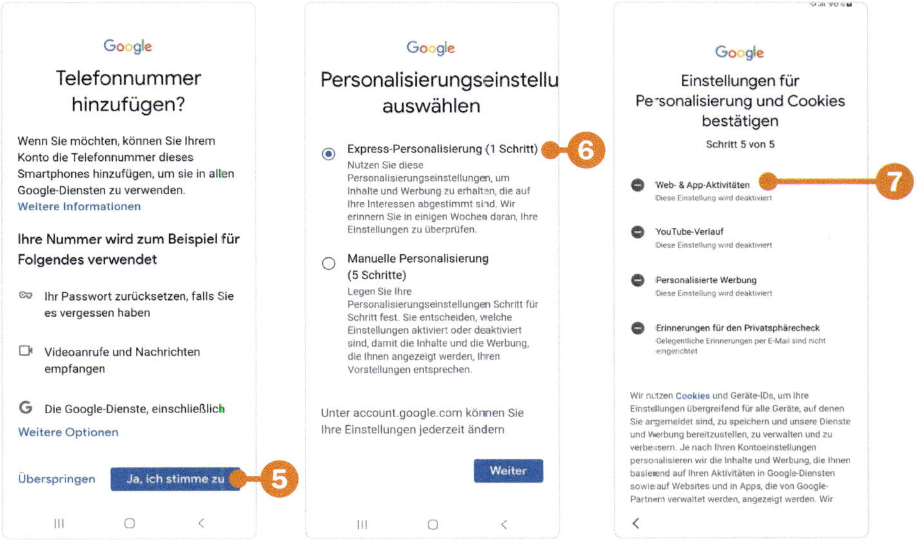

Google-Konto nachträglich hinzufügen

Normalerweise wird gleich bei der Einrichtung des Smartphones ein Google-Konto hinterlegt, das ist aber auch noch nachträglich möglich.

▶ Gehen Sie in die *Einstellungen* Ihres Smartphones und suchen Sie hier den Menüpunkt *Konten und Sicherung* ❶ ▸ *Konten verwalten* (siehe Abbildungen nächste Seite). Anschließend tippen Sie auf *Konto hinzufügen* ❷ und wählen *Google* ❸ aus.

▶ Im nächsten Fenster geben Sie die E-Mail-Adresse Ihres Google-Kontos ein und dann das Kennwort. Oder Sie tippen auf *Konto erstellen* und folgen den Schritten, wie auf Seite 35 beschrieben.

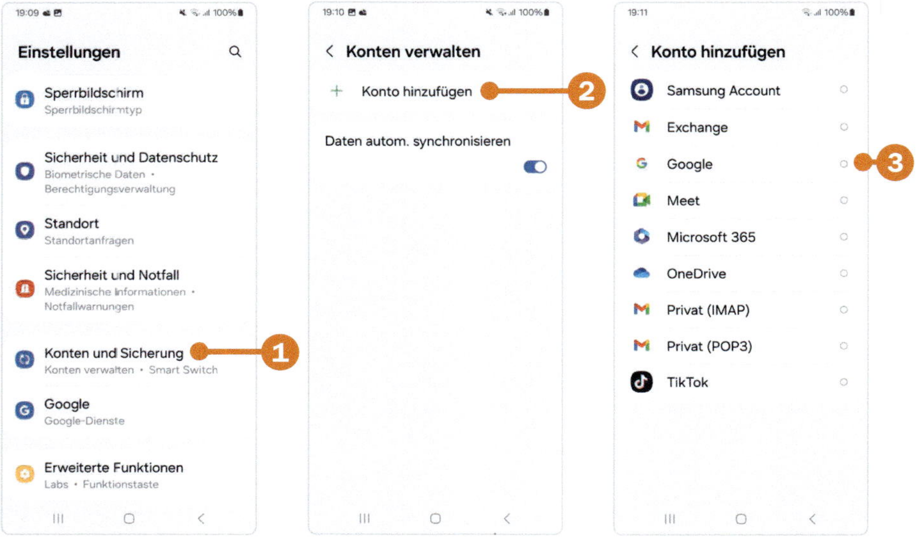

1.3 Samsung-Konto einrichten

Sie denken jetzt sicher: Nicht schon wieder etwas einrichten! Muss das sein? Nein, Sie können auch damit warten, bis Sie das Konto benötigen. Mit einem Samsung-Konto können Sie Apps aus dem samsungeigenen Galaxy Store herunterladen. Viele dieser Apps stehen auch im Google Play Store zur Verfügung; allerdings finden sich im Galaxy Store teilweise spezielle Angebote und spezielle Samsung-Apps. Außerdem erhalten Sie Zugriff auf Funktionen, wie *Sicheres WLAN* (siehe Seite 166) sowie auf die Samsung-Cloud, einen externen, 15 GB großen Speicher.

- Rufen Sie die *Einstellungen* ⚙ auf. Hier finden Sie gleich oben den Eintrag *Samsung Account* ❶. Tippen Sie diesen an.
- Da Sie noch kein Samsung-Konto haben, tippen Sie unten auf *Passwort vergessen oder noch kein Konto* ❷ und dann auf *Konto erstellen*.
- Um fortzufahren, müssen Sie einigen Richtlinien und Bestimmungen zustimmen. Diese können Sie durchlesen, indem Sie auf die unterstrichenen Textteile tippen. Mit der Zurück-Taste zeigen Sie wieder die Übersicht an. Tippen Sie auf den Kreis vor *Ich habe das oben Genannte gelesen und stimme zu* ❸ und anschließend auf *Zustimmen*.

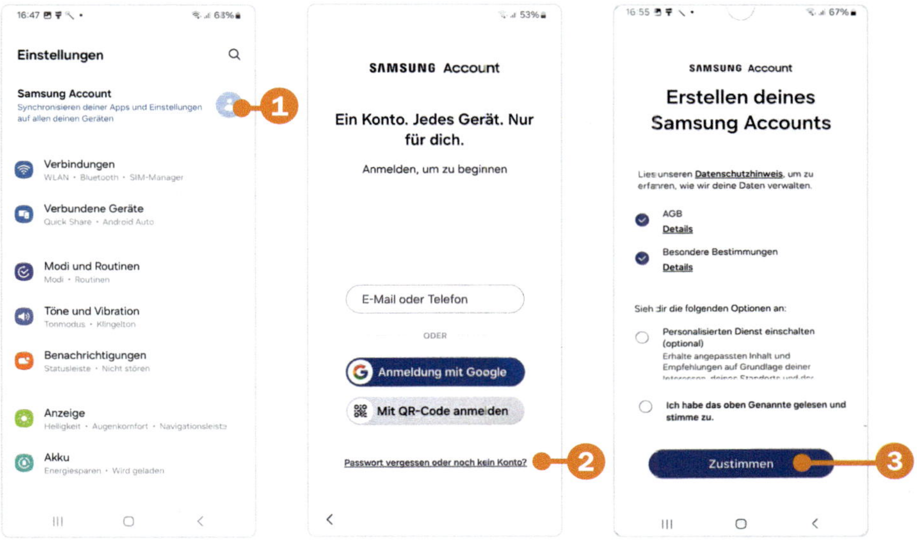

- Geben Sie eine E-Mail-Adresse 4 ein. Das kann Ihre Gmail-Adresse sein, muss es aber nicht. Sie müssen E-Mails von dieser Adresse abrufen können, da Sie am Ende der Einrichtung einen Code zugesandt bekommen. Denken Sie sich dann ein Kennwort aus. Notieren Sie sich beides.

> **Tipp: Passwort anzeigen**
> Eingegebene Kennwörter werden zu Ihrer Sicherheit nur als Punkte dargestellt. Tippen Sie auf das Symbol , um das Kennwort anzuzeigen und zu überprüfen.

- Tippen Sie auf das Feld *Geburtstag*. Durch vertikales Wischen wählen Sie das Datum aus und tippen dann auf *Ok*.
- Tragen Sie in die Felder darunter Vorname und Nachname ein. Und tippen Sie abschließend auf *Konto erstellen*.
- Für die Zwei-Schritt-Verifizierung wird die Telefonnummer Ihres Smartphones benötigt. Diese wird angezeigt. Falls Sie eine andere Nummer verwenden möchten, tippen Sie auf *Andere Nummer verwenden* 5. Bestätigen Sie mit *Ok*.

- Im Anschluss erhalten Sie eine E-Mail auf die angegebene E-Mail-Adresse. Zeigen Sie die E-Mail in Ihrer Mail-App an und tippen Sie auf *Konto bestätigen* ❻. Dadurch öffnet sich der Browser und Sie werden auf eine Samsung-Seite weitergeleitet. Hier tippen Sie auf *Fertig*. Damit bestätigen Sie die Validität der E-Mail-Adresse und, dass Sie auf dieses E-Mail-Konto zugreifen können. Wenn Sie das nicht machen, wird das Samsung-Konto nach sieben Tagen gelöscht.

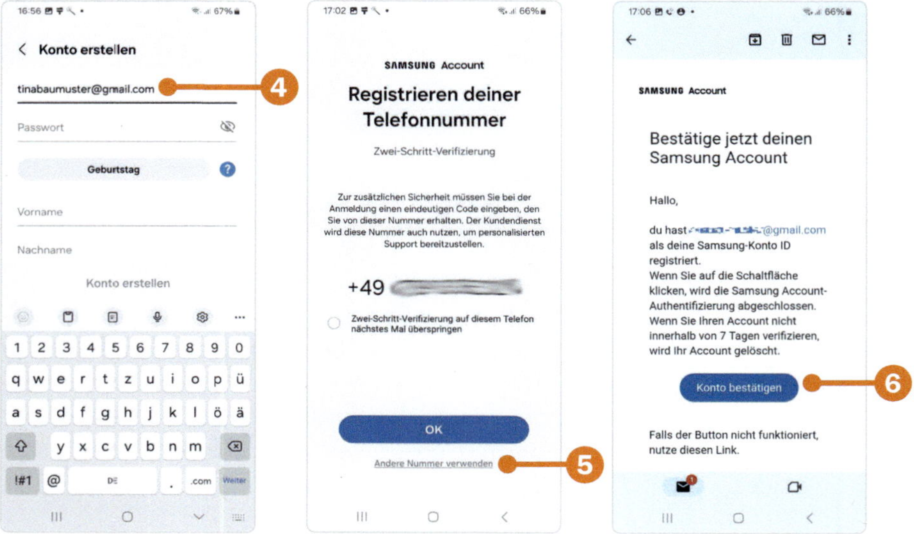

1.4 Die Smartphone-Oberfläche

Nach der Einrichtung des Smartphones geht es jetzt darum, sich zurecht zu finden. Wichtig ist, dass Sie folgende drei Inhalte unterscheiden: Sperr-, Start- und App-Bildschirm.

Sperrbildschirm

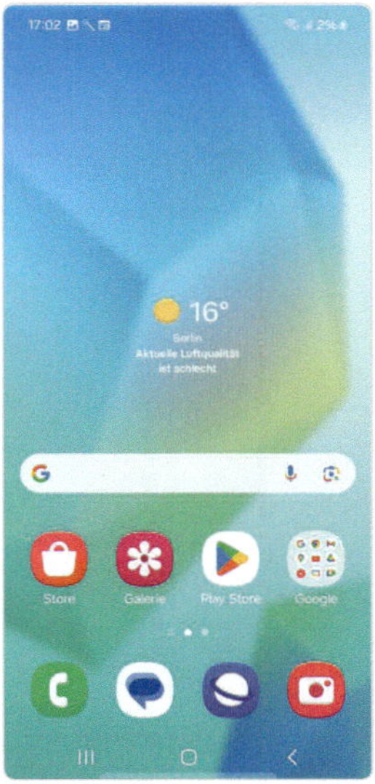

Startbildschirm

App-Bildschirm

Sperrbildschirm

Der Sperrbildschirm sichert Ihre Daten vor unerwünschtem Zugriff Dritter. Er wird mit Passwort, PIN, Muster oder Fingerabdruck- bzw. Gesichtserkennung ausgestattet (siehe ab Seite 65). Zudem hält er Informationen bereit, wie etwa die Anzeige von Datum, Uhrzeit, Akkustand, Benachrichtigungen etc. und verhindert eine ungewollte Bedienung, z. B. in der Tasche.

- **Smartphone entsperren:** Ein kurzes Drücken der Funktionstaste zeigt den Sperrbildschirm an, wischen Sie nach oben und geben Sie dann Ihre PIN ein. Wenn ein Fingerabdruck vereinbart wurde, kann auch mit diesem das Handy entsperrt werden. Der Startbildschirm wird dann angezeigt.
- **Smartphone sperren:** Sie haben einen Freund angerufen, jetzt wollen Sie das Smartphone wieder in die Tasche stecken. Dann aktivieren Sie den Sperrbildschirm durch Drücken der Funktionstaste.

Verbindungsstatus, Akkustand

Uhrzeit und Datum

Benachrichtigungen: Wenn Sie darauf tippen, erscheint eine Liste mit allen Benachrichtigungen.

Da während des Einrichtungsprozesses kein Geräteschutz aktiviert wurde, reicht es aus, mit dem Finger über den Bildschirm zu streichen, um zum Startbildschirm zu gelangen.

Telefon- und Kamera-App: Diese können vom Sperrbildschirm geöffnet werden.

Startbildschirm

Wenn Sie den Sperrbildschirm entsperren, gelangen Sie zum Startbildschirm. Hier finden Sie eine Auswahl wichtiger Apps (Anwendungen), z. B. Telefon oder Kamera.

Auf der ersten Seite des Startbildschirms sollten die Apps angeordnet werden, die Sie am häufigsten benötigen. Da der Startbildschirm aus mehreren Seiten bestehen kann, können weitere Apps zu den folgenden Seiten hinzugefügt werden.

- Sie wechseln zwischen den Bildschirmen durch horizontales Wischen.

Was vorhanden ist und wo Sie sich gerade befinden, sehen Sie beim **Bildschirmwechsel**. Der Startbildschirm wird durch ein Haussymbol dargestellt. In diesem Beispiel gibt es noch eine zweite Startbildschirmseite für die der Kreis steht. Durch Wischen vom Startbildschirm nach rechts wird eine Informationsseite (Google Discover) angezeigt. Dazu gleich mehr auf Seite 44. Diese wird durch die beiden parallelen Striche symbolisiert. Das weiß hervorgehobene Symbol gibt Auskunft darüber, was gerade am Bildschirm angezeigt wird.

Der Bereich **Bevorzugte Apps** und die darin enthaltenen Apps werden auf jeder Startbildschirmseiten angezeigt.

Navigationsleiste

Am unteren Bildschirmrand wird die Navigationsleiste angezeigt. Diese wird standardmäßig in der für Samsung üblichen Anordnung dargestellt mit der Zurück-Taste rechts außen.

Navigationstasten

- Die *Alle-Apps-Taste* ❶ zeigt eine Übersicht aller geöffneten Anwendungen an.
- Mit einem kurzen Tippen auf die *Home-Taste* ❷ zeigen Sie den Startbildschirm an.
- Mit der *Zurück-Taste* ❸ kehren Sie wieder zum vorigen Bildschirm zurück. Diese Taste hilft immer, wenn Sie einen Bereich wieder verlassen möchten.

Achtung! Wird die Navigationsleiste einmal nicht angezeigt, wischen Sie vom unteren Bildschirmrand nach oben. Falls dennoch keine Bildschirmtasten angezeigt werden, wird anstelle der Navigationsleiste die Gestensteuerung verwendet. In den *Einstellungen* ⚙ ▶ *Anzeige* ▶ *Navigationsleiste* wechseln Sie zwischen Gestensteuerung und Navigationsleiste.

App-Bildschirm

Auf dem Startbildschirm finden Sie nur einen Teil der installierten Apps. Wenn Sie alle Apps anzeigen möchten, wischen Sie mit dem Finger vertikal über den Startbildschirm nach oben. So gelangen Sie zum App-Bildschirm. Abhängig von der Anzahl der installierten Apps stehen in diesem Bereich auch mehrere Seiten zur Verfügung; wie viele es sind, erkennen Sie an den Punkten ➊. Zum Öffnen einer App tippen Sie diese einmal an.

App aus Ordner öffnen

Neben den einzelnen Apps werden auf dem App-Bildschirm auch zwei bis drei Ordner ➋ angezeigt: Samsung, Google und ggf. Microsoft. Diese enthalten ebenfalls Apps. Tippen Sie den Ordner an, um die darin enthaltenen Apps anzuzeigen. Dann tippen Sie die gewünschte App an, um diese zu öffnen. Ordner sind praktische Helfer, um die Übersicht zu behalten.

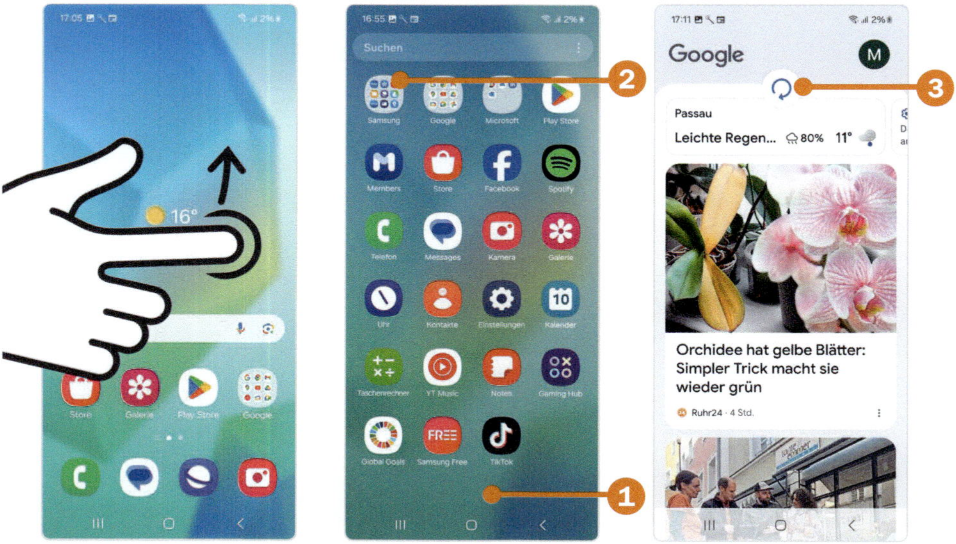

Nachrichten und Unterhaltung in Google Discover

Vom Startbildschirm mit einem Wisch nach rechts wird Google Discover angezeigt. Hier sind aktuelle Nachrichten und für Sie möglicherweise interessante Themen zusammengefasst. Zur Anzeige aktueller Informationen wischen Sie auf dem Bildschirm von oben nach unten ➌ (Grafik oben rechts).

1.5 App anzeigen und wechseln

☛ Zum Öffnen einer App tippen Sie diese auf dem Start- oder App-Bildschirm an.

Erstes Starten einer App

Beim allerersten Start einer App müssen Sie in der Regel Zugriffsberechtigungen erteilen, Nutzungsbestimmungen bestätigen oder unter Umständen gleich mal die App aktualisieren. Unten sehen Sie drei Beispiele für Meldungen gleich nach dem ersten Start der App:

- Für den Samsung *Galaxy Store* ist ein Update verfügbar. Tippen Sie auf *Aktualisieren*, um die neue Version zu installieren. Sollte das Smartphone gerade nicht mit dem WLAN verbunden sein, verzichten Sie mit *Abbrechen* auf die Aktualisierung und führen diese später durch.
- Die Google-App *Kalender* möchte auf Ihre Kontaktdaten zugreifen. Das ist primär nicht notwendig zur Nutzung des Kalenders; tippen Sie auf *Nicht zulassen*. Falls Sie die Berechtigung später benötigen, werden Sie in der Regel nochmals darauf aufmerksam gemacht. Mehr zu Berechtigungen auf Seite 61.
- Im letzten Bild verlangt die App *Play Store* die Zustimmung zu den Nutzungsbedingungen. Wenn Sie die Anwendung verwenden möchten, tippen Sie auf *Zustimmen* zu.

Einstellungen aufrufen

Wenn man ein neues Smartphone hat, verwendet man in den ersten Wochen häufig die App *Einstellungen*, um das Handy an die eigenen Vorstellungen anzupassen. Deshalb kommen wir auch in diesem Buch immer wieder auf die *Einstellungen* zurück. Damit Sie diese auf jeden Fall finden, hier eine ausführliche Darstellung:

- Rufen Sie den App-Bildschirm durch vertikales Streichen über den Startbildschirm auf.
- Auf dem App-Bildschirm tippen Sie auf *Einstellungen* ❶.
- Die App *Einstellungen* enthält eine Vielzahl von Kategorien von *Verbindungen* ❷ bis *Telefoninfo* ganz unten. Durch vertikales Wischen verschieben Sie den angezeigten Inhalt.
- Mit Antippen einer Kategorie zeigen Sie deren Inhalt an. Über den Pfeil ❸ links oben oder die Zurück-Taste kehren Sie wieder zur vorigen Seite zurück.

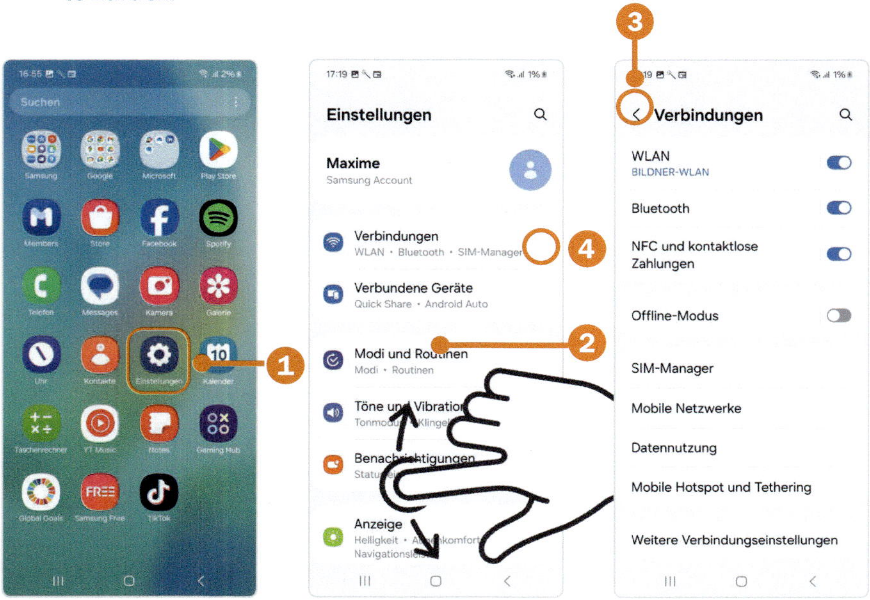

> **Tipp für Fortgeschrittene:** Über das Lupe-Symbol ❹ können Sie innerhalb der App nach Einstellungsoptionen suchen.

Weitere Apps öffnen und wechseln

Die App *Einstellungen* haben Sie gerade angezeigt. Drücken Sie jetzt auf die Home-Taste zur Anzeige des Startbildschirms und wählen Sie die App *Telefon* durch Antippen aus. Drücken Sie erneut die Home-Taste und öffnen Sie die App *Play Store*.

Sie haben jetzt drei Apps geöffnet, allerdings wird nur die App *Play Store* am Bildschirm angezeigt. Sie wechseln zu einer anderen geöffneten App durch Drücken der Alle-Apps-Taste ❶.

Streichen Sie horizontal ❷ über den Bildschirm, um den angezeigten Ausschnitt zu verändern. Durch Antippen einer anderen App, z. B. *Telefon* oder *Einstellungen*, wird diese wieder am Bildschirm angezeigt.

Apps schließen

Schieben Sie die App mit dem Finger nach oben ❸, sozusagen aus dem Smartphone hinaus. Dadurch wird sie geschlossen.

Mit *Alle schließen* ❹ werden alle Anwendungen auf einmal geschlossen.

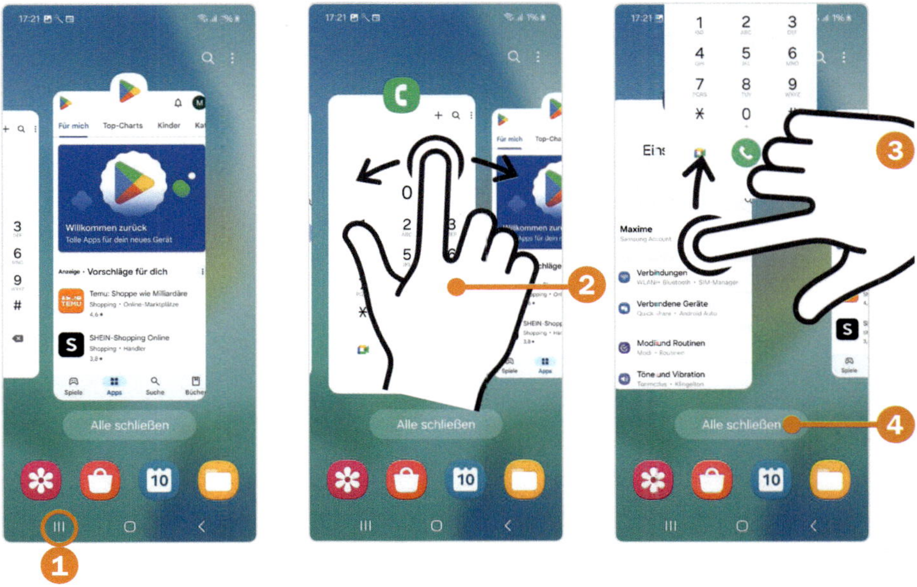

Kleine App-Auswahl für den täglichen Gebrauch

Telefon: App zum Telefonieren. Sie wählen entweder einen gespeicherten Kontakt aus oder tippen eine Nummer ein.

Kontakte: Hier speichern Sie alle Daten, Telefonnummern, postalische Adressen, Geburtstage etc. Ihrer Freunde.

Messages: App zum Schreiben von SMS und Chatnachrichten. Die Kurznachrichten (SMS) sind etwas aus der Mode gekommen. Heute verwenden viele WhatsApp oder Signal.

WhatsApp: Schreiben Sie Nachrichten, versenden Sie Fotos oder telefonieren Sie mit der Familie mit Übertragung eines Videos. Diese App muss heruntergeladen werden.

Kamera: Mit dieser App knipsen Sie Fotos oder nehmen Videos auf.

Galerie: Dient der Anzeige und Bearbeitung Ihrer Fotos und Videos. Die Galerie ist eine Samsung-App. Wir verwenden in diesem Buch die App Galerie.

Fotos: Das Google-Pendant zur Galerie heißt Fotos und befindet sich auch auf dem Handy. Sie finden die App im Google-Ordner.

Play Store: Hier können kostenlose aber auch kostenpflichtige Apps, Spiele, Filme und Bücher heruntergeladen werden. Dieser Store wird von Google zur Verfügung gestellt.

Galaxy Store: Das ist das Samsung-Einkaufszentrum für Apps. Auch hier gibt es ein kostenloses Sortiment; ein Besuch lohnt sich, aber das umfangreichere Angebot finden Sie im Play Store. Um im Galaxy Store Apps herunterzuladen, benötigen Sie ein Samsung-Konto.

Internet: Browser von Samsung, dient der Anzeige von Internetseiten.

Chrome: Browser von Google, mit dem Sie ebenfalls Seiten im Internet anzeigen.

Google: Die Google-App ist kein Browser im engeren Sinne, obwohl Sie auch mit dieser via Suchanfragen das Internet durchsuchen können. Darüber hinaus bietet sie noch weitere Funktionen, z. B. Zusammenstellung aktueller Nachrichten.

Maps: Karten-App von Google, hier können Sie nach Adressen suchen und eine Navigation von Ort zu Ort durchführen.

YouTube: Portal mit Videos zu fast allen Themen, kann kostenlos verwendet werden.

Gmail: Anwendung zum Empfangen und Versenden von E-Mails. Die Gmail-Adresse, die Sie bei der Einrichtung des Smartphones verwendet haben, ist hier bereits hinterlegt.

Uhr: Die App bietet einen Wecker, einen Timer, eine Stoppuhr und zeigt natürlich auch die Zeit an (auch mehrere Zeitzonen).

Kalender: Hier tragen Sie Termine ein und werden daran erinnert.

Samsung Notes: App zum Speichern von Notizen, wie einer Einkaufsliste. Es gibt Notizen-Apps wie Sand am Meer. Wenn Ihnen diese nicht zusagt, installieren Sie einfach eine andere.

Einstellungen: Hier finden Sie alle Optionen, die die einzelnen Funktionen Ihres Smartphones betreffen.

1.6 Bildschirmtastatur verwenden

Sobald Sie in ein Texteingabefeld tippen, wird automatisch die Bildschirmtastatur eingeblendet.

Das Aussehen der Tastatur verändert sich je nach Anwendung. Im Bild links wurde durch Antippen der **Suchleiste** auf dem Startbildschirm die Google-Suche geöffnet. Hier finden Sie rechts unten das Suchsymbol ❶, welches Sie für die Internetrecherche benötigen.

Im mittleren Bild wurde die App **Samsung Notes** geöffnet. Hier können z. B. Einkaufslisten eingegeben werden. Aus diesem Grund finden Sie rechts unten die Taste für eine Zeilenschaltung ❷.

Im rechten Bild befinden wir uns in einem **E-Mail-Programm** im Eingabefeld für den Adressaten der E-Mail. Deshalb werden auf der Tastatur das @-Symbol und .com angezeigt. Mit der Taste *Weiter* ❸ (in anderen Apps auch *OK*) springen Sie ins nächste Feld.

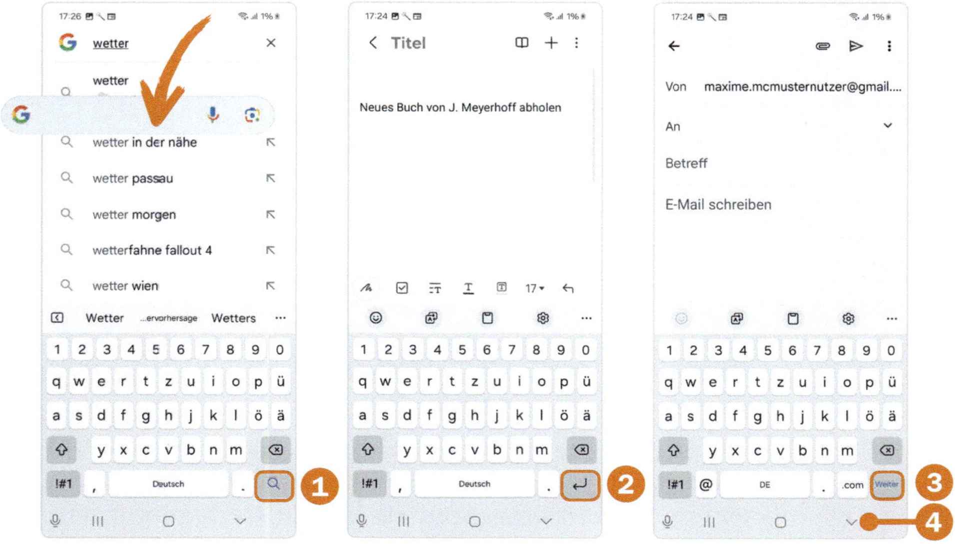

Tastatur ausblenden: Benötigen Sie mehr Platz, um beispielsweise einen langen Text durchzulesen, kann die Tastatur durch Antippen von ⌄ ❹ ausgeblendet werden. Wenn Sie in ein Texteingabefeld tippen, zeigen Sie die Tastatur wieder an.

Buchstaben, Sonderzeichen & Co.

Groß- und Kleinbuchstaben: Wenn Sie in einen Bereich zur Texteingabe tippen, wird der erste Buchstabe immer als Großbuchstabe eingegeben. Das ist automatisch so hinterlegt. Gleiches gilt für die Schreibung nach einem Punkt. Wenn Sie selbst einen Großbuchstaben eingeben möchten, benötigen Sie die Umschalt-Taste:

- Zur Eingabe von **Großbuchstaben** muss zuerst die Umschalt-Taste angetippt werden. Der Pfeil wird blau ❶ und der Buchstabe kann eingegeben werden.
- Bei längerem Drücken der Umschalt-Taste wird der Pfeil blau ausgefüllt und die Großschreibung festgestellt, d. h. es wird alles in Großbuchstaben geschrieben, bis erneut die Umschalt-Taste angetippt wird.

Leerzeichen, Löschen und Cursorsteuerung: Die Texteingabe findet immer am Cursor (blinkender senkrechter Strich) statt:

- Um zwischen zwei Worten ein *Leerzeichen* einzugeben, tippen Sie auf die Leertaste DE.
- Mit ⌫ entfernen Sie alle Zeichen links vom Cursor. Wenn Sie länger mit dem Finger auf der Taste bleiben, werden schnell mehrere Wörter gelöscht. Findet man einen Fehler mitten im Text, müsste man jetzt alle Wörter bis zum Fehler löschen. Hier hilft die Leertaste! Verbleiben Sie mit dem Finger etwas länger auf der Leertaste und ziehen Sie dann mit dem Finger den Cursor an die gewünschte Position.
- Mit der *Zeilenschaltung* ↵ erzeugen Sie eine neue Zeile und fügen einen Absatz ein.

Hier finden Sie weitere Satz- und Sonderzeichen: Mit der Taste !#1 schaltet man auf ein Tastaturlayout zur Eingabe von *Sonderzeichen* um. Dort zeigen Sie mit der Taste 1/2 ❷ eine weitere Sonderzeichentastatur an. Die Taste ABC schaltet zurück zur Buchstabentastatur.

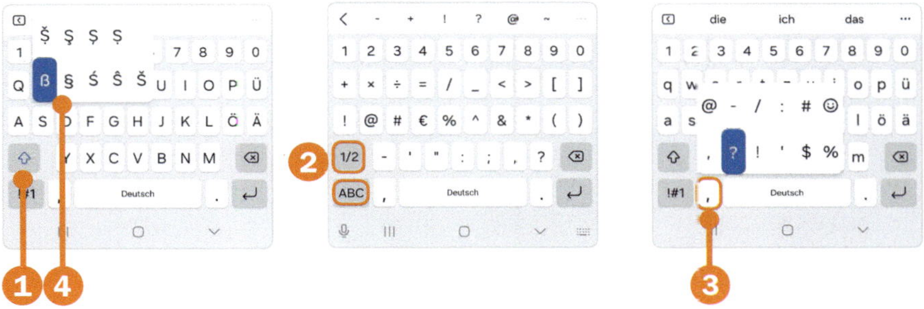

Durch längeres Drücken der Taste ❸ links von der Leertaste (Grafik vorige Seite) werden häufig gebrauchte Sonderzeichen aufgerufen. Die Taste wird danach mit dem Zeichen belegt, welches zuletzt ausgewählt wurde.

Wo ist eigentlich das ß?
Zur Eingabe spezieller Buchstaben, z. B. das spanische ñ, die französische Ligatur œ und natürlich alle Buchstaben mit Akzent, drücken Sie den Finger länger auf die entsprechende Taste. Es erscheint ein Zusatzfeld. Hier ist ein Buchstabe bereits ausgewählt. Dieser wird eingefügt, wenn Sie die Taste loslassen. Zur Auswahl eines anderen Buchstabens verbleiben Sie mit dem Finger auf dem Bildschirm, fahren nach oben in das Zusatzfeld auf den gewünschten Buchstaben und lassen dann los. Auf diese Weise finden Sie im Zusatzfeld der Taste S auch das ß ❹.

Texterkennung & Autokorrektur

Über der Tastatur erhalten Sie für die aktuelle Eingabe Wort- bzw. Korrekturvorschläge, die durch Antippen übernommen werden können. So können Sie die Eingabe langer Worte abkürzen, wie in unserem Beispiel *Fahrradfahren* ❶. Mit ··· zeigen Sie weitere Vorschläge an.

Erscheinen Worte in blauer Schrift, werden diese automatisch durch Drücken der Leertaste eingefügt. Das ursprünglich eingegebene Wort wird ebenfalls in der Leiste angezeigt. Sollten Sie lieber dieses behalten wollen, tippen Sie es an.

Darüber hinaus werden auf Grundlage des bereits eingegebenen Textes passende Vorschläge für das nächste Wort angezeigt ❷, die Sie ebenfalls durch Antippen übernehmen können.

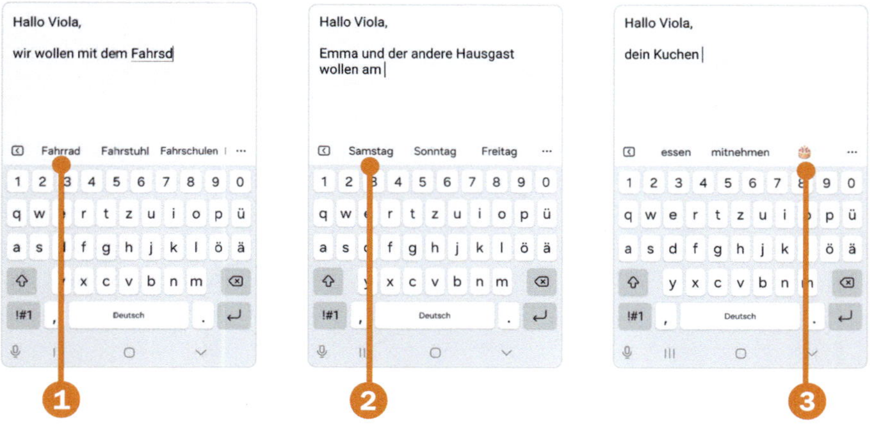

Für manche Worte erhalten Sie auch Vorschläge in Form von Emojis 3 (siehe unten). Dazu ein kleiner Trick: Wenn Sie das Emoji gleich nach dem Schreiben des Worts antippen, ersetzt das Emoji das Wort; wenn Sie noch ein Leerzeichen eintippen, wird das Emoji danach eingefügt.

Wechsel zwischen Vorschlagsleiste und Tastatur-Symbolleiste: Bei der Eingabe von Text erhalten Sie auf der Leiste oberhalb der Tastatur Textvorschläge. Wenn Sie ein Emoji einfügen oder Text diktieren möchten, benötigen Sie jedoch wieder die Tastatur-Symbolleiste. Diese zeigen Sie durch Antippen von ⟨ an.

Emojis bebildern Gefühle

Emojis, wie lachende Gesichter oder Bilder von Gegenständen, machen Texte fröhlicher und vereinfachen die Eingabe. Mit Emojis drücken Sie Gefühle aus 😍 und ersetzen Worte, wie „Ich esse gerade 🌭“:

- Zur Anzeige der Emojis tippen Sie auf ☺ 1. Das Symbol befindet sich links oben auf der Tastatur. Wenn die Emoji-Taste nicht zu sehen ist, tippen Sie zunächst auf ⟨ 2, um zur Symbolleiste zu wechseln.
- Beachten Sie, dass neben den Emojis auch noch andere Bilddaten (GIF, Sticker) angeboten werden. Mit 😀 3 zeigen Sie alle Emojis an. Die Emoji-Bibliothek ist ebenfalls unterteilt. Der Bereich 🕓 4 enthält die zuletzt verwendeten Grafiken. Dann folgen Smileys ☺ und Hände, Tiere und Pflanzen, Nahrungsmittel, Gebäude und Wettersymbole, Sportgeräte usw. In jedem Bereich können Sie durch vertikales Wischen weitere Elemente anzeigen.
- Die Löschtaste wird angezeigt, sobald Sie das Emoji eingefügt haben ⌫ 5. Durch Antippen der Tastatur ⌨ 6 links oben zeigen Sie wieder die Bildschirmtastatur an.

Text mittels Spracheingabe

Anstatt mühsam zu tippen, diktieren Sie Ihre Nachricht einfach. So geht's:

Diktat starten:

- Tippen Sie auf 🎙 ❶ und sprechen Sie Ihren Text. Satzzeichen können ebenfalls diktiert werden.

Wenn die Mikrofon-Taste nicht angezeigt wird, tippen Sie auf ‹. Bei der ersten Verwendung verlangt die Samsung-Spracheingabe die Erlaubnis, Audioaufnahmen zu machen. Tippen Sie auf *Bei Nutzung der App* ❷ und anschließend auf *Fortsetzen*.

Diktat steuern:

- Zum Pausieren der Sprachaufnahme drücken Sie auf das blau hinterlegte Mikrofon ❸. Ist das Mikrofon grau, findet keine Aufnahme statt. Zum erneuten Diktieren tippen Sie einfach nochmals auf das Symbol.
- Zum Löschen einzelner Worte verwenden Sie ⌫ ❹.

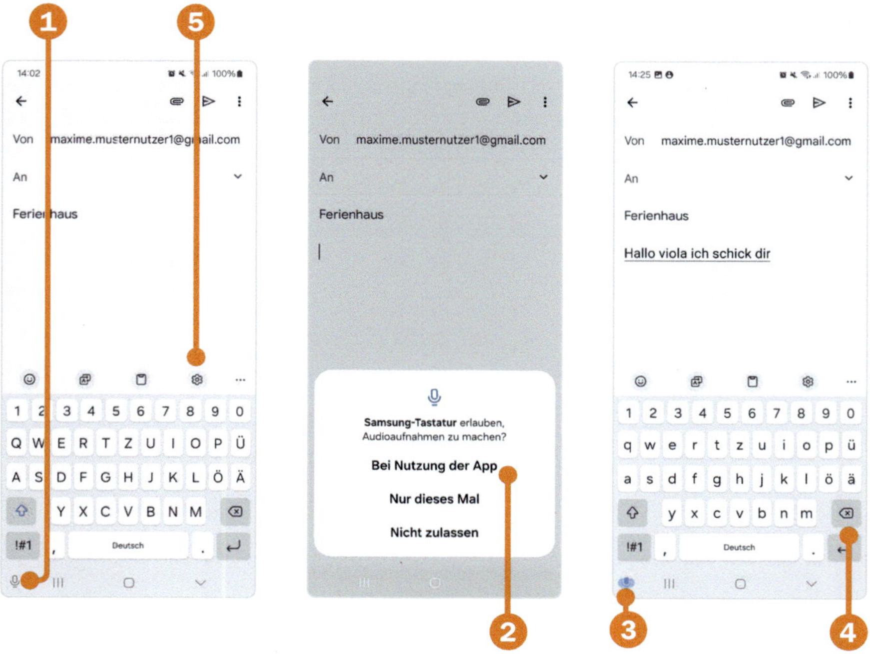

Tastatureinstellungen

Manche der beschriebenen Funktionen können verändert werden und sind dann an Ihrem Smartphone vielleicht gerade nicht aktiv oder verhalten sich etwas anders. Hier wurden die Grundfunktionen der Tastatur beschrieben, wie sie standardmäßig eingestellt sind.

Änderungen nehmen Sie in den Tastatureinstellungen ⚙ 5 vor. Hier können Sie beispielsweise die *Texterkennung* 6 ausschalten. Dann erhalten Sie keine Textvorschläge (Vorschlagsleiste) mehr. Alternativ können Sie auch auf die *Tastatur-Symbolleiste* 7 verzichten. Unter *Größe und Transparenz* 8 können Sie die Tasten vergrößern während unter *Schriftgröße* die einzelnen Zeichen auf den Tasten vergrößert werden.

Sollte das Mikrofon in der Navigationsleiste nicht angezeigt werden oder falls Sie die Spracheingabe-Funktion stört, können Sie die Mikrofon-Schaltfläche unter *Einstellungen* ⚙ ▶ *Allgemeine Verwaltung* ▶ *Tastaturliste und Standard* mithilfe des Reglers 9 ein- bzw. auch ausschalten.

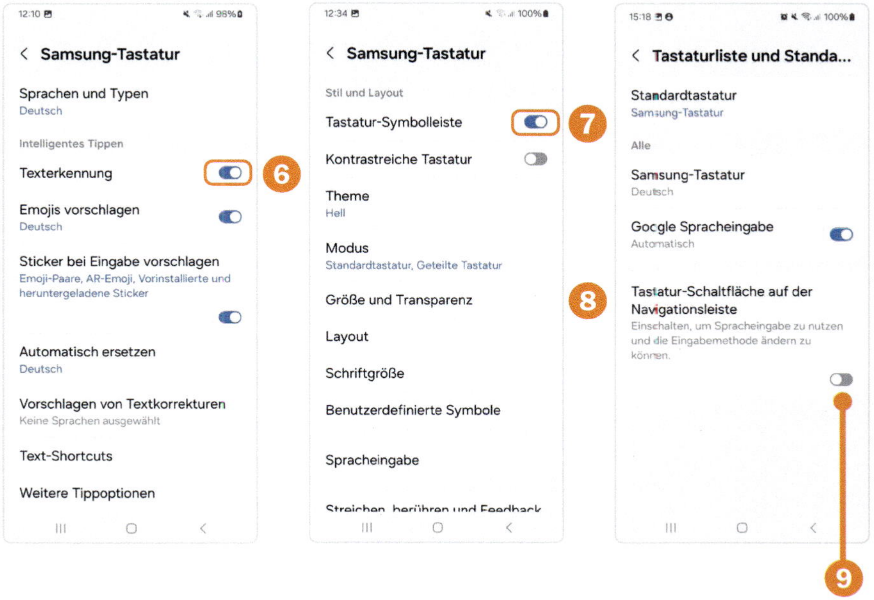

1.7 Die Statusleiste - Informationen und Einstellungen

Über die Statusleiste, die sich klein am oberen Bildschirmrand befindet, erhalten Sie eine Vielzahl an Informationen und können schnell verschiedene Funktionen Ihres Smartphones ein- bzw. ausschalten.

Die **Statusleiste** enthält links die Uhrzeit und rechts den Ladestand des Akkus, die Signalstärke des Telefonempfangs und der mobilen Daten oder die WLAN-Verbindung.

Zwischen diesen Standardinformationen erhalten Sie Mitteilungen von Apps in Form von Symbolen.

☛ Sie erweitern die Anzeige der Statusleiste, indem Sie vom oberen Bildschirmrand nach unten streichen.

Hier sehen Sie die **Benachrichtigungen** der einzelnen Apps: Dabei kann es sich um alles Mögliche handeln, z. B. eine WhatsApp-Nachricht, E-Mails, eine Geburtstagserinnerung, ein Updatehinweis und vieles mehr

Ganz oben wird ein Teil der Schnelleinstellungen angezeigt.

☛ Wischen Sie nochmals von oben nach unten, um den Bereich zu erweitern.

Über die **Schnelleinstellungen** (auch Quick Panel) schalten Sie bestimmte Funktionen Ihres Smartphones ein bzw. aus. Weiß bedeutet, dass die Funktion aktiviert ist, im Beispiel oben WLAN, Bluetooth, Standort, Mobile Daten und Bildschirm drehen.

☛ Sie verlassen den Bereich wieder durch Drücken der Home-Taste oder, indem Sie mehrmals von unten nach oben wischen.

↑ **Streichen Sie mit zwei Fingern vom oberen Bildschirmrand nach unten, um vom Startbildschirm direkt zu den Schnelleinstellungen zu gelangen.** ↑

Symbole der Statusleiste und ihre Bedeutung

Symbol	Bedeutung
	WLAN: Verbindung mit einem WLAN besteht. Die Balken symbolisieren die Stärke des WLANs (je mehr, desto besser).
	Mobile Daten: Ohne WLAN nutzen Sie die mobilen Daten für eine Internetverbindung. Die Bezeichnungen E (für EDGE), 4G/LTE oder 5G geben die Qualität der Verbindung an.
	Netzempfang: Je besser der Empfang ist, desto mehr Striche werden angezeigt.
	Akkustand: Die Füllhöhe zeigt den Ladezustand des Akkus an. Ein Blitz symbolisiert, dass der Akku derzeit aufgeladen wird.
	Bluetooth ist aktiv: Das Smartphone kann mit einem anderen Gerät verbunden werden, z. B. Musikbox oder Kopfhörer.
	Flugmodus: Der Offlinemodus ist aktiviert, d. h. alle Funkverbindungen sind unterbrochen. Sie können unter anderem nicht mehr telefonieren oder das Internet nutzen.
	Standortdienst (GPS): Eine App ortet Ihren Standort, z. B. die Wetter-App oder Google Maps.
	Wecker: Sie haben einen Alarm eingestellt.
	Lautlos ist eingeschaltet. Wenn Sie Anrufe oder Benachrichtigungen erhalten, ertönt kein Signal.
	Nachrichten: Sie haben eine neue SMS bzw. eine neue E-Mail erhalten.
	Anruf in Abwesenheit: Sie haben einen Anruf verpasst.
	SIM-Karte: Entweder ist keine SIM-Karte eingelegt oder sie kann nicht gelesen werden.

☛ Wenn eines dieser Symbole in der Statusleiste erscheint, erhalten Sie zum Teil weitere Infos in den Benachrichtigungen. Streichen Sie vom oberen Bildschirmrand nach unten zur Anzeige aller Benachrichtigungen.

Benachrichtigungen lesen und entfernen

Bei einer langen Benachrichtigungsliste streichen Sie vertikal nach oben über die Liste, um weitere Meldungen anzuzeigen. Wer mag, kann auch gleich unwichtige Benachrichtigungen entfernen. Wischen Sie dazu horizontal über die Benachrichtigung, sie wischen die Benachrichtigung sozusagen nach rechts hinaus. Mit *Löschen* ❶ können Sie schnell alle angezeigten Meldungen entfernen.

Benachrichtigungen mit etwas mehr Text, können durch Antippen des Pfeilsymbols ❷ erweitert werden. Zum Öffnen der Meldung in der zugehörigen App, hier z. B. Gmail, tippen Sie die Nachricht an. Manche Nachrichten können auch gleich hier bearbeitet werden, z. B. können Sie auf *Antworten* ❸ tippen und gleich hier einen Text verfassen.

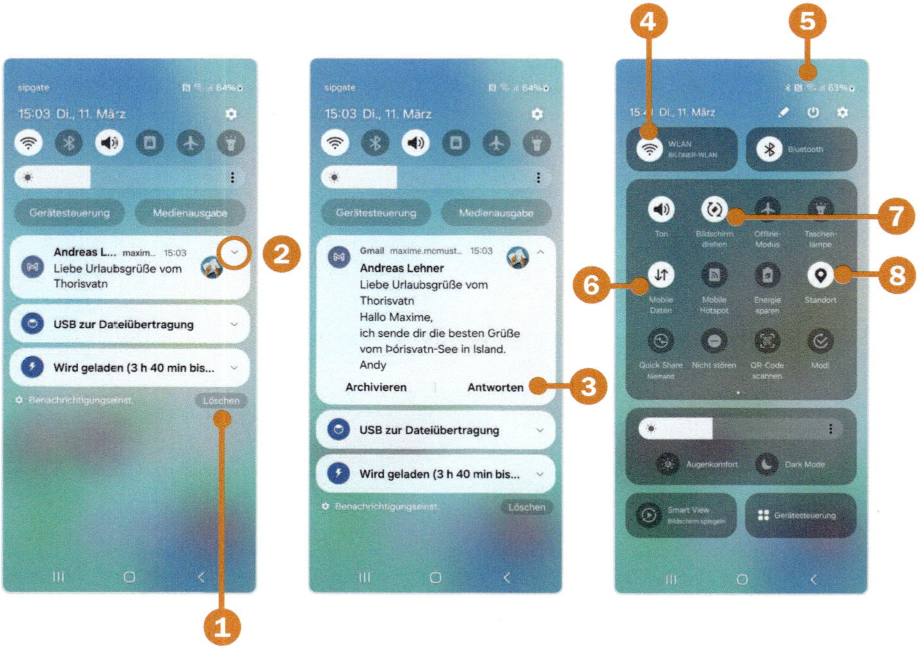

Schnelleinstellungen verstehen

- **Schnelleinstellungen aktivieren bzw. deaktivieren:** Die weißen Schnelleinstellungen sind aktiv, in der Grafik z. B. WLAN ❹ (Grafik oben rechts). Durch Antippen aktivieren bzw. deaktivieren Sie diese. Wischen Sie nach links, um eine weitere Seite mit Schnelleinstellungen anzuzeigen.

Hinweis: Ein aktives WLAN bedeutet nur, dass verfügbare Netze angezeigt werden, nicht dass Sie mit einem WLAN verbunden sind. Die Anzeige von ⑤ in der Statusleiste zeigt an, dass eine aktive Verbindung besteht.

Tipp Einstellungen anzeigen: Einige der Schnelleinstellungen bieten eine Weiterleitung zu den umfangreicheren Möglichkeiten der App *Einstellungen*. Drücken Sie z. B. etwas länger auf das WLAN-Symbol zur Anzeige aller verfügbaren Netzwerke.

- **Mobile Daten:** Ist momentan kein WLAN verfügbar, stellen Sie eine Verbindung über mobile Daten ⑥ mit dem Internet her. Deshalb sollten diese auch aktiv sein. So sind Sie Zuhause und unterwegs immer mit dem Internet verbunden.
- **Bildschirm drehen** ⑦: Sie können das Handy im Hoch- bzw. Querformat halten und der Bildschirminhalt wird entsprechend angezeigt.
- **Standort** ⑧: In den Schnelleinstellungen haben Sie die Möglichkeit, den Standort durch Antippen zu aktivieren bzw. zu deaktivieren. Solange die Funktion deaktiviert ist, kann keine App auf Ihren Standort zugreifen, selbst wenn die App die Erlaubnis dazu hat.

Wozu wird mein Standort benötigt?

Einige Apps greifen auf Ihre aktuellen Standortdaten zu (sofern Sie das erlaubt haben), um dazu passende Informationen anzuzeigen, z. B. Wetter-Apps, um Ihnen Vorhersagen zu Ihrem aktuellen Aufenthaltsort anzeigen zu können. Nun hängt es von Ihnen ab, welcher App Sie diese persönlichen Informationen zur Verfügung stellen möchten, da der Gerätestandort meist sehr genau bis zur Hausnummer ermittelt werden kann.

Deshalb fragen Apps beim ersten Öffnen, ob sie den Gerätestandort abrufen dürfen. Durch Antippen von *Nicht zulassen* verweigern Sie den Zugriff. Damit verzichten Sie vielleicht auch auf eine Funktion der App. Möchten Sie der App die genauen Standortdaten zur Verfügung stellen, tippen Sie auf *Genau* und dann auf *Bei Nutzung der App*. Das ist beispielsweise sinnvoll bei Navigations-Apps, wie Google Maps. Es gibt allerdings zahlreiche Apps, z. B. auch Wetter-Apps, die gar nicht Ihren genauen Standort benötigen, um trotzdem zu funktionieren. Hier können Sie mit Auswahl *Ungefähr* und *Bei Nutzung der App* dieser App nur eine ungefähre Ortsangabe übermitteln. Wie Sie nachträglich kontrollieren und ändern, was die App darf, lesen Sie auf Seite 74.

Benachrichtigungen verwalten

Mit der Zeit erhalten Sie eine Vielzahl von Benachrichtigungen verschiedener Apps. In der Regel ertönt auch ein Signal. Falls Sie ein wenig ausmisten möchten, können Sie Apps verbieten, zukünftig Benachrichtigungen zu senden. So geht's:

- Öffnen Sie die *Einstellungen* und tippen Sie auf *Benachrichtigungen*. Wählen Sie anschließend *App-Benachrichtigungen* ❶ aus.
- Wenn Ihnen die App gerade erst eine Benachrichtigung geschickt hat, zeigen Sie diese durch Antippen des Pfeils neben *Alle* und Auswahl von *Aktuell* ❷ schnell an. In den *Erweiterten Einstellungen* finden Sie auch Ihren gesamten Benachrichtigungsverlauf, in dem Sie chronologisch sortiert die letzten App-Benachrichtigungen nochmals überprüfen können.
- Tippen Sie auf den Regler ❸ hinter der App, die keine Benachrichtigungen mehr senden soll. Dadurch schalten Sie ihn aus.

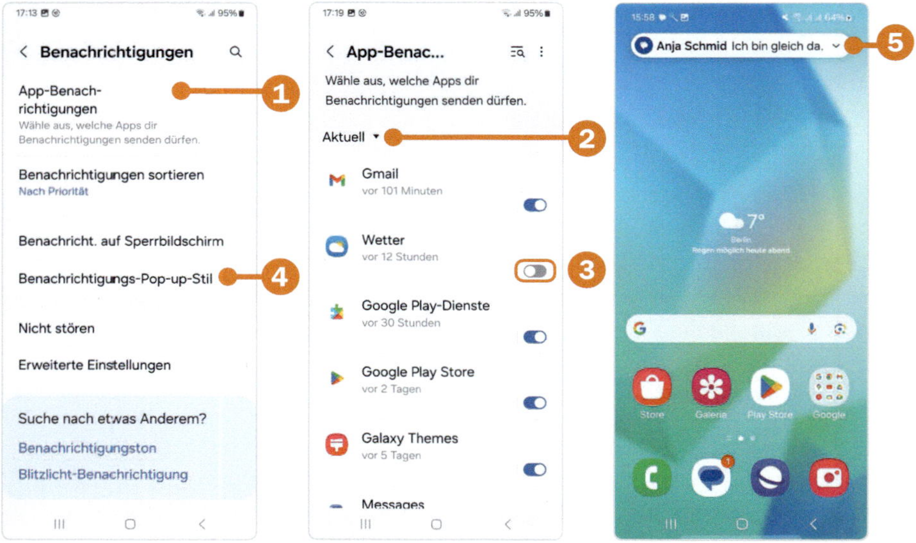

> Bei *Benachrichtigungs-Pop-up-Stil* ❹ legen Sie fest, wie groß Benachrichtigungen auf dem Bildschirm angezeigt werden. Standardmäßig ist hier *kurz* gewählt, dann erscheint eine Benachrichtigung, wie im oberen Bild zu sehen ist ❺.

1.8 Alles zum Thema Lautstärke

An der rechten Seite des Geräts befindet sich die Lautstärketaste, die wie eine Wippe funktioniert - drücken Sie oben, erhöht sich die Lautstärke, unten wird sie verringert. Gleichzeitig wird auf dem Bildschirm die Lautstärkeleiste angezeigt, die Sie auch mit dem Finger bedienen können.

Die Lautstärke wird in vier Regelungsbereiche unterteilt: System, Benachrichtigungen, Klingelton und Medien. Der **Klingelton** ertönt, wenn Sie angerufen werden und der **Benachrichtigungston** beim Eingang einer Nachricht (SMS, E-Mail, WhatsApp) oder einem Hinweis einer App. Mit **Medien** regeln Sie die Lautstärke, wenn Sie Musik am Smartphone abspielen, ein Video betrachten oder die Hintergrundmusik bei einem Spiel lautlos stellen möchten. Die **Systemlautstärke** kann unter anderem den Ton regeln der ertönt, wenn Sie eine Taste drücken oder ihr Smartphone an das Ladegerät anschließen.

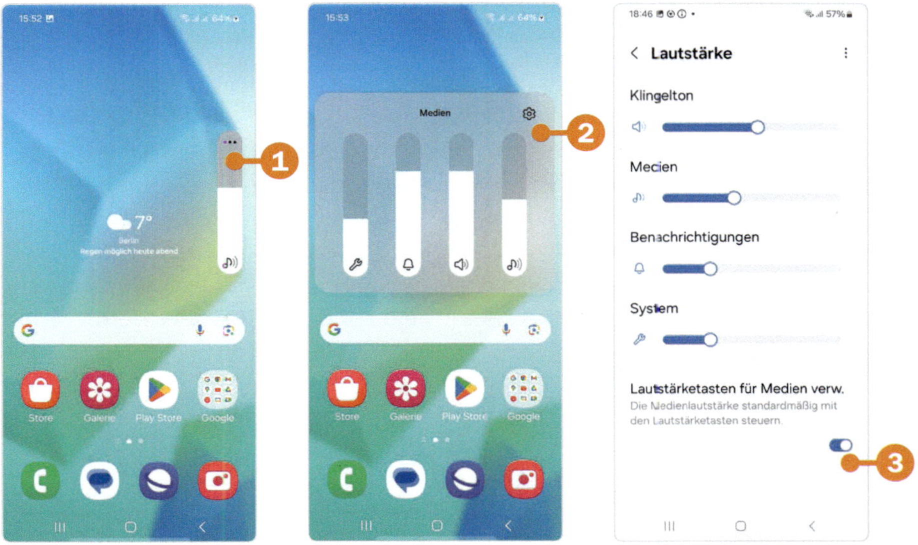

In der Standardeinstellung wird beim Drücken der Lautstärketaste immer die Medienlautstärke geregelt. Das sehen Sie daran, dass die eingeblendete Lautstärkeleiste mit einem Notensymbol versehen ist. Wenn Sie einen anderen Ton lauter oder leiser stellen möchten, zeigen Sie zunächst die Lautstärkeleiste an und tippen das Drei-Punkte-Symbol 1 an. Jetzt können Sie für alle vier Bereiche die Lautstärke mit dem Finger regeln. Etwas einfacher lässt sich die Lautstärke in den Einstellungen bestimmen. Zur Anzeige der Lautstärkeeinstellungen tippen Sie entweder auf das Zahnrad-Symbol ❷ oder öffnen über *Einstellungen* ▶ *Töne und Vibration* ▶ *Lautstärke* den Bereich. Hier ziehen Sie an einem Regler um den Ton in der gewählten Stärke abzuspielen.

> Die eingeschaltete Funktion *Lautstärketasten für Medien verwenden* ❸ sorgt für die gerade beschriebene Handhabung. Wenn Sie den Regler antippen und damit ausschalten, ändert sich die Verwendung der Lautstärketaste folgendermaßen: Bei Bedienung der Lautstärketaste in einer App, die Ton hat (z. B. YouTube), regeln Sie damit automatisch die Medienlautstärke. Drücken Sie auf die Lautstärketaste, wenn der Start- oder App-Bildschirm angezeigt wird, verändern Sie die Lautstärke des Klingeltons.

Für die Regelungsbereiche System, Benachrichtigung und Klingelton gibt es zusätzlich drei unterschiedliche Tonmodi - *Ton*, *Vibrieren* und *Lautlos*. Über die Schnelleinstellungen wechseln Sie leicht zwischen den Modi. Wischen Sie dazu vom oberen Bildschirmrand nach unten und tippen Sie auf das Lautsprechersymbol.

Jeweils durch einen Tipp wechselt die Einstellung von *Ton* auf *Vibrieren*, dann auf *Lautlos* und wieder zurück zu *Ton*. Bei der Einstellung *Vibrieren* ertönt bei einem Anruf kein Klingelton mehr, sondern das Smartphone vibriert nur. Wenn Sie das Smartphone auf lautlos stellen, hören Sie keinen Anruf- oder Benachrichtigungston mehr. Wichtig zu wissen ist, dass ein eingestellter Alarm trotzdem ertönt. Auch ein Video, dass Sie in YouTube betrachten, wird nicht lautlos abgespielt. Hier müssen Sie die Medienlautstärke verringern.

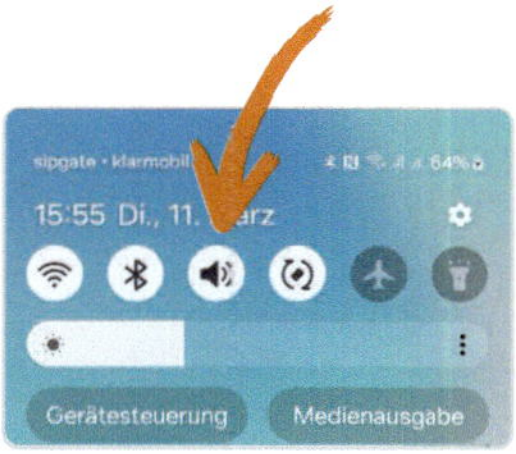

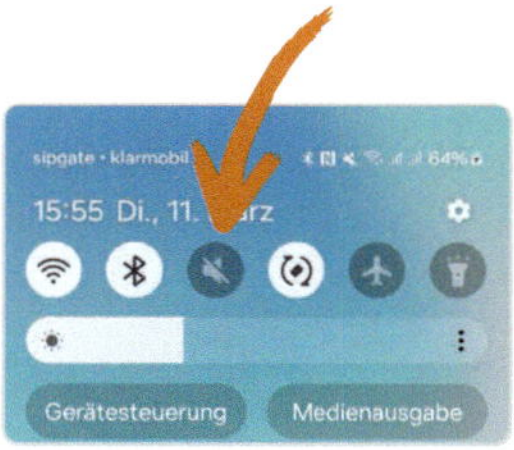

1.9 Smartphone aus- und einschalten

Zugegebenermaßen wird das Smartphone nicht oft ganz ausgeschaltet. Manchmal schaltet man es im Theater oder Kino ab, um sicherzustellen, dass niemand gestört wird. Ein anderer Klassiker ist der niedrige Akkustand, der einen veranlasst, das Handy auszuschalten, um vielleicht am Zielort noch einen Anruf tätigen zu können. Wenn Sie Ihr Handy einige Zeit nicht verwenden möchten, ist es ebenfalls sinnvoll es auszuschalten. Außer dem sollten Sie das Smartphone ausschalten, wenn Sie die SIM-Karte wechseln. Wichtig ist: Nach dem Einschalten benötigen Sie zum Entsperren des Handys die PIN Ihrer SIM-Karte.

Die **PIN der SIM-Karte** erhalten Sie zusammen mit Ihrer Karte. Sie müssen diese PIN immer dann eingeben, wenn das Smartphone neu gestartet wurde. Die SIM-Karten-PIN darf nur dreimal falsch eingegeben werden, dann ist die Karte gesperrt und Sie benötigen den **PUK**, den Sie ebenfalls zusammen mit Ihrer SIM-Karte bekommen haben. Diesen meist achtstelligen Code müssen Sie dann eingeben, um Ihr Handy wieder zu entsperren.

Smartphone ausschalten & neu starten

▶ Um das Gerät abzuschalten, drücken Sie etwas länger auf die Funktionstaste. Alternativ wischen Sie mit zwei Fingern vom oberen Bildschirmrand nach unten, bis die Schnelleinstellungen vollständig angezeigt werden. Oben finden Sie das Symbol zum Ausschalten des Smartphones ⏻ ❶. Hier stehen Ihnen jetzt grundsätzlich zwei Optionen zur Verfügung:

- **Ausschalten**: Tippen Sie auf *Ausschalten* und zur Bestätigung nochmals auf *Ausschalten*.
- **Neustart**: Wenn das Smartphone Probleme bereitet, hilft oft ein *Neustart*. Aber auch ohne Not ist es sinnvoll, das Handy von Zeit zu Zeit neu zu starten. Das Beenden verschiedener Prozesse und die Optimierung der Apps beim anschließenden Hochfahren kann sich positiv auswirken.

▶ Zum Einschalten drücken Sie etwas länger auf die Funktionstaste, geben Sie dann die PIN der SIM-Karte ein und tippen auf *OK* ❷. Danach müssen Sie das Handy ggf. noch entsperren.

Neustart erzwingen: Wenn der Bildschirm des Handys eingefroren ist und das Gerät nicht mehr reagiert, können Sie das Smartphone durch eine Tastenkombination neu starten. Halten Sie die Funktionstaste und die Leiser-Taste länger als sieben Sekunden gleichzeitig gedrückt. Dann startet das Smartphone neu.

Funktionstaste umprogrammieren

Wenn Sie die Funktionstaste zweimal schnell drücken, rufen Sie auf Ihrem Galaxy A16 die Kamera auf. Sollten Sie der Ansicht sein, dass es praktikabler ist, wenn stattdessen eine andere App geöffnet wird, können Sie die Funktionstaste umprogrammieren.

- Öffnen Sie die *Einstellungen* ⚙, tippen Sie auf *Erweiterte Funktionen* und wählen Sie dann *Funktionstaste* aus. Hier wählen Sie unter *Drücken und halten* den Punkt *Ausschalten-Menü*. Schneller geht es auch direkt über *Einstellungen für Funktionstaste* (siehe Abbildung oben mittig).
- Wählen Sie *App öffnen* aus und entscheiden Sie sich anschließend für eine Anwendung, z.B. die Taschenlampe.

2 Das Smartphone schützen

Das Smartphone als ständiger Wegbegleiter enthält viele persönliche Daten. Deshalb sollten Sie es unbedingt vor unbefugtem Zugriff anderer schützen. Stellen Sie sich vor, Sie verlieren das Smartphone und jeder kann mit einem Wisch telefonieren, Ihre geknipsten Bilder betrachten oder Ihre Nachrichten lesen. Da wir das im Einrichtungsprozess übersprungen haben, ist es jetzt an der Zeit, das Handy zu schützen.

Das Smartphone bietet mittlerweile sehr viele Möglichkeiten: Muster, PIN, oder Passwort und zusätzlich Gesichtserkennung oder Fingerabdruck. Für welche Option Sie sich entscheiden, kommt auch auf die persönlichen Vorlieben an und ist letztendlich eine Abwägung zwischen Sicherheit und Praktikabilität. So ist die Eingabe eines Musters, dessen Spuren man noch auf dem Bildschirm sieht, nicht so sicher wie ein langes Passwort. Aber wer will ständig ein Kennwort eintippen? Wir stellen hier die Methoden PIN und Fingerabdruck vor.

2.1 Displaysperre mit PIN

- Öffnen Sie die Smartphone-*Einstellungen* und anschließend den Punkt *Sperrbildschirm* ❶.
- Hier tippen Sie auf *Sperrbildschirmtyp* ❷. Dort haben Sie die Auswahl zwischen *Streichen*, *Muster*, *PIN*, *Passwort* und *Keine*:
  - *Streichen*: Wenn Sie über den Sperrbildschirm streichen, ist das Smartphone sofort entsperrt. Diese Option bietet keinen Schutz, sondern verhindert nur, dass das Smartphone versehentlich in der Tasche bedient wird.
  - *Muster*: Sie zeichnen ein Entsperrungsmuster, das Sie auf dem Bildschirm eingeben, sobald Sie Ihr Smartphone nutzen wollen.
  - *PIN* oder *Passwort*: Eine mindestens sechsstellige Zahl (PIN) oder Zeichenfolge (Passwort) schützt Ihr Smartphone vor Unbefugten.
  - *Keine*: Wenn Sie die Funktionstaste drücken, wird sofort der Startbildschirm angezeigt.
- Wählen Sie *PIN* ❸ aus und geben Sie eine Zahlenkombination ein. Die Zahl sollte mindestens 6 Ziffern haben. Mehr Zahlen erhöhen die Sicherheit.

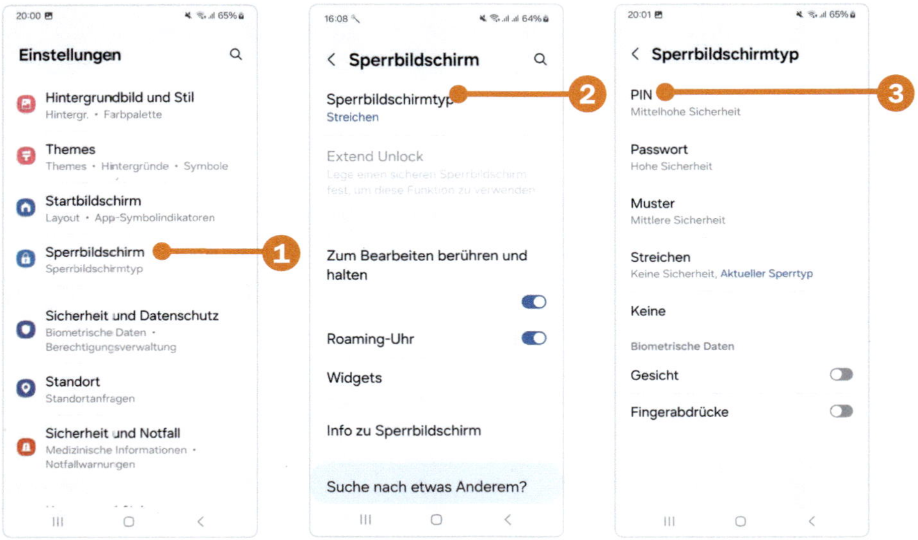

▶ **Tipp:** Aktivieren Sie *PIN bestätigen ohne auf OK zu tippen* ❹. Das spart Zeit beim Entsperren des Smartphones. Tippen Sie dann auf *Weiter*. Geben Sie nochmals die Zahl ein und tippen Sie auf *OK*. So wird sichergestellt, dass Sie sich nicht vertippt haben.

▶ Danach könnten Sie die Benachrichtigungen, die auf dem Sperrbildschirm angezeigt werden, noch einrichten. Damit nicht jeder Ihre erhaltenen Nachrichten am Sperrbildschirm lesen kann, wählen Sie *Inhalte ausblenden* ❺ und bestätigen mit *OK*.

▶ Sobald eine Displaysperre eingerichtet ist, stehen Ihnen unter *Extend Unlock* ❻ und *Sichere Sperreinstellungen* weitere Sicherheitsfunktionen, wie z. B. das Hinzufügen vertrauenswürdiger Orte, zur Verfügung

Anstelle einer PIN können Sie auch ein Passwort festlegen. Die Festlegung erfolgt analog. Ein Buchstabensalat mit Groß- und Kleinbuchstaben, Sonderzeichen und Ziffern erhöht die Sicherheit.

Die PIN zum Entsperren des Sperrbildschirms können Sie so oft eingeben, wie Sie möchten. Es ist möglich, dass nach zahlreichen Falscheingaben eine Pause von 30 Sekunden eingeblendet wird. Verwechseln Sie diese Nummer nicht mit der PIN der SIM-Karte. Diese Nummer haben Sie mit der Karte erhalten und diese PIN benötigen Sie bei einem Neustart des Smartphones. Die PIN der SIM-Karte können Sie nur 3x falsch eintippen, dann ist die Karte gesperrt.

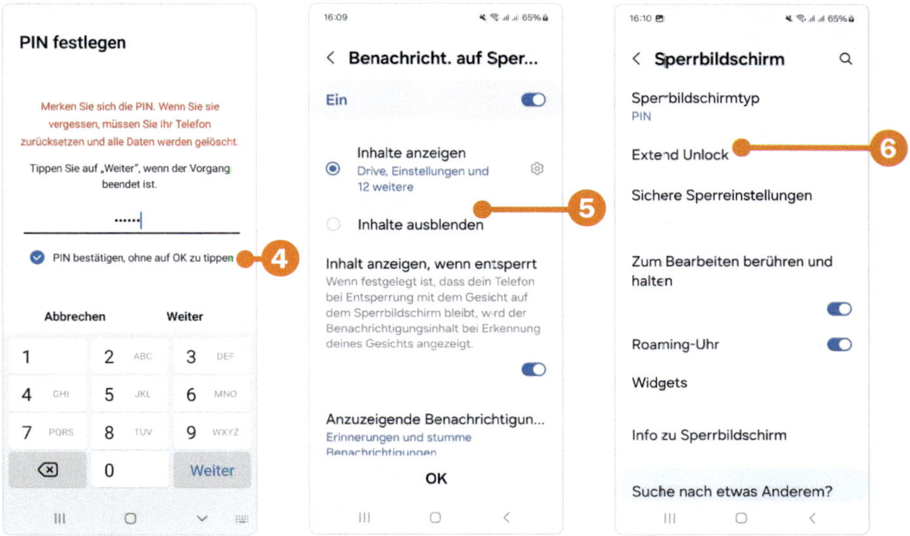

2.2 Fingerabdruck hinzufügen

Der Fingerabdruck wird immer zusätzlich zu einer Bildschirmsperre verwendet. Sie müssen also zunächst ein Muster, eine PIN oder ein Passwort festgelegt haben. Sie entsperren selbstverständlich das Smartphone nachher nur über den Fingerabdruck. Die alternative Methode dient unter anderem dazu, sicherzustellen, dass Sie das Smartphone entsperren können, auch wenn der Fingerabdruck einmal nicht funktioniert.

- Öffnen Sie die *Einstellungen* ⚙. Tippen Sie auf *Sicherheit und Datenschutz* und anschließend auf *Biometrische Daten* ❶.
- Wählen Sie *Fingerabdrücke* und geben Sie anschließend Ihre PIN ein; tippen Sie auf *Weiter* und platzieren den Daumen auf der Funktionstaste, hier befindet sich der Fingerabdrucksensor.
- Im Folgenden wird der Fingerabdruck eingescannt. Drücken Sie den Finger auf den Sensor bzw. heben ihn an, wenn der Prozentwert steigt. Wiederholen Sie diesen Vorgang mehrmals, bis 100 % erreicht wurden. Achten Sie auf die Hinweise am Bildschirm ❷.
- Sie können noch weitere Fingerabdrücke durch *Hinzufügen* registrieren lassen. Wenn Sie das nicht möchten, tippen Sie auf *OK*.

- Der Fingerabdruck wurde unter der Bezeichnung *Fingerabdruck 1* ❸ gespeichert.

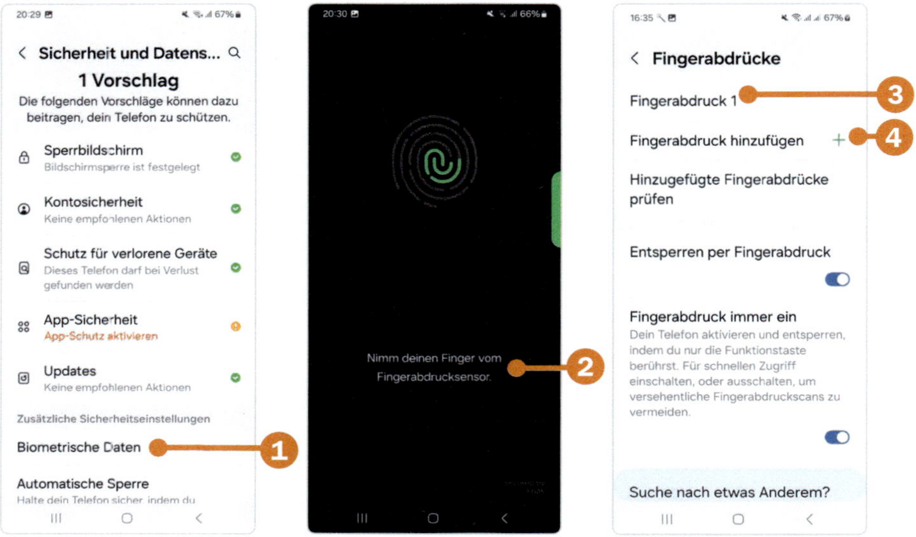

> Wenn Sie Ihr Smartphone ausgeschaltet haben und es wieder einschalten, dann geben Sie zunächst die PIN der SIM-Karte ein. Danach muss der Sperrbildschirm entsperrt werden. Wenn Sie das normalerweise mit Fingerabdruck erledigen, ist das bei einem Neustart des Smartphones leider nicht möglich. Hier müssen Sie die PIN eingeben, die Sie festgelegt haben.

Fingerabdruck vom Smartphone löschen

Um einen Fingerabdruck zu entfernen, öffnen Sie die *Einstellungen* ⚙, wählen *Sicherheit und Datenschutz* und dann *Biometrische Daten*, öffnen *Fingerabdrücke*, geben die PIN ein und bestätigen mit *Weiter*. Tippen Sie auf den Fingerabdruck (hier im Beispiel *Fingerabdruck 1* ❸) und anschließend oben rechts auf *Entfernen*. Bestätigen Sie mit *Entfernen*.

Fingerabdruck nachträglich hinzufügen

Weitere Fingerabdrücke können, wie oben beschrieben, in den *Einstellungen* mit *Fingerabdruck hinzufügen* ❹ registriert werden.

2.3 Das verlorene Smartphone orten

Haben Sie Ihr Smartphone verlegt oder vielleicht sogar verloren, so helfen die Ortungsfunktionen von Google und Samsung. Die schnellste und sicherste Ortung erfolgt, wenn das Smartphone über eine mobile Datenverbindung mit dem Internet verbunden und der Standort sowie Bluetooth aktiviert ist. WLAN ist natürlich auch möglich, aber bei Verlust eher unwahrscheinlich. Das Handy muss eingeschaltet sein. Ist es aus, vielleicht aufgrund eines leeren Akkus, kann nur noch der letzte Standort ermittelt werden. Wir beschreiben hier nur die Ortungsoption von Google. Die Ortungsfunktion von Samsung heißt Samsung Find. Diese findet Ihr eigenes Handy, kann aber auch weitere Samsung Geräte, wie z. B. Kopfhörer, Smart Watch (Uhren), etc. orten. Darüber hinaus können Sie auch Ihren Standort mit Familienmitgliedern teilen. Für alle, die lieber Samsung Find verwenden, empfehlen wir Ihnen das Video auf unserem YouTube-Kanal **BILDNER.TV**.

Mein Gerät finden von Google

Einrichten

- **Am Laptop oder Computer:** Rufen Sie die folgende Seite im Browser auf: android.com/find und tippen Sie auf *Anmelden*.

  Anmeldung für „Find my Device": Geben Sie die E-Mail-Adresse ein, die Sie bei der Einrichtung des Smartphones für das Google-Konto hinterlegt haben, siehe Seite 35. Mit *Weiter* stimmen Sie bereits den Nutzungsbedingungen von Google und der Datenschutzerklärung zu. Durch Anklicken können Sie diese durchlesen.
- **Am Smartphone:** Sie erhalten eine Meldung auf dem Smartphone, dass eine Anmeldung für Ihr Google-Konto stattgefunden hat und Ihr Gerät geortet wurde.
- **Am Laptop oder Computer:** Im Browser erlauben Sie durch Anklicken von *Akzeptieren*, dass Google auf Ihren Standort zugreifen darf.

Offline-Ortung aktivieren

Google bietet mittlerweile eine Offline-Ortung an, um Ihr Gerät auch ohne aktive Internetverbindung finden zu können. Mit dem „Find My Device"-Netzwerk ist es sogar möglich, den ungefähren Standort Ihres Geräts zu ermitteln, selbst wenn das GPS deaktiviert ist. Hierbei wird eine gemeinschaftsbasierte

Methode verwendet, bei der andere Android-Geräte in der Nähe Ihres verlorenen Handys dessen Bluetooth-Signal erkennen und den Standort anonym an Sie übermitteln. Sie aktivieren diese Funktion unter *Einstellungen* ▸ *Google*. Tippen Sie auf *Alle Dienste* ❶. Wischen Sie dann nach unten zu *Mein Gerät finden* ❷ und tippen Sie darauf.

Schalten Sie hier falls noch nicht geschehen den Regler ❸ ein. Im Zuge dessen müssen Sie Ihren Entsperrcode, also PIN, Fingerabdruck, etc. eingeben. Tippen Sie anschließend darunter auf *Geräte finden, die offline sind* ❹. Wählen Sie *Mit Netzwerk an allen Orte* aus und geben Sie anschließend Ihre Geräte-PIN bzw. Displaysperre ein.

Wenn Sie Du Offline-Ortung nutzen, wird auch Ihr Gerät zur Offline-Ortung verwendet.

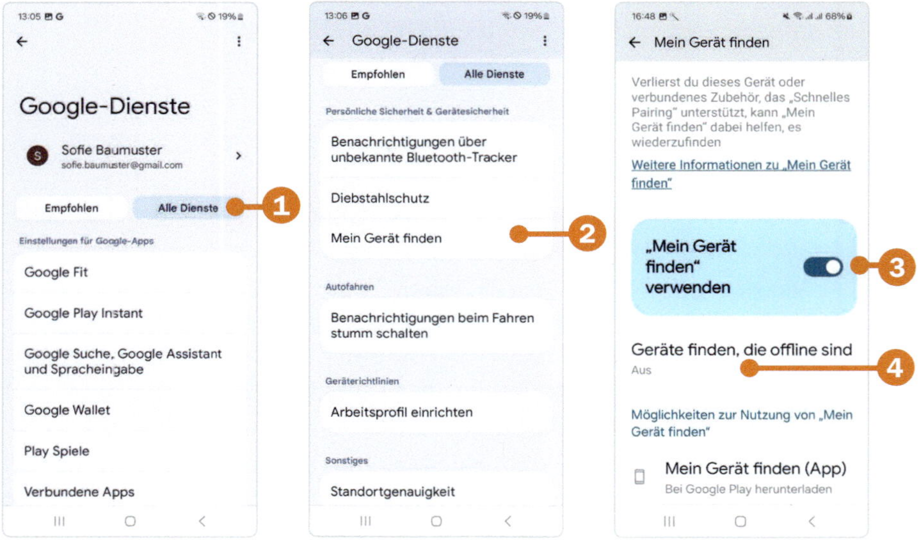

Smartphone verlegt oder verloren

Unter android.com/find erhalten Sie einen Kartenausschnitt, der anzeigt, wo sich Ihr Smartphone gerade befindet ❶ bzw. zuletzt geortet wurde. Tippen Sie auf das Symbol um links die Koordinaten und gegebenenfalls auch eine Adresse anzuzeigen. Diese Informationen werden im Brower auf einer neuen Registerkarte angezeigt.

Tipp! Wenn sich das Handy unter dem Kissen auf dem Sofa versteckt, können Sie es mit der Funktion *Ton abspielen* ❷ leicht wiederfinden. Das hat mir schon oft viel Sucherei erspart. Falls das Gerät mit einem WLAN verbunden sein sollte, wird der Name des Netzwerks unter der Typbezeichnung des Smartphones angezeigt. So können Sie beispielsweise aus der Ferne feststellen, dass Ihnen das Handy, nicht wie befürchtet, aus der Tasche gerutscht ist, sondern noch Zuhause liegt.

Wichtig! Die Ortungsfunktion Ihres Smartphones bietet unseres Erachtens mehr Vor- als Nachteile. Wenn Sie das Gerät verloren haben, können Sie es so wiederfinden oder zumindest via Fernzugriff die Daten auf Ihrem Smartphone löschen. Ganz klar ist aber auch, dass jeder, der über Ihre E-Mail-Adresse und das dazugehörige Kennwort verfügt, über diesen Dienst sehen kann, wo sich Ihr Smartphone und in diesem Fall auch Sie sich gerade befinden. Deshalb ist es wichtig, diese Daten sicher zu verwahren.

2.4 Tipps für mehr Sicherheit

Nicht nur PCs, auch Smartphones können Ziele von Viren und Malware sein! Daher sollte man auf den Schutz der persönlichen Daten auch auf dem Smartphone achten:

- Führen Sie OneUI- und Sicherheitsupdates zeitnah durch. Aktualisieren Sie auch Ihre Apps regelmäßig (siehe Seite 95).
- Installieren Sie nur Apps aus dem Google Play Store oder aus dem Samsung Galaxy Store nicht aus einer anderen Quelle.
- Öffnen Sie keine Anhänge von E-Mails, deren Absender Sie nicht kennen.
- Seien Sie misstrauisch, wenn Sie im Browser aufgefordert werden, etwas anzuklicken, um Virenbefall zu vermeiden, oder Sie in einer E-Mail einen Link anklicken sollen, um sicherheitsrelevante Eingaben für ein anderes Konto nachzutragen. Ihre Bank wird Ihnen niemals eine solche E-Mail zusenden.
- Hotspots, also kostenloses öffentliches WLAN, sind ebenfalls eine Gefahrenquelle.
- Nutzen Sie eine Bildschirmsperre (z. B. PIN und Fingerabdruck) für das Handy.
- Kontrollieren Sie bei neu installierten Apps die Berechtigungen (siehe Seite 74).

Bereits vorinstalliert ist **Google Play Protect**, das Sie gegebenenfalls über Sicherheitsrisiken informiert. Dabei wird ein Virenscan der installierten Apps durchgeführt, es erfolgt eine Prüfung der im Play Store angebotenen Apps vor dem Herunterladen und Sie werden vor möglicherweise gefährlichen Internetseiten gewarnt, sofern Sie mit dem Google-Browser Chrome surfen.

In den *Einstellungen* ⚙ unter *Sicherheit und Datenschutz* erhalten Sie Vorschläge, wie Sie die Sicherheit Ihres Smartphones erhöhen können. Bei orange gekennzeichneten Optionen besteht noch ein Verbesserungspotenzial (im Beispiel bei *App-Sicherheit* ❶). Tippen Sie den Eintrag an. Mit der **Anti-Virus-App** von McAffee können Sie Ihr Smartphone zusätzlich schützen. Wenn Sie das verwenden möchten, tippen Sie auf *App-Schutz* ❷, dann auf *Einschalten* ❸ und bestätigen mit *Einschalten*.

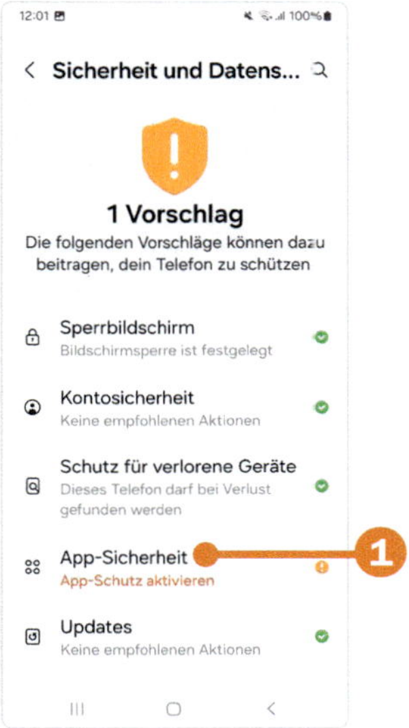

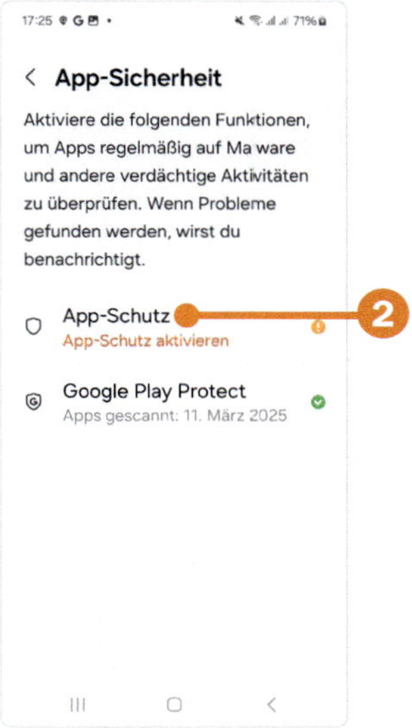

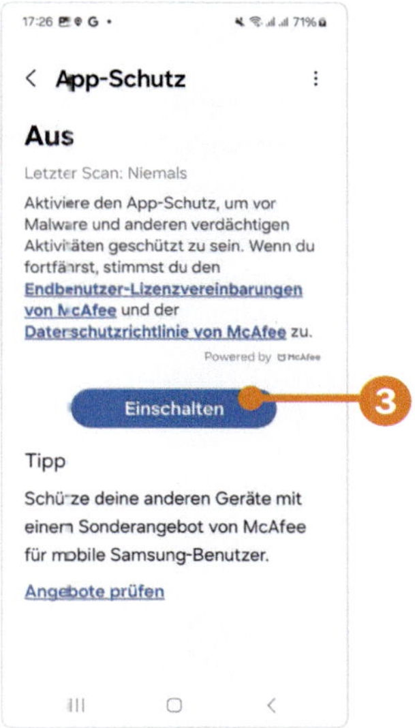

Jetzt können Sie unter *Einstellungen* ⚙ ▶ *Gerätewartung* 4 ▶ *App-Schutz* 5 mit *Telefon scannen* 6 nach Bedrohungen suchen.

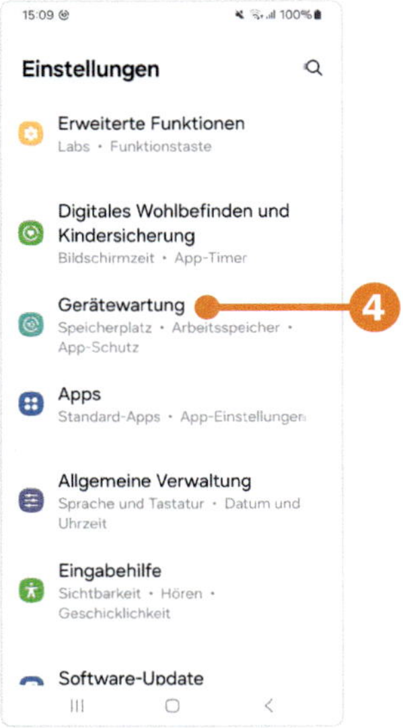

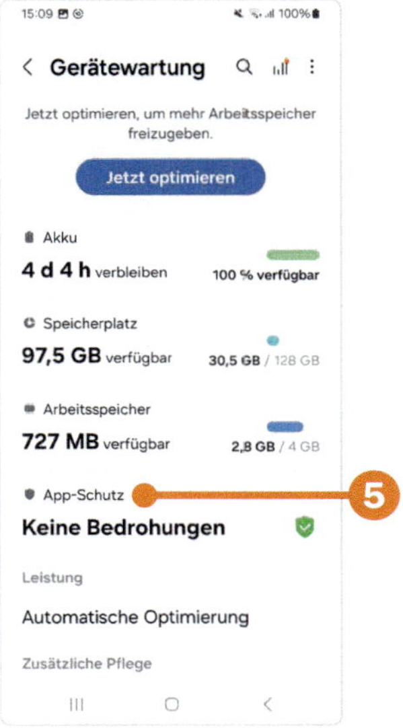

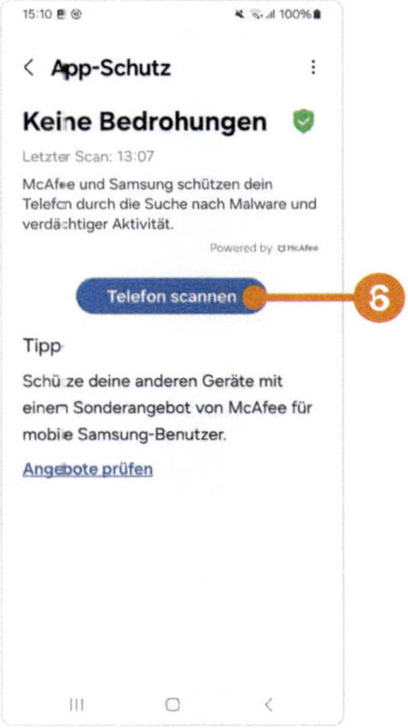

2.5 Berechtigungen kontrollieren

Vielleicht kennen Sie das jetzt schon: Beim Öffnen von Apps oder beim Ausprobieren einer speziellen App-Funktion erscheint eine Meldung, die Sie auffordert, den Zugriff auf einen bestimmten Bereich des Smartphones zuzulassen. Dabei ist es schwer, pauschal zu sagen, auf was eine App zugreifen darf. Beispielsweise benötigen Messenger-Apps, wie WhatsApp, Zugriff auf Ihre Kontakte. Wenn ein Spiel auf Ihre Kontakte zugreifen möchte, ist das zumindest ungewöhnlich.

Berechtigung nachträglich erteilen oder entziehen

- Die Berechtigungen finden Sie unter *Einstellungen* ▶ *Apps*.
- Tippen Sie hier die App an, deren Berechtigungen Sie kontrollieren möchten, z. B. *Kamera*, und tippen Sie dann auf *Berechtigungen* ❶.
- Die Berechtigungen sind unterteilt in *Zugelassen* und *Nicht zugelassen*. Im Beispiel darf die App *Kamera* auf das *Mikrofon* zugreifen. Das ist vielleicht zunächst ungewöhnlich. Denkt man aber an Audioaufnahme beim Videodreh, dann ist das durchaus sinnvoll.
- Wenn Sie möchten, können Sie nun Zugriffe entziehen oder auch erlauben. Im Beispiel erlauben wir der App *Kamera* den Zugriff auf den Standort. Damit können Standortinformationen zusammen mit dem Foto hinterlegt werden. Tippen Sie auf *Standort* ❷. Hier wählen Sie *Zugriff nur während der Nutzung der App zulassen* ❸.

Besonderheit Standort

Wie Sie schon auf Seite 59 erfahren haben, können Sie einer App den genauen oder nur einen ungefähren Gerätestandort zur Verfügung stellen. Ist der Schalter bei *Genauen Standort verwenden* ❹ aktiv, so wird im Falle der App *Kamera* für das Foto der Aufnahmeort mit Straße und Hausnummer gespeichert. Ähnliche Informationen erhalten Sie auch beim ungefähren Standort, nur weichen diese um einige hundert Meter ab. Mehr zu Standortangaben zu Ihren Fotos erfahren Sie auf Seite 127.

Analog können Sie für eine Wetter-App verfahren. Auch dieser können Sie durch Deaktivierung des Schalters nur einen ungefähren Standort zur Verfügung stellen.

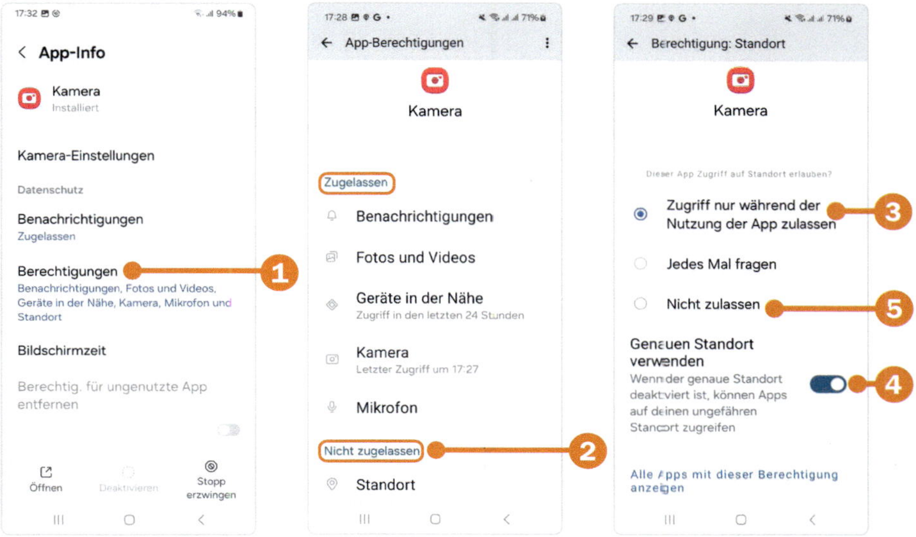

▶ Analog dazu können auch Berechtigungen entzogen werden; dann wählen Sie *Nicht zulassen* ❺. Keine Angst, falls Sie einen Zugriff unterbinden, der für die Funktionsfähigkeit der App unbedingt erforderlich ist, werden Sie gewarnt und beim nächsten Öffnen der App wird ein Hinweis eingeblendet, der erneut den Zugriff einfordert.

Alle Apps mit Zugriffsberechtigung anzeigen

Neben der Frage was eine bestimmte App darf, kann auch interessant sein, zu erfahren, welche Apps Zugriff auf eine bestimmte Information des Smartphones haben, z. B. auf das Mikrofon, den Standort oder die Kamera. Hier hilft der **Berechtigungsmanager**. Öffnen Sie die *Einstellungen* ⚙, tippen Sie auf *Sicherheit und Datenschutz* und wählen Sie *Berechtigungsverwaltung* aus. Tippen Sie einen Bereich an, z. B. *Mikrofon*. Hier sehen Sie, welche Apps die Berechtigung haben, das Mikrofon des Smartphones zu nutzen. Durch antippen der App können Sie auch hier, wie oben beschrieben, die Zugriffsberechtigung ändern.

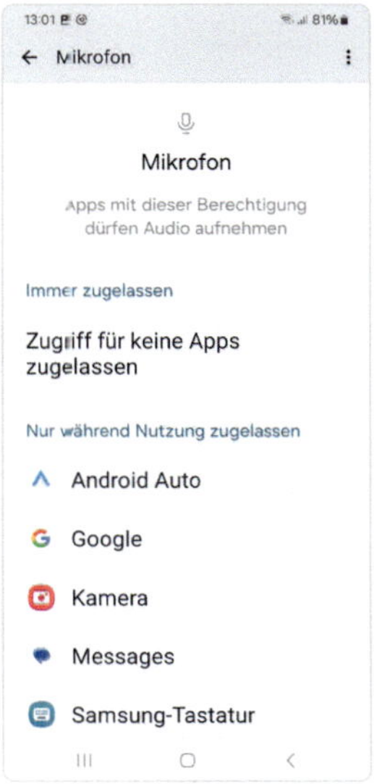

3 Das Smartphone personalisieren

In diesem Kapitel erhalten Sie Tipps, wie Sie das Smartphone an Ihre Bedürfnisse anpassen.

3.1 Bildschirm-Timeout festlegen

Vielleicht passiert Ihnen das gerade - das Smartphone „geht ständig aus". Wenn Sie für kurze Zeit nichts am Smartphone machen, wird der Bildschirm ausgeschaltet und das Handy automatisch mit dem Sperrbildschirm geschützt. Diese Funktion nennt sich Bildschirm-Timeout. Jetzt müssen Sie wieder die Funktionstaste drücken, den Bildschirm entsperren und dann kann es erst weitergehen - das nervt. Vor allem weil der Bildschirm-Timeout standardmäßig auf 30 Sekunden eingestellt ist. Das schont den Akku, ist aber am Anfang einfach zu kurz. So verlängern Sie den Zeitraum:

- Öffnen Sie die *Einstellungen* und tippen Sie auf *Anzeige* ❶.
- In der Kategorie *Anzeige* tippen Sie dann auf *Bildschirm-Timeout* ❷ und wählen einen längeren Zeitraum, z. B. *2 Minuten* ❸. Das geht etwas zu Lasten des Akkus, aber Sie können das jederzeit wieder ändern.
- Tippen Sie dann auf die Home-Taste, um die Einstellungen zu verlassen.

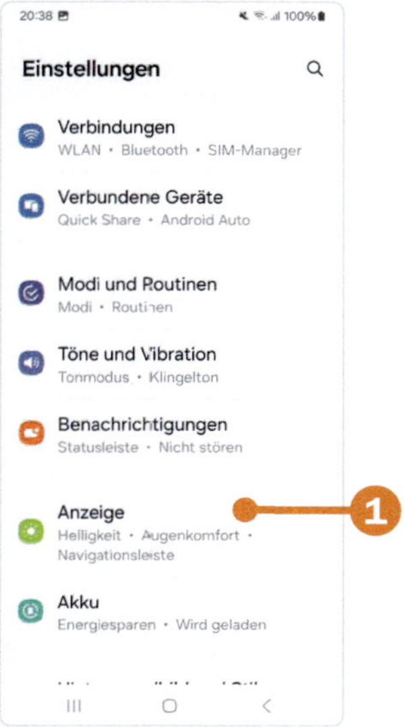

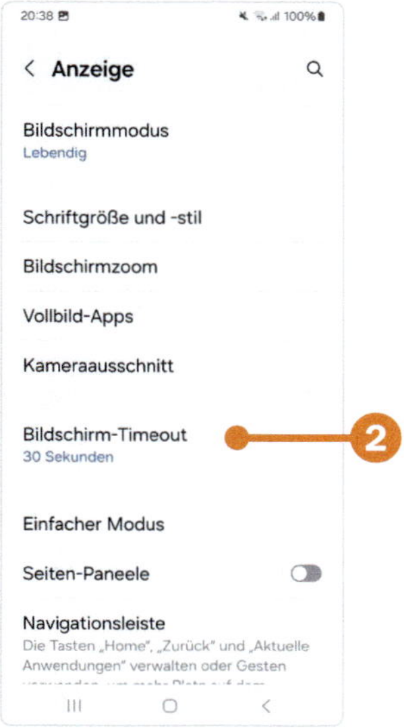

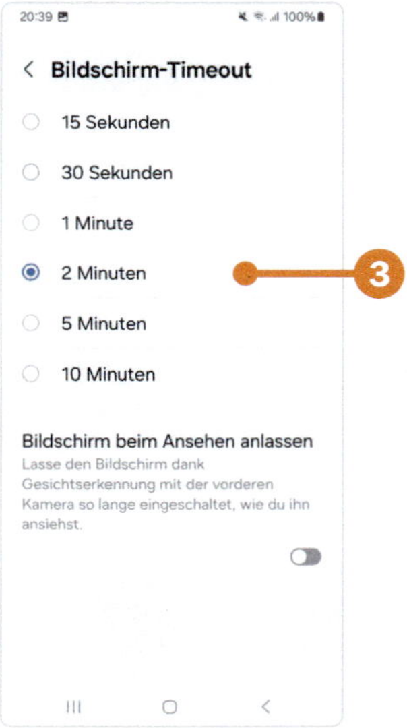

3.2 Schriftgröße bestimmen und Helligkeit anpassen

- **Schriftgröße verändern:** Rufen Sie die *Einstellungen* auf und wählen Sie *Anzeige*. Tippen Sie dann auf *Schriftgröße und -stil* ❶. Hier können Sie mit dem Schieberegler die gewünschte Größe einstellen. Ziehen Sie einfach den Punkt ❷ etwas nach rechts. Dabei sehen Sie die Änderungen sofort und können gleich abschätzen, welche Schriftgröße für Sie angenehm ist.
- Zusammen mit der Schrift können auch die angezeigten Symbole, wie Menübefehle, Navigationstasten etc., vergrößert werden. Dazu tippen Sie auf *Bildschirmzoom* ❸ und ziehen den Punkt nach rechts.
- **Bildschirmhelligkeit:** Gute Lesbarkeit hat natürlich auch etwas mit der Helligkeit des Bildschirms zu tun. Über den Regler ❹ können Sie die *Helligkeit* des Bildschirms anpassen. Erinnern Sie sich an die Schnelleinstellungen? Hier finden Sie ebenfalls einen Helligkeitsregler ❺.
- Natürlich hat auch das Umgebungslicht Einfluss darauf, welche Bildschirmhelligkeit wir als angenehm empfinden. Die Funktion *Adaptive Helligkeit* passt die Helligkeit automatisch auf Grundlage der vorherrschenden Lichtverhältnisse an. Wenn Sie möchten, testen Sie die Funktion; dazu ziehen Sie den Regler ❻ nach rechts auf *An*.

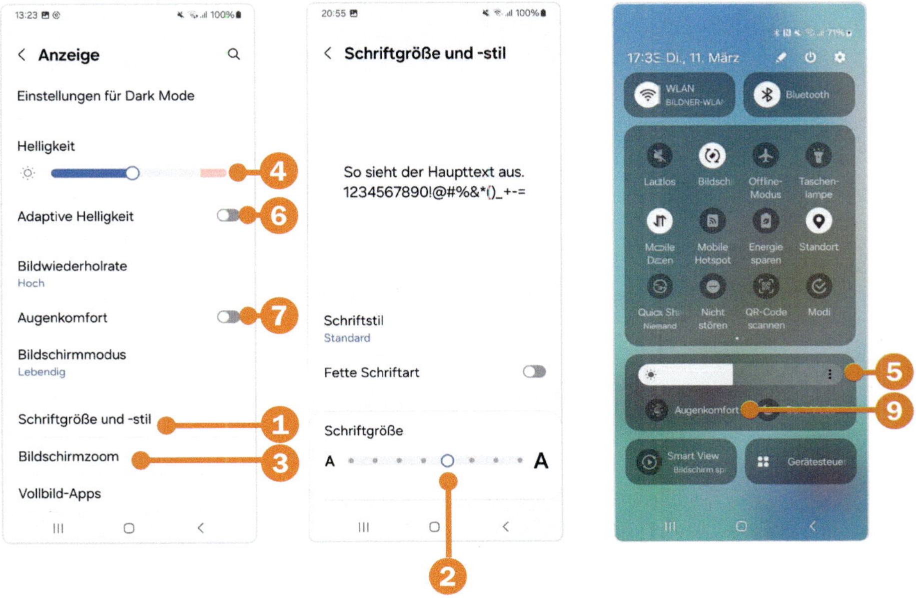

Was macht die Funktion Augenkomfort? Augenkomfort filtert aus der Bildschirmanzeige blaues Licht und das Display erstrahlt gelblicher und dadurch wärmer. Die Idee dahinter ist, die Funktion zumindest abends einzuschalten, da das helle, blaue Licht als eine Art Muntermacher wirkt und das Einschlafen verzögern kann. Vollständig wissenschaftlich belegt ist das noch nicht, aber Vieles deutet darauf hin. Sie finden die Funktion *Augenkomfort* ❼ (vorherige Seite) in den *Einstellungen* unter *Anzeige*. Hier können Sie den Regler antippen und damit einschalten. Damit ist die Funktion dauerhaft aktiv und passt sich der Tageszeit an. Sie können den Augenkomfort aber auch einfach in den Schnelleinstellungen aktivieren ❽, wenn Sie das Smartphone abends für längere Zeit nutzen.

3.3 Eigenes Hintergrundbild auswählen

Auch ein persönliches Bild kann als Hintergrund für den Start- oder Sperrbildschirm geladen werden. Dabei ist es am einfachsten, wenn Sie das Foto mit Ihrem Smartphone geknipst haben. Diese Variante stellen wir hier vor:

- Zeigen Sie in der Galerie-App das gewünschte Foto an (mehr zu dieser App erfahren Sie auf Seite 133). Es ist nicht leicht, ein passendes Bild zu finden, vielleicht müssen Sie mehrere ausprobieren.
- Tippen Sie rechts oben auf die drei Punkte ⋮ und wählen Sie *Als Hintergrund festlegen* ❶ aus.

- Anschließend legen Sie fest, wo das Hintergrundbild angezeigt werden soll ❷ - auf dem Startbildschirm, Sperrbildschirm oder auf beiden.
- Sie erhalten dann eine Vorschau. Durch Antippen des Fotos und Ziehen können Sie den Bildausschnitt ggf. noch ein wenig verändern. Tippen Sie dann rechts oben auf *OK* ❸.

> Über *Einstellungen* ⚙, Auswahl der Kategorie *Hintergrundbild und Stil* und dann Antippen von *Hintergrundbild ändern* wählen Sie wieder den Standardhintergrund aus.

3.4 Klingelton einstellen

Sie mögen den Klingelton Ihres Telefons nicht? Das lässt sich ändern:

- Rufen Sie die *Einstellungen* ⚙ Ihres Smartphones auf und tippen Sie dann auf die Kategorie *Töne und Vibration* ❶.
- Tippen Sie auf *Klingelton* ❷. Hier können Sie aus einer Vielzahl von Klingeltönen auswählen. Tippen Sie einfach einen Eintrag der Liste ❸ an. Der gewählte Klingelton ertönt. Falls nicht, überprüfen Sie die Lautstärke (siehe Seite 61).
- Wenn Ihnen ein Ton gefällt, verlassen Sie das Auswahlmenü mit der Zurück-Taste. Der neue Ton ist jetzt bei *Klingelton* hinterlegt.

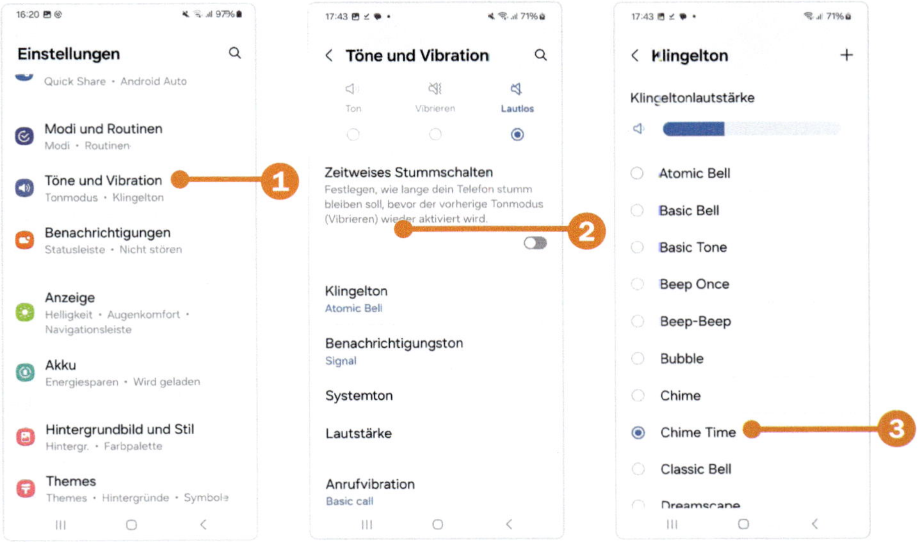

3.5 Startbildschirm anpassen

Mit einem aufgeräumten Startbildschirm lässt es sich besser arbeiten! Entfernen Sie alles vom Startbildschirm, was Sie jetzt nicht brauchen - Sie können es jederzeit wieder hinzufügen.

App vom Startbildschirm entfernen: In diesem Beispiel entfernen wir die Galaxy Store-App vom Startbildschirm. Diese App benötigen Sie nicht so häufig und Sie finden sie danach immer noch auf dem App-Bildschirm.

- Tippen Sie etwas länger auf die App, die Sie vom Startbildschirm entfernen möchten. Das Menü wird angezeigt.
- Wählen Sie *Entfernen* ❶. Übrigens: Eine entfernte App wird nur von der Startseite, jedoch nicht vom Gerät gelöscht.

App zum Startbildschirm hinzufügen: Wenn man ein neues Smartphone hat, gibt es viel einzustellen. Aus diesem Grund ist es praktisch, die App *Einstellungen* auf den Startbildschirm zu legen. Später können Sie sie wieder entfernen.

- Zeigen Sie den App-Bildschirm an und tippen Sie etwas länger auf die App *Einstellungen*. Wählen Sie im Menü *Zu Start hinzufügen* ❷ aus. Die App wird jetzt auf einen der vorhandenen Startbildschirme gelegt. Das muss nicht der erste sein. Wischen Sie horizontal über den Bildschirm, um die App zu finden. In unserem Beispiel befindet sich die App auf dem letzten Startbildschirm ❸. Jetzt kann sie verschoben werden.

App verschieben: Die App kann von einem zum anderen Startbildschirm verschoben oder nur ihre Bildschirmposition verändert werden:

- Drücken Sie mit dem Finger auf eine App, bis das Menü angezeigt wird. Jetzt können Sie die App an die gewünschte Position ziehen.
- Wenn die App auf einem anderen Bildschirm sein soll, ziehen Sie sie an den Rand, bis der andere Bildschirm erscheint. Alternativ dazu tippen Sie die App etwas länger an, um das Menü anzuzeigen, und tippen auf *Auswählen* ❹. Wechseln Sie jetzt zum Startbildschirm und tippen Sie etwas länger auf die Position, an die die App verschoben werden soll.

Ordner: Manche Apps benötigen Sie öfter, sodass es unpraktisch ist, dass sich diese in einem Ordner verstecken, das gilt z. B. für die E-Mail-App *Gmail*.

- Öffnen Sie den Ordner *Google* durch Antippen. Tippen Sie etwas länger auf die App *Gmail* und ziehen Sie diese dann nach oben. Der Startbildschirm wird angezeigt. Positionieren Sie die App und lassen Sie los.

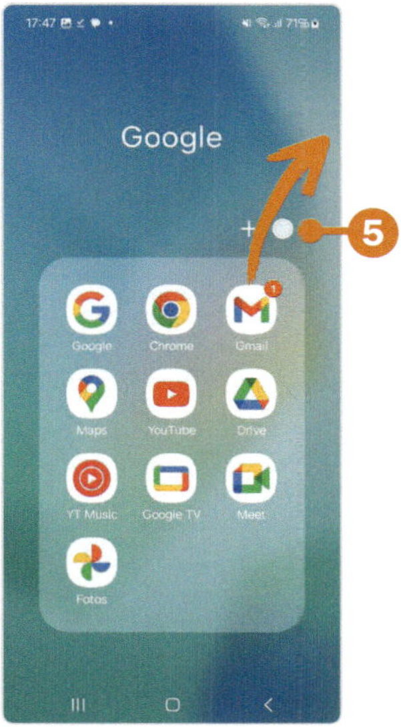

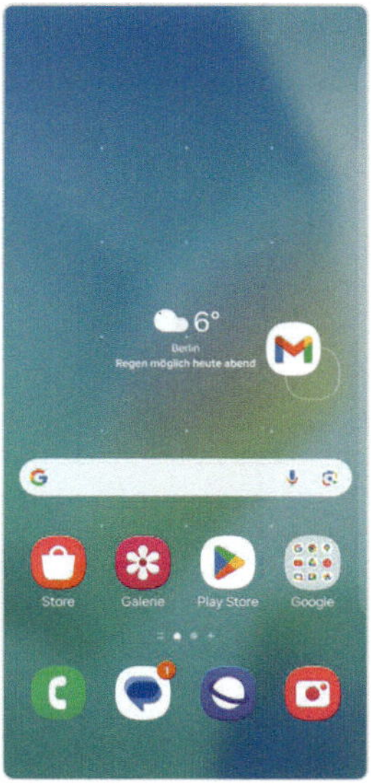

Profitipp!

Ordner anlegen: Ziehen Sie eine App auf eine andere, so wird ein Ordner angelegt. Wenn Sie auf den Ordner tippen und darin auf *Ordnername*, können Sie einen Namen vergeben. Die Farbe des Ordners können Sie übrigens mit ● ❺ festlegen.

Nachrichtenbereich deaktivieren: Mit einem Wisch von der Startseite nach rechts zeigen Sie *Google Discover* an, welches aktuelle Informationen aus Politik, Unterhaltung, Sport zusammenfasst und viele Tipps zu unterschiedlichsten Themen beinhaltet. Natürlich können Sie auf Google Discover auch verzichten und eine App eines anderen Anbieters, z. B. Tagesschau, Zeit Online, ntv, etc., herunterladen.

Um die Bildschirmseite vollständig auszublenden, gehen Sie wie folgt vor:

- Tippen Sie etwas länger auf eine freie Stelle des Startbildschirms, bis diese Ansicht ❶ erscheint.
- Wischen Sie dann auf dem Bildschirm horizontal nach rechts, um die Nachrichtenseite anzuzeigen. Tippen Sie auf den Regler ❷, um ihn auszuschalten.
- Wischen Sie dann horizontal nach links, um wieder die Startbildschirmseite anzuzeigen, und tippen Sie diese an.

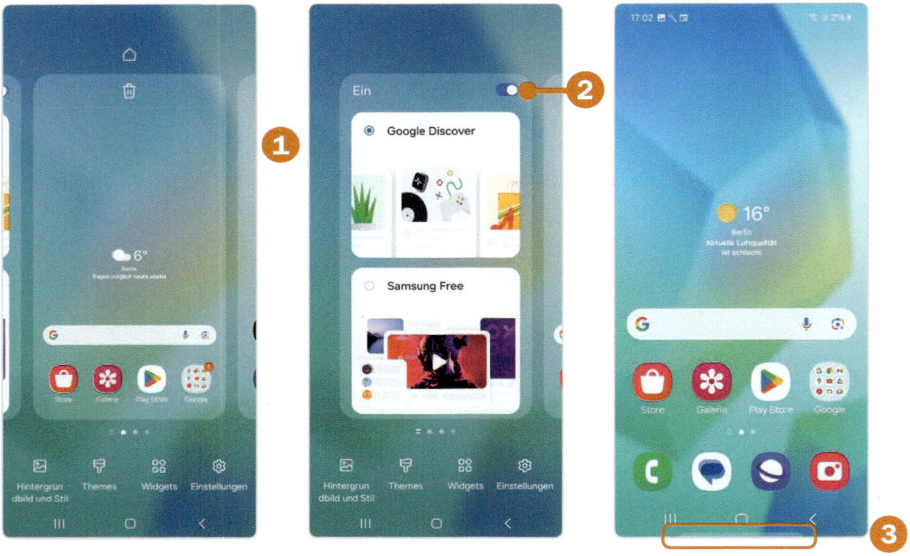

Am unteren Rand des Startbildschirms befindet sich ein heller Streifen ❸, der den mobilen Zahlungsdienst von Samsung öffnet. Ziehen Sie den Bereich mehrmals nach oben ohne das sogenannte *Samsung Wallet* einzurichten, verschwindet der graue Balken.

Falls Sie ein digitales Portemonnaie nutzen möchten, um mit der NFC-Schnittstelle Ihres Smartphone an der Kasse zu zahlen oder Tickets zu speichern, empfehlen wir Ihnen jedoch stattdessen die weitaus einfacher zu handhabende *Google Wallet* aus dem Play Store zu installieren.

Bei dieser lassen sich sowohl Debit-/Kreditkarten hinterlegen als auch PayPal verknüpfen. Und ist Ihr nächstes Handy kein Samsung-Modell, kann das Google Wallet auch auf alle Android-Geräten anderer Hersteller mitgenommen werden. Wie Sie die Google Wallet einrichten, erfahren Sie in diesem Video auf BILDNER TV: **https://youtu.be/pBwSXW7fzcQ**

Wer möchte, kann das Seiten-Paneel nutzen. Darin können häufig verwendete Apps platziert und schnell aufgerufen werden. Auch andere Werkzeuge, wie ein Kompass, oder Kontakte können im Seiten-Paneel angezeigt werden.

Das Seitenpaneel aktivieren und bearbeiten Sie unter *Einstellungen* ▶ *Anzeige* ▶ *Seiten-Paneele*. Um den Seitenbildschirm anzuzeigen, tippen Sie auf den Schalter ❶. Zur Auswahl der Inhalte tippen Sie auf *Paneele*. Sie aktivieren und deaktivieren die einzelnen Anzeigeoptionen über den Kreis ❷ oben.

Wenn das Seiten-Paneel aktiviert ist, können Sie es, durch wischen vom rechten Bildschirmrand ❸ auf Höhe der Lautstärketaste, einblenden.

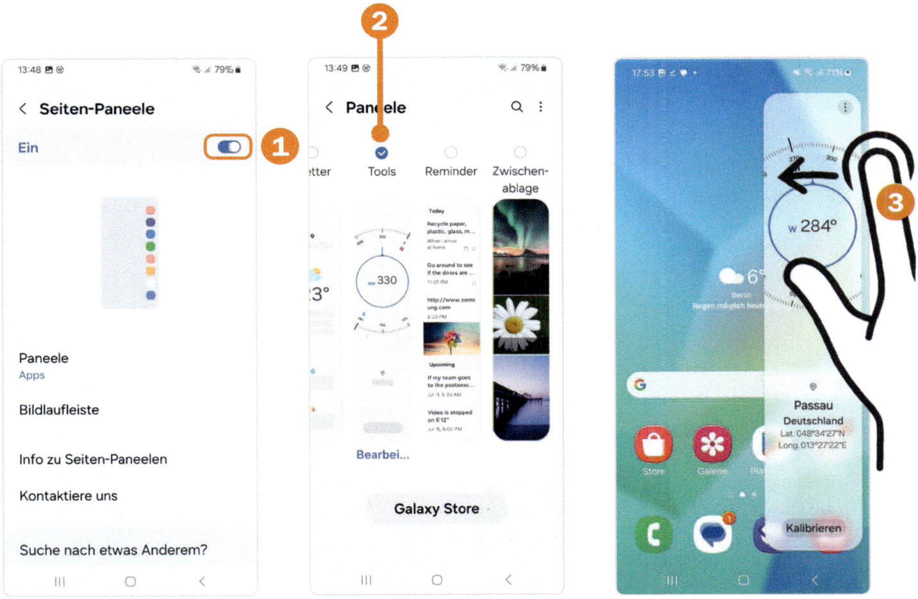

3.6 Widgets verwenden

Mit Widgets werden aktuelle Informationen bereitgestellt oder ein schneller Zugriff auf Anwendungen ermöglicht. Diese finden Sie nur auf den Startbildschirmseiten. Über Widgets erhalten Sie z. B. das aktuelle Wetter, WhatsApp-Nachrichten oder einen Player zum Abspielen von Musik. Widgets sind Apps, die Sie nicht öffnen müssen, um das Wichtigste zu sehen. Sie können in verschiedenen Größen auf dem Startbildschirm angeordnet werden.

Zwei Widgets haben Sie bereits auf dem Startbildschirm - das Wetter-Widget und das **Google Widget - Suchleiste** ❶ (nächste Seite). Für Google ist keine weitere Aktion mehr notwendig; das **Wetter-Widget** ❷ sollten Sie noch schnell einrichten oder, wenn Sie es nicht verwenden möchten, entfernen (siehe Seite 86).

Wetter-Widget einrichten:

- **Standortzugriff zulassen:** Tippen Sie auf das Wetter-Widget und erlauben Sie ihm durch Antippen von *Zustimmen* ❸ auf die Standortinformationen zuzugreifen. Nach einer kurzen Aktualisierung zeigt das Widget nun den aktuellen Standort samt Temperatur und Wetterhinweis an. Durch die Standortfreigabe erkennt die Wetter-App, wo Sie sich gerade befinden, und zeigt automatisch das passende Wetter an. Sie können der Wetter-App aber auch nur einen ungefähren Standort übermitteln. Wie Sie das nachträglich vereinbaren, erfahren Sie auf Seite 74.
- **Standortzugriff verbieten:** Wenn Sie den Standortzugriff nicht erlauben möchten, dann wählen Sie *Ablehnen* ❹. Tippen Sie dann Ihren Heimatort in das Feld *Suchen* ❺ ein. Sie erhalten eine Vorschlagsliste. Wählen Sie den passenden Ort durch Antippen aus und bestätigen Sie mit *Hinzufügen* ❻ (siehe Grafik nächste Seite).

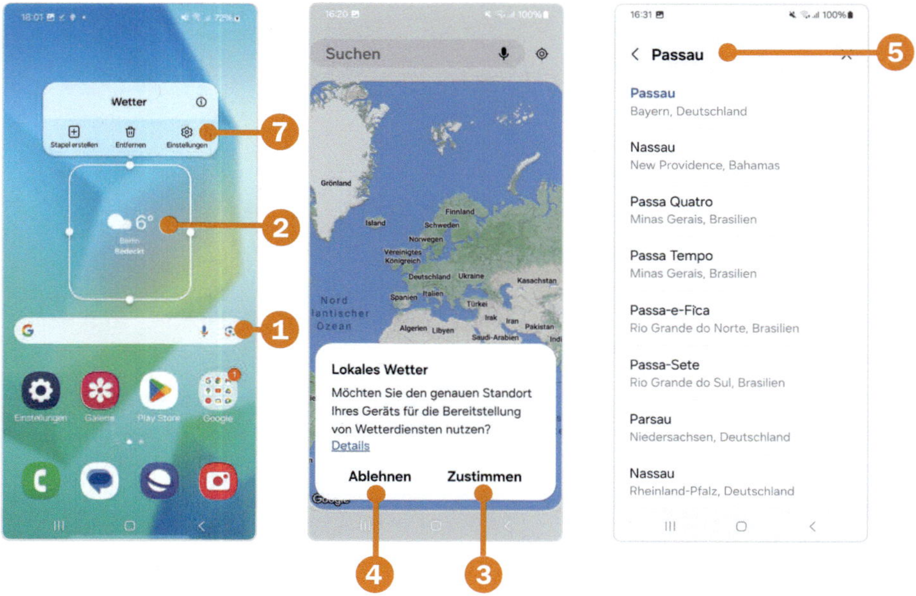

- Wenn Sie das Wetter-Widget gedrückt halten, können Sie es auf den Startbildschirmseiten an eine Position Ihrer Wahl verschieben. Durch das längere Gedrückthalten wird das Bearbeitungsmenü angezeigt. Hier finden Sie auch die *Einstellungen*. In den *Einstellungen* ❼ (siehe Bild oben links) können Sie das Widget noch weiter anpassen, z. B. den Anzeigeort ändern ❽ oder die Transparenz anpassen.

Durch Antippen des Wetter-Widgets erhalten Sie eine stündliche Tageswettervorhersage ❾ (nächste Seite) und eine Vorschau auf die nächsten sieben Tage. Ebenso finden Sie hier die Regenwahrscheinlichkeit, Zeiten zu Sonnenauf- und -untergang und die Windgeschwindigkeiten.

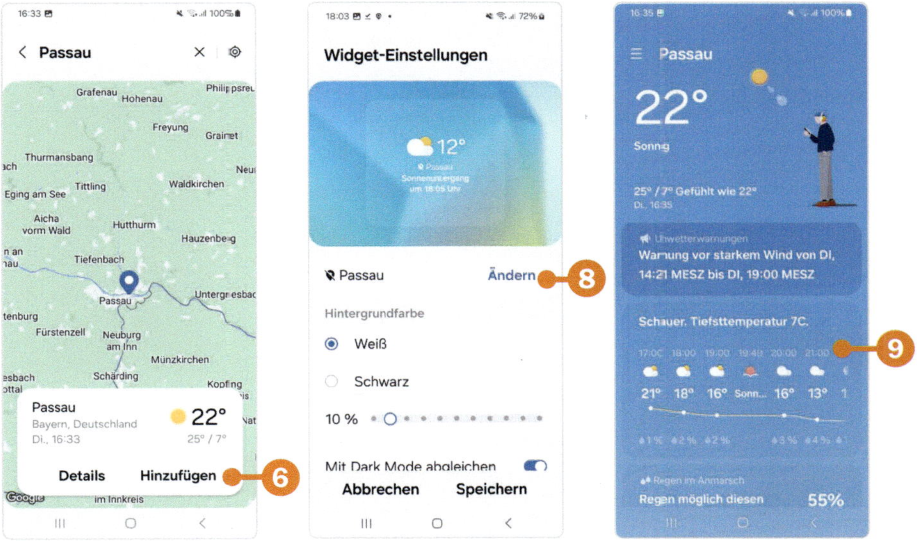

Widgets anzeigen und auswählen

Es gibt noch weitere Widgets und jede neue App, die Sie installieren, kann auch ein Widget mitbringen. Das schon bekannte Wetter-Widget kann im Aussehen und der Auswahl der angezeigten Informationen verändert werden.

- Tippen Sie etwas länger mit dem Finger auf eine freie Stelle des Startbildschirms, dadurch erscheint unten die Option *Widgets* ❶ (siehe nächste Seite). Tippen Sie diese an, um eine Liste aller Widgets zu öffnen.

- Wischen Sie zum Bereich *Wetter*. Tippen Sie auf *Wetter* ❷ und suchen Sie sich ein Widget aus, das Sie ebenfalls kurz antippen. Bestätigen Sie mit *Hinzufügen* ❸.
- Das neue Widget wird nun auf einem der Startbildschirme angezeigt. Halten Sie es gedrückt, um es auf die gewünschte Startbildschirmseite zu verschieben. Das „alte" Wetter-Widget ist auch noch vorhanden. Diesen können Sie dann entfernen.

Widget entfernen

- Tippen Sie etwas länger mit dem Finger auf das Widget und wählen Sie im Menü *Entfernen* ❹ aus.

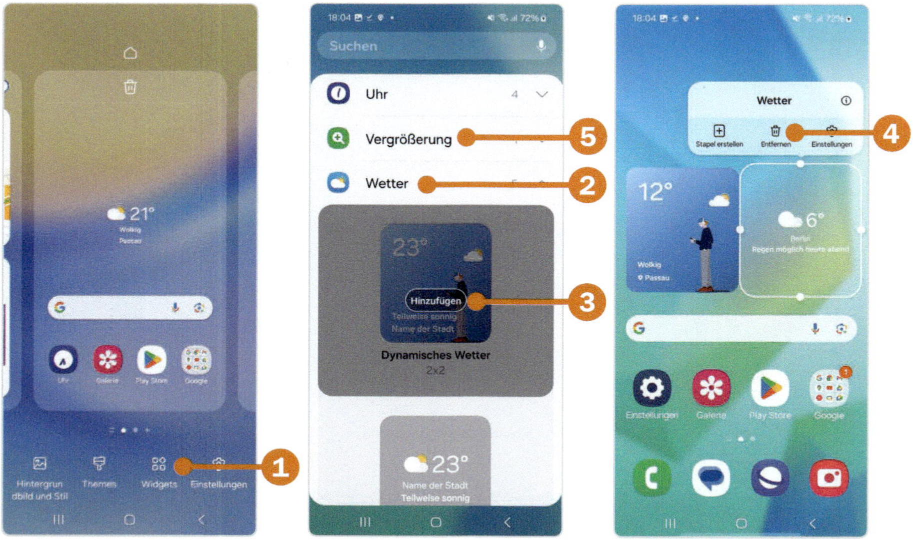

Tipp Widget-Stapel: Die Option *Stapel erstellen* im Kontextmenü bietet Ihnen die Möglichkeit mehrere Widgets übereinander zu legen und zwischen diesen schnell hin- und herzublättern. Dadurch bleibt Ihr Startbildschirm übersichtlich und Sie sparen Platz.

Smartphone als Lupe

Mit dem Widget *Vergrößerung* ❺ zaubern Sie sich eine Lupe auf das Smartphone. Das Widget verwendet dazu die Kamera.

Uhr mit mehreren Zeitzonen

Auch die App Uhr verfügt über einige nützliche Widgets. Ist Ihnen die Anzeige der Uhrzeit in der Statusleiste zu klein? Mit dem Widget *Analoge Uhr* lösen Sie das Problem. Die Dual-Uhr macht es möglich mehrere Zeitzonen anzuzeigen, nützlich wenn ein Teil der Familie im Ausland wohnt.

- Öffnen Sie die Widgets und wischen Sie in der Liste nach unten, bis zur *Uhr*. Tippen Sie den Eintrag an und wählen Sie dann *Dual-Uhr* aus und bestätigen Sie mit *Hinzufügen*.
- Das Widget wird nun auf einem der Startbildschirme abgelegt, es muss aber noch eingerichtet werden. Ihre Zeitzone wird automatisch in einem Feld hinterlegt. Tippen Sie auf einen Eintrag des Widgets und anschließend auf die Lupe rechts oben 6. Geben Sie die Stadt bzw. das Land ein und wählen Sie aus den Vorschlägen aus 7. Tippen Sie dann auf *Ändern* 8.
- **Tipp:** Sie benötigen die Anzeige Ihrer Zeitzone in der Dual-Uhr nicht. Hier können Sie einen weiteren Ort hinterlegen.

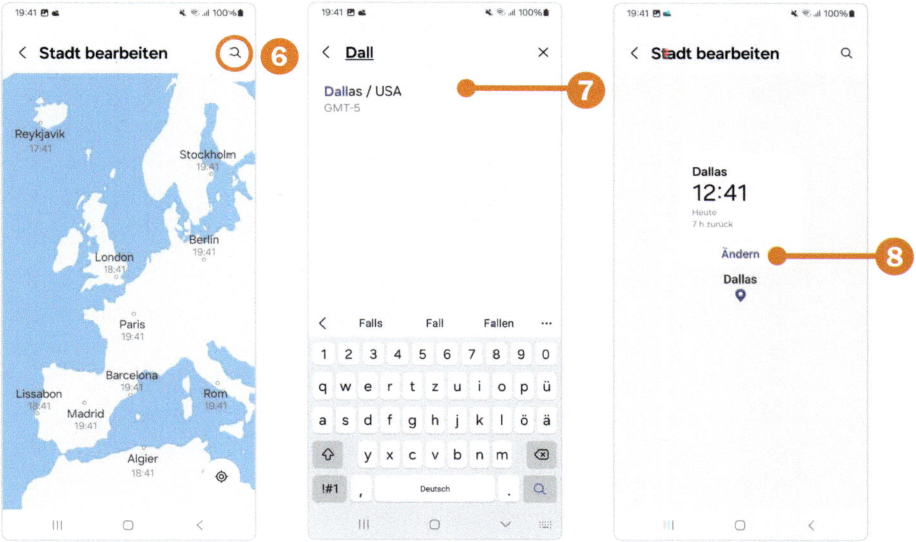

4 Alles rund um Apps

Ohne Apps ist das Smartphone nicht zu gebrauchen. Wie man Apps findet, installiert und verwaltet, erfahren Sie in den nächsten Abschnitten.

> **Was sind eigentlich Apps?**
> Eine App (Application) ist eine Anwendungssoftware mit unterschiedlichen Funktionen. Sie können mit Apps Ihr Smartphone erweitern, sodass es zu einem ganz individuellen Gerät wird.

4.1 App im Play Store finden und installieren

Apps erhalten Sie im Galaxy Store und im Play Store. Teilweise werden Ihnen Apps auch über Webseiten angeboten. Davon würden wir abraten, da Sie so die Kontrollfunktionen des Stores nicht nutzen und es wahrscheinlicher wird, sich samt der App Schadsoftware zu installieren. Wir zeigen Ihnen hier, wie Sie den Play Store von Google verwenden. Hier finden Sie alle Apps, die Sie benötigen. Öffnen Sie die App *Play Store*:

- **Stöbern:** Unterteilt ist der Store in *Spiele*, *Apps*, *Suche* und *Bücher* ❶. Damit treffen Sie schon einmal eine grobe Auswahl. Diese Kategorien sind oben durch weitere Register ❷ untergliedert, mit denen Sie die Auswahl konkretisieren. Durch vertikales Wischen zeigen Sie die verschiedenen Inhalte an. Wenn Sie ein Bereich interessiert, tippen Sie auf → ❸.
- **Etwas Bestimmtes finden:** Tippen Sie auf *Suche* und geben Sie über die Tastatur den Namen der App in das Suchfeld ❹ ein, z. B. WhatsApp. Wenn das Suchfeld nicht angezeigt wird, wischen Sie vertikal leicht nach unten. Sie müssen den Begriff meist gar nicht ausschreiben, weil eine Liste mit Vorschlägen angezeigt wird, aus der Sie durch Antippen auswählen. Wenn Sie den App-Namen ausgewählt haben, erscheint in der Regel keine Liste möglicher Apps, sondern sofort die gesuchte. Für mehr Informationen tippen Sie auf den Namen der App ❺. Beachten Sie, dass es sich beim ersten Suchergebnis stets um eine Werbeanzeige für andere Anwendungen und nicht um die gesuchte App handelt.
- **Suchanfrage mit Trefferliste:** Anstatt des Namens der App können Sie in das Suchfeld auch eingeben, was Sie tun möchten, z. B. *Vögel bestimmen*. Sie erhalten eine Trefferliste ❻ mit passenden Apps, aus der Sie eine auswählen können.

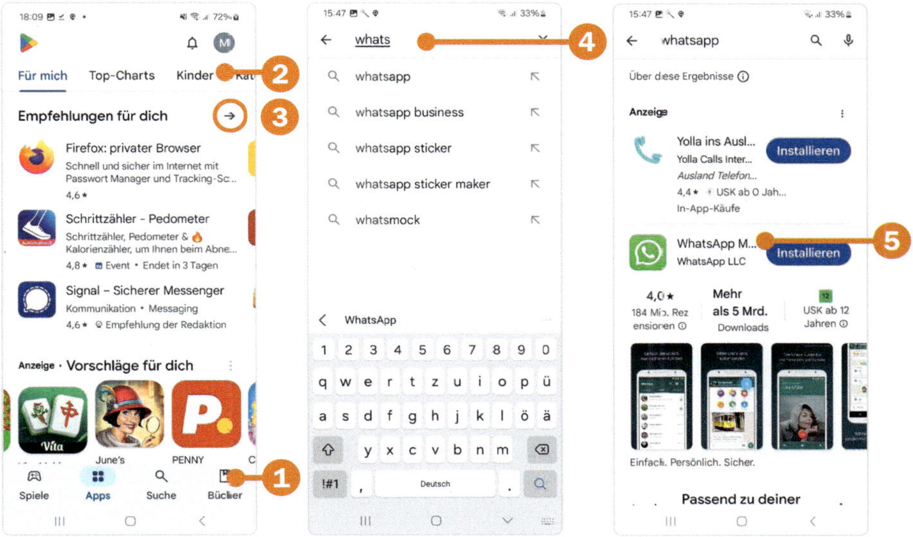

- Nach dem Antippen einer App erhalten Sie **weitere Infos**:
  - Wählen Sie *Über diese App* → ⑦. Sie erhalten eine ausführliche Beschreibung zur App. Mit der Zurück-Taste gelangen Sie wieder zur vorigen Seite.
  - Viele Downloads bedeuten, dass eine große Anzahl an Menschen die App installiert hat. Das ist nicht immer ein Qualitätskriterium, aber als Hinweis nützlich.
  - Wischen Sie vertikal über den Bildschirm und erfahren Sie bei *Datensicherheit* ⑧, welche Daten von der App erhoben werden und ob sie an Dritte weitergegeben werden.
  - Darunter bei *Bewertungen & Rezensionen* sehen Sie, wie zufrieden andere Nutzer waren und welche Kritikpunkte es gibt. Unter Umständen erfahren Sie hier auch, dass die App nur als Bezahlversion, z. B. mit einem Abo, funktioniert.
- Bei Nichtgefallen gelangen Sie mit der Zurück-Taste oder dem Pfeil links oben ← ⑨ wieder zur Trefferliste und dann zur Startseite. Wenn der Pfeil nicht angezeigt wird, streichen Sie über den Display vertikal nach unten.

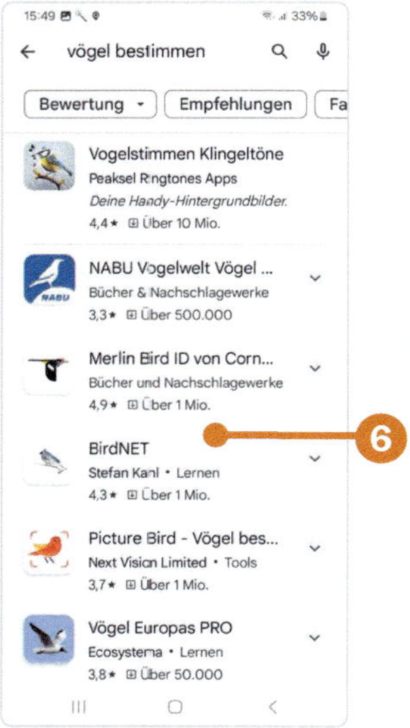

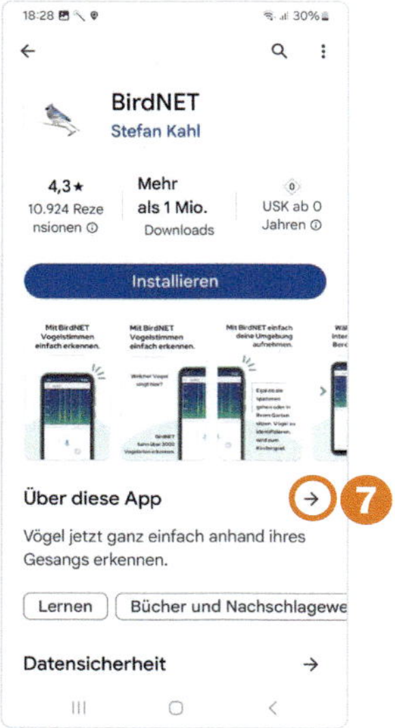

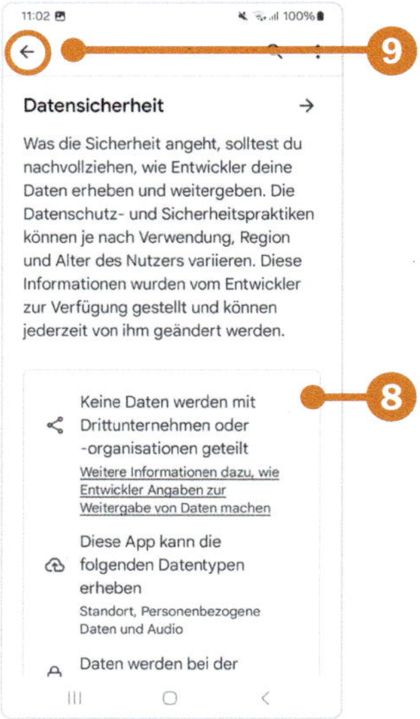

App installieren

- **Kostenlose App:** Durch Anklicken der Schaltfläche *Installieren* ❶ starten Sie die Installation. Nach Abschluss tippen Sie auf *Öffnen*.

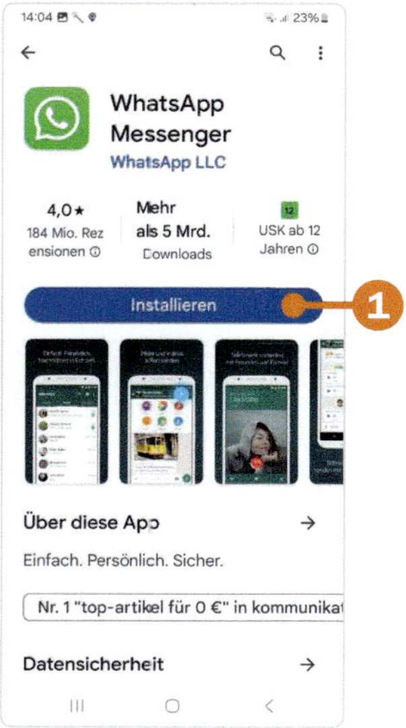

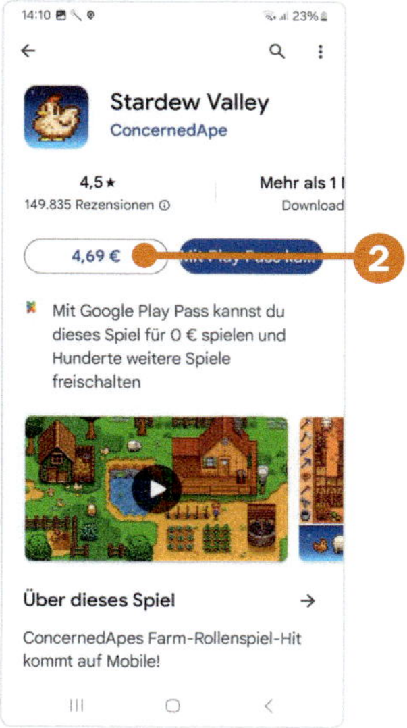

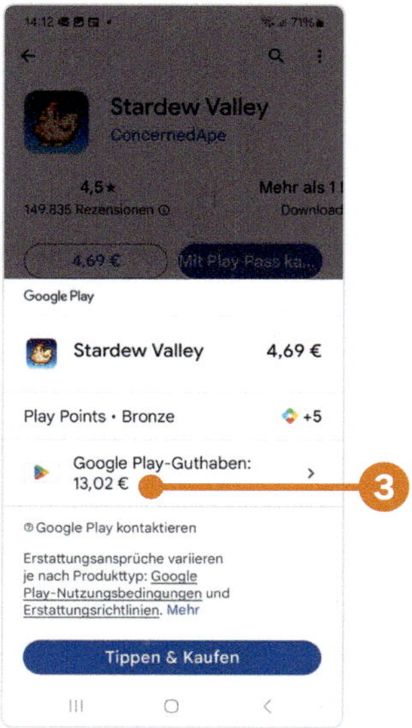

- **Kostenpflichtige App:** Tippen Sie auf die Preisschaltfläche ❷ (vorige Seite). Dann tippen Sie auf *Zustimmen*. Im nächsten Fenster sehen Sie nochmals den Preis der App und wie viel Guthaben ❸ Ihnen gegebenenfalls zur Verfügung steht (zum Guthaben erfahren Sie gleich mehr).

  Tippen Sie auf *Tippen & Kaufen*. Im nächsten Schritt müssen Sie den Kauf bestätigen, entweder durch das Kennwort Ihres Google-Kontos oder (falls so vereinbart) durch einen Fingerabdruck. Unter Umständen erhalten Sie einen Hinweis auf ein Google Play Pass Probeabo. Tippen Sie auf *Nein, danke*. Warten Sie, bis die Installation beendet ist, dann kann die App geöffnet werden.

Zahlungsmethoden für den Play Store - Geschenkkarte einlösen

Im Play Store gibt es viele kostenlose Apps. Sie werden also nicht sofort in die Verlegenheit kommen, für eine App bezahlen zu müssen. Kostenlose Apps beinhalten oft Werbung oder bieten In-App-Käufe an.

Über viele Apps haben Sie Zugriff auf einen gesonderten Store der zusätzliche Funktionen gegen Zahlung eines einmaligen Betrags zur Verfügung stellt. Dieses Prinzip nennt man **In-App-Käufe**. Dazu zählt auch, dass statt einer Einmalzahlung ein Monats- oder Jahresabonnement angeboten wird.

Manche Apps können auch als kostenlose Testversion heruntergeladen werden. Dann steht die App nur für einen bestimmten Zeitraum zur Verfügung und kann nach Ablauf der Testzeit nicht mehr verwendet werden, außer sie wird gekauft oder ein Abo wird abgeschlossen.

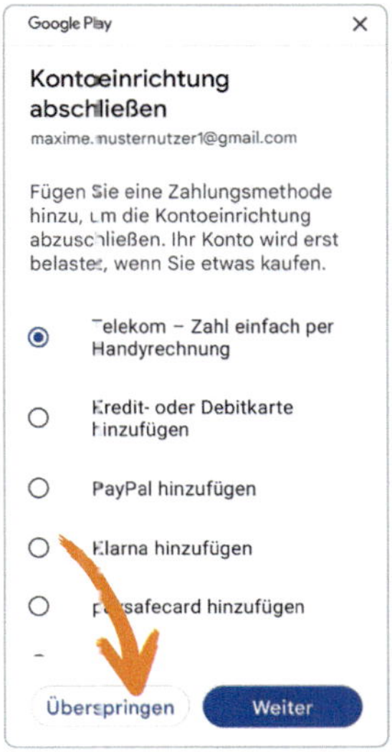

In diesem Zusammenhang ist der Übergang zum Abonnement in manchen Fällen fliesend. Es kann sein, dass Sie eine App, die Sie als Testversion heruntergeladen haben, während des Testzeitraums kündigen müssen, da sich an die Testzeit automatisch ein Abonnement anschließt.

Um hier Bescheid zu wissen, sollten Sie bei der Installation von Apps, die einzelnen Hinweise genau lesen. Ein Abonnement ist grundsätzlich nichts Schlechtes viele Fitness-Apps, Zeitungen oder Musik-Apps stellen ihre Inhalte im Rahmen eines Abos zur Verfügung. Wichtig ist zu wissen, dass man gerade ein Abonnement abschließt.

Es gibt eine Reihe von Zahlungsmöglichkeiten, die für den Play Store hinterlegt werden können, z. B. Kreditkarte oder ein PayPal-Konto. Unter Umständen werden Sie beim Herunterladen kostenloser Apps gebeten, die Kontoeinrichtung für den Play Store abzuschließen. Sie müssen aber keine Zahlungsmethode hinterlegen, wenn Sie nicht möchten. Wählen Sie einfach, falls die Meldung erscheint, *Überspringen* aus.

Falls Sie doch einmal etwas kaufen möchten, empfehlen wir die **Google Play Geschenkkarte** mit Gutscheincode. Diese kann in Super- und Elektromärkten sowie Drogerien gekauft werden. Es gibt sie schon ab einem Preis von 5 €, der in der rechten oberen Ecke des Gutscheins abzulesen ist.

- Um den Wert der Geschenkkarte Ihrem Konto gutzuschreiben, tippen Sie im Play Store oben rechts auf Ihr Profil ❶, wählen *Zahlungen und Abos* ❷ und anschließend *Code einlösen* aus. Ziehen Sie auf der Rückseite der Geschenkkarte den Streifen über dem Code ab. Geben oder scannen Sie den Code ❸ ein und tippen auf *Einlösen*.

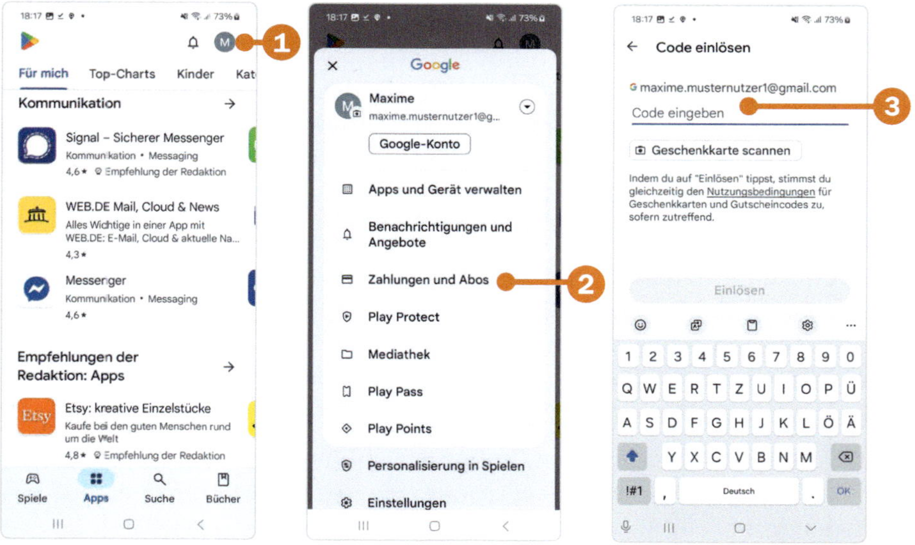

Wenn Sie viele Abos über den Play Store verwalten, ist es wahrscheinlich sinnvoller eine andere Zahlungsmethode zu hinterlegen, um sicherzustellen, dass der Abobetrag bei Fälligkeit auch abgezogen werden kann.

4.2 App löschen

Eine Reihe von Apps sind schon auf Ihrem Smartphone installiert und werden auch dringend benötigt, z. B. Telefon, Kontakte, Kamera, Einstellungen etc. Diese können gar nicht deinstalliert werden.
Andere vorinstallierte Apps, z. B. Facebook oder LinkedIn, können Sie von Ihrem Gerät entfernen, falls Sie diese nicht verwenden möchten. Auch alle von Ihnen selbst installierten Apps können jederzeit wieder deinstalliert werden.

- Hierzu tippen Sie etwas länger auf das App-Symbol. Dabei ist es unerheblich, ob Sie die App auf dem Startbildschirm oder App-Bildschirm antippen. Wählen Sie dann *Deinstallieren* ❶ aus und bestätigen Sie mit *OK*. Manche nicht deinstallierbaren Apps lassen sich zumindest *Deaktivieren*.

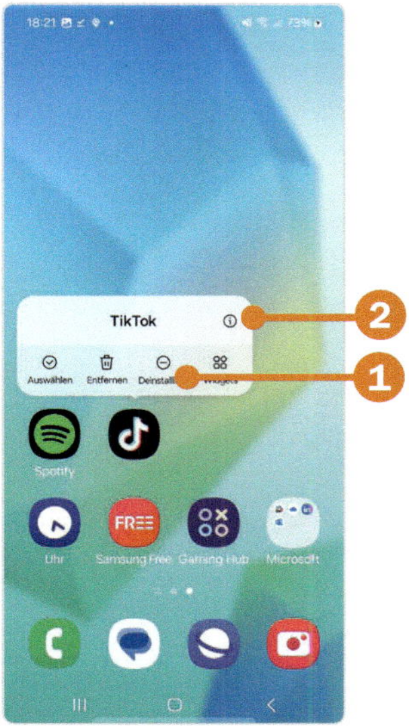

2. Startbildschirmseite

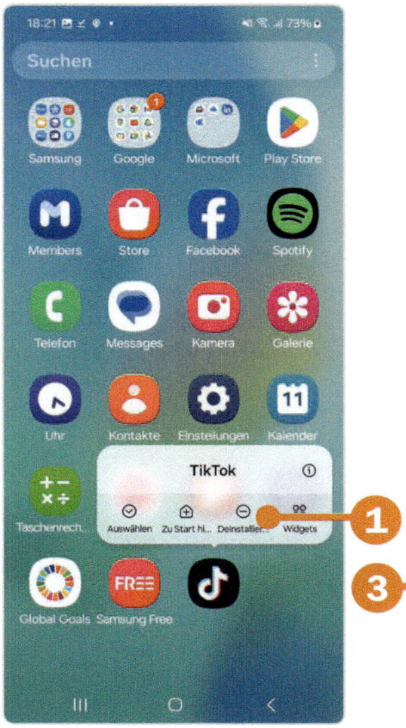

App-Bildschirm

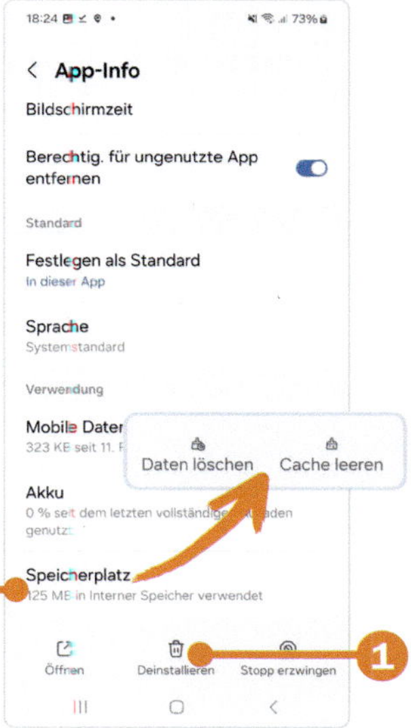

App-Info

Tippen Sie im Kontextmenü auf ⓘ ❷, um zur *App-Info* zu gelangen. Neben der Deinstallation finden Sie hier auch die Möglichkeit einzusehen, wie viel *Speicherplatz* ❸ die Anwendung benötigt. Tippen Sie auf *Speicherplatz* und dann auf *Cache leeren*, um nicht mehr benötigte Dateien der App zu entfernen und so Speicherplatz freizumachen. Mit *Daten löschen* wird die App vollständig zurückgesetzt und deren gesamter Inhalt gelöscht.

4.3 App auf dem Smartphone suchen

Alle installierten Apps werden auf dem App-Bildschirm angezeigt. Je mehr Apps da sind, umso schwieriger wird es, die gewünschte zu finden. Vielleicht versteckt sich die App auch in einem Ordner. Hier hilft die Suchleiste, die oben im App-Bildschirm angezeigt wird:

- Zeigen Sie den App-Bildschirm an und tippen Sie den Namen der gesuchten App oben in die Suchleiste ❶ ein. Dazu passende Apps werden automatisch angezeigt. Tippen Sie die gewünschte App an, um diese zu öffnen.
- Wenn Sie wissen möchten, wo sich die App befindet, verbleiben Sie mit dem Finger etwas länger auf der gefundenen App, bis die Option *App finden* ❷ eingeblendet wird. Tippen Sie sie an. Nun wird entweder der Ordner angezeigt, in dem die App zu finden ist, oder der passende App-Bildschirm; auf diesem bewegt sich die gesuchte App, um auf sich aufmerksam zu machen.
- Über dieses Suchfeld können Sie auch Einstelloptionen (in der App *Einstellungen*) ❸ finden; im Beispiel unten wird nach *Schriftgröße* gesucht. Durch Antippen der gefundenen Option öffnen Sie die App *Einstellungen* in der passenden Kategorie.

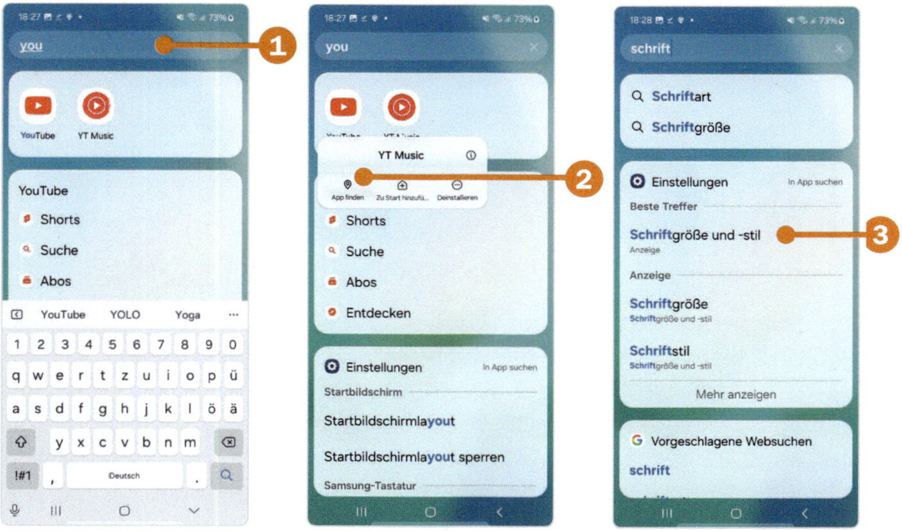

4.4 Standard-Apps festlegen

Zur Anzeige von E-Mails benötigen Sie eine E-Mail-App. Um PDF-Dateien zu betrachten, wird ein PDF-Viewer gebraucht und um Internetseiten aufzurufen, muss eine Browser-App installiert sein. Immer wenn mehrere Anwendungen für eine Aufgabe zur Verfügung stehen, werden Sie gebeten, eine Standard-App auszuwählen.

Beispiel: Sie möchten den Inhalt eines PDFs auf dem Handy anzeigen. Das ist mit mehreren Apps möglich, mit welcher entscheiden Sie. Dazu erhalten Sie eine Abfrage wie in der Abbildung:

- Damit Sie diese Anzeige nicht immer wieder erhalten, müssen Sie sich für eine App entscheiden, z. B. den Samsung Notes - PDF Reader. Tippen Sie die App an und wählen *Immer*.
- Wer sich noch nicht gleich entscheiden mag, tippt die gewünschte App an und dann auf *Nur diesmal*. Dann können Sie ausprobieren, ob Ihnen die App zusagt. Das bedeutet aber auch, dass Sie beim nächsten Mal wieder gefragt werden.

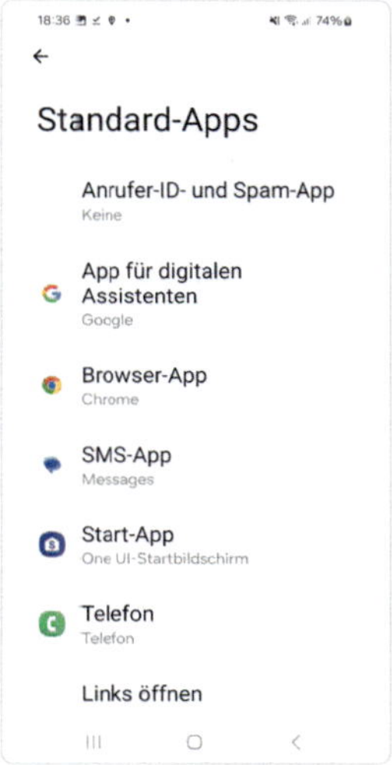

Die getroffene Wahl der Standard-App lässt sich in den *Einstellungen* ▶ *Apps* ▶ *Standard-Apps auswählen* ändern bzw. in der *App-Info* der jeweiligen Anwendung unter *Festlegen als Standard* ▶ *Standardwerte löschen* wieder rückgängig machen.

4.5 Updates

Sowohl die installierten Apps als auch die Systemsoftware Ihres Smartphones erhalten von Zeit zu Zeit Aktualisierungen, um Sicherheitslücken zu schließen, Fehler zu beheben, bestehende Funktionen zu verbessern oder neue hinzuzufügen. Die Updates im Auge zu behalten, ist nicht nur aus Gründen der Sicherheit wichtig. Updates sollten auch in regelmäßigen Abständen heruntergeladen werden, um den vollen Funktionsumfang zu erhalten. Wenn zu viele Updates über einen langen Zeitraum verpasst werden, treten vermehrt Fehler auf.

OneUI-Systemupdates und Sicherheitsupdates

System- und Sicherheitsupdates werden bei bestehender WLAN-Verbindung automatisch heruntergeladen. Diese Option ist standardmäßig in den *Einstellungen* unter *Software-Update* eingeschaltet ❶. Auf die Notwendigkeit, ein Software-Update Ihres Smartphones durchzuführen, werden Sie dann durch eine automatische Einblendung auf dem Bildschirm aufmerksam gemacht.

- Wenn Sie das Update durchführen möchten, tippen Sie auf *Jetzt installieren* ❷. Beachten Sie aber unbedingt:
  - Sie können während des Updates das Smartphone nicht verwenden.
  - Das Handy wird neu gestartet. Sie benötigen also die PIN der SIM-Karte, um das Gerät zu entsperren.
  - Das Update nimmt keine Änderung an Ihren gespeicherten Daten (Fotos, Nachrichten, Adressen usw.) vor. Bei jeder Installation verbleibt allerdings ein Restrisiko. Sie können also Daten vorher sichern.
- Während der Installation kann der Bildschirm auch schwarz werden. Die meiste Zeit sehen Sie einen Fortschrittsbalken. Am Ende der Installation wird das Smartphone neu gestartet. Geben Sie jetzt die PIN der SIM-Karte ein.

- **Update verschieben:** Wenn Sie das Update momentan nicht durchführen möchten, klicken Sie einfach auf den Home-Button. Natürlich ist aufgeschoben nicht aufgehoben. Sie sollten das Update zeitnah installieren. Sie werden in den darauffolgenden Tagen auch erneut darauf hingewiesen. In der App *Einstellungen* sehen Sie gleich oben, das ein neues Update zur Verfügung steht. Durch antippen von *Öffnen* ❸ werden Sie zum Update weitergeleitet.
- **Nach Updates suchen:** In den *Einstellungen* unter *Software-Update* überprüfen Sie mit *Herunterladen und installieren* ❹, ob ein Update zur Verfügung steht. Ist eines vorhanden, wird dieses auch gleich heruntergeladen. Deshalb ist es ratsam, dass das Smartphone mit einem WLAN verbunden ist.

Tipp: Wird bei *Herunterladen und Installieren* ein oranger Punkt ❹ angezeigt, steht ein neues Update zur Verfügung. Dieses Symbol ist auch in anderen Apps ein Hinweis auf etwas Neues, z. B. eine neue Funktion.

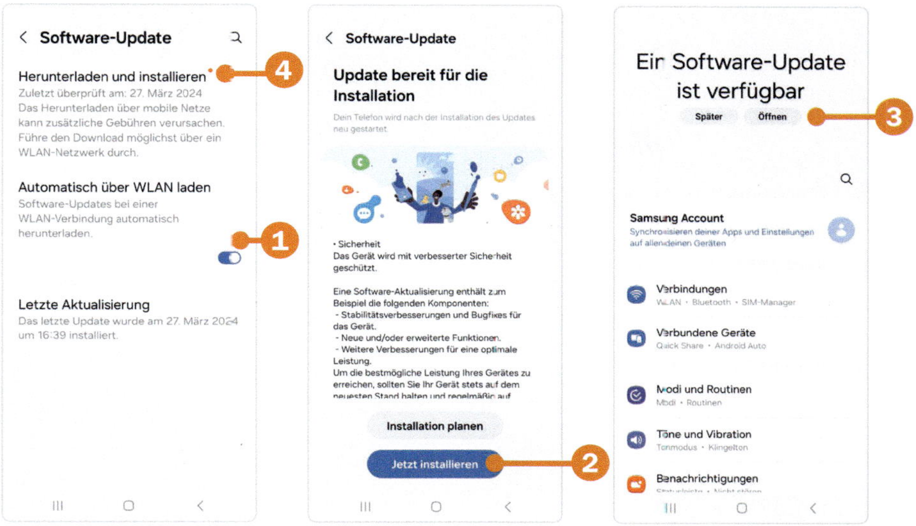

Apps aktualisieren im Play Store

Updates Ihrer installierten Apps erhalten Sie über den Play Store. Hier sollten Sie festlegen, dass Updates nur automatisch heruntergeladen werden, wenn Ihr Smartphone mit einem WLAN verbunden ist. Das ist die Standardeinstellung. So vergewissern Sie sich, dass diese auch bei Ihnen festgelegt ist:

- Öffnen Sie den Play Store und tippen Sie rechts oben auf Ihr Profil.
- Tippen Sie dann auf *Einstellungen* ❶ (siehe nächste Seite) und anschließend auf *Netzwerkeinstellungen* ❷: Bei *Apps automatisch aktualisieren* ❸ sollte folgender Text stehen: *Automatische App-Updates nur über WLAN zulassen*. Sie sollten Updates nur über WLAN installieren, da sonst das Datenvolumen des Mobilfunkvertrags zu stark belastet wird.

- Falls das nicht der Fall ist, tippen Sie auf *Apps automatisch aktualisieren* ❸ und wählen *Nur über WLAN* aus. Bestätigen Sie durch Tippen auf *OK*.

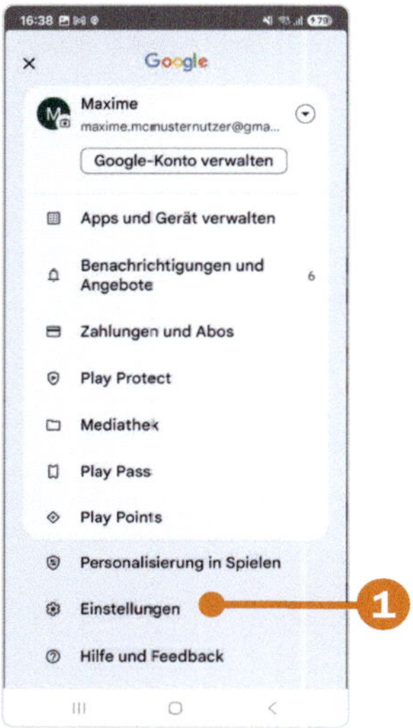

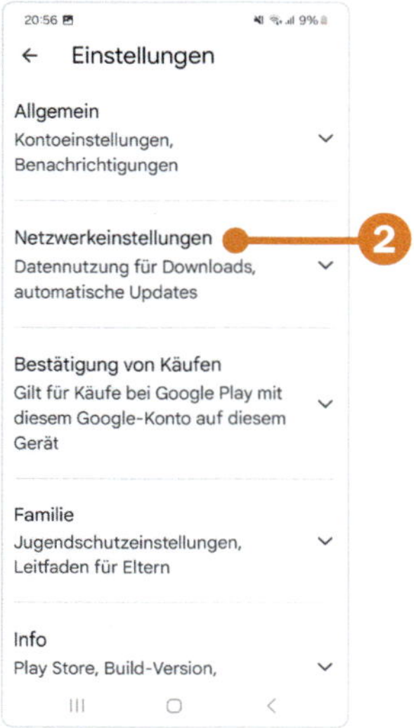

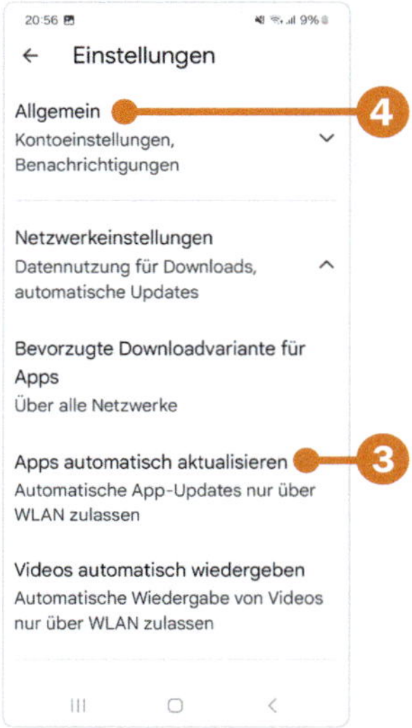

- Haben Sie nicht mehr viel freien Speicherplatz auf Ihrem Gerät zur Verfügung, so können Sie den Bereich *Allgemein* ❹ öffnen, um dort den Schieberegler bei *Apps automatisch archivieren* einschalten. Dadurch werden, sobald der freie Speicherplatz am Smartphone zu Neige geht, selten verwendete Anwendungen von alleine archiviert. Beim Archivieren wird die App-Software sowie temporäre Daten von Ihrem Gerät entfernt, Ihre wichtigen App-Daten selbst bleiben jedoch erhalten. Dadurch können Sie die App zu einem späteren Zeitpunkt unkompliziert neuinstallieren und direkt wieder so weiternutzen als wäre diese nie von Ihrem Gerät gelöscht gewesen.

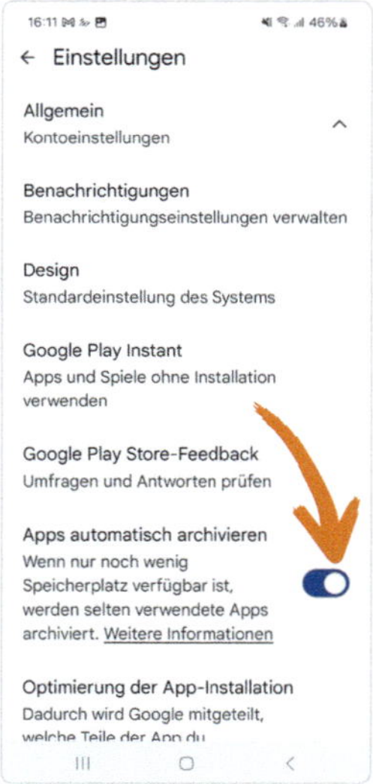

- Die Einstellungen verlassen Sie wieder über die Zurück-Taste.

Sie können jederzeit eine Aktualisierung auch manuell anstoßen. So geht's:

- Rufen Sie im Play Store Ihr Profil ❶ rechts oben auf und wählen Sie *Apps und Gerät verwalten* ❷ aus.
- Im Register *Übersicht* ❸ wird angezeigt, ob Updates verfügbar sind. Dieses Register ist standardmäßig ausgewählt. Tippen Sie auf *Details ansehen* ❹, um die ausstehenden Updates anzuzeigen. Hier haben Sie nun auch die Wahl, nur bestimmte Apps zu aktualisieren.
- Mit *Alle aktualisieren* laden Sie alle Updates herunter.

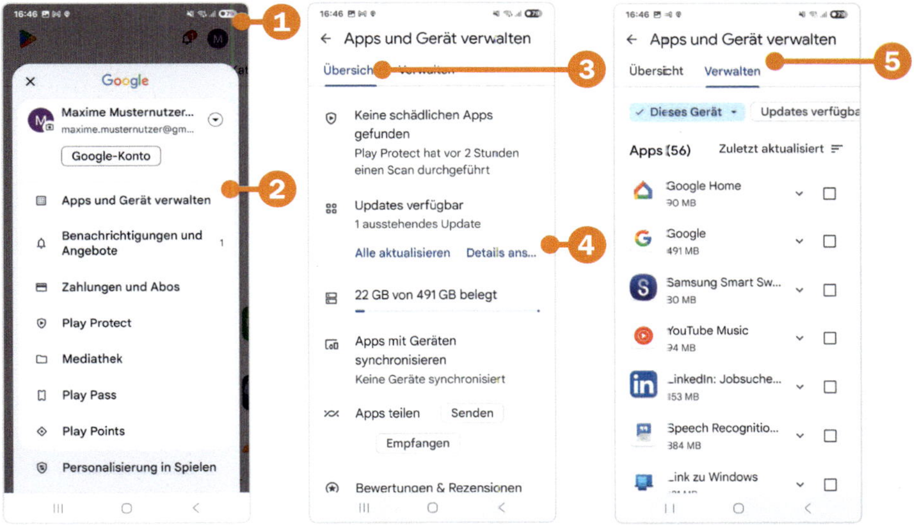

- Unter *Verwalten* ❺ finden Sie alle Apps, die Sie jemals über den Play Store installiert haben. Hier können Sie alle heruntergeladenen Anwendungen nach Häufigkeit der Nutzung, Zeitpunkt der letzten Aktualisierung oder nach Größe sortieren.

5 Tatsächlich telefonieren

5.1 Das Adressbuch verwalten

Am bequemsten telefonieren Sie, wenn Sie die Telefonnummern Ihrer Familienmitglieder und Freunde im Adressbuch des Smartphones gespeichert haben. Das Adressbuch finden Sie auf Ihrem Smartphone in Form der **App Kontakte**. Falls Sie beim Öffnen der App schon Kontakte vorfinden, haben Sie diese unter Umständen bereits für Ihr Gmail-Konto, vielleicht im Zuge des Schreibens von E-Mails, abgespeichert. Die Kontakte werden automatisch mit Ihrem Google-Konto synchronisiert, also in der Cloud gespeichert. Bei Verlust des Handys sind so Ihre Kontaktdaten nicht verloren. Sie überprüfen diesen Sachverhalt in der App Kontakte durch Anklicken von *Navigationsmenü anzeigen* ⑩ ▶ *Verwalten von Kontakten* ▶ *Kontakte synchronisieren*. Hier ist das Gmail-Konto aktiviert. Mit *Synchronisieren* stoßen Sie an, dass das Konto aktualisiert wird.

Ebenso können Sie über die **App Telefon** neue Kontakte hinterlegen. Dazu öffnen Sie die App und wählen unten das Register *Kontakte*.

Kontakte abspeichern

- Um einen neuen Kontakt einzuspeichern, tippen Sie auf + ❶.

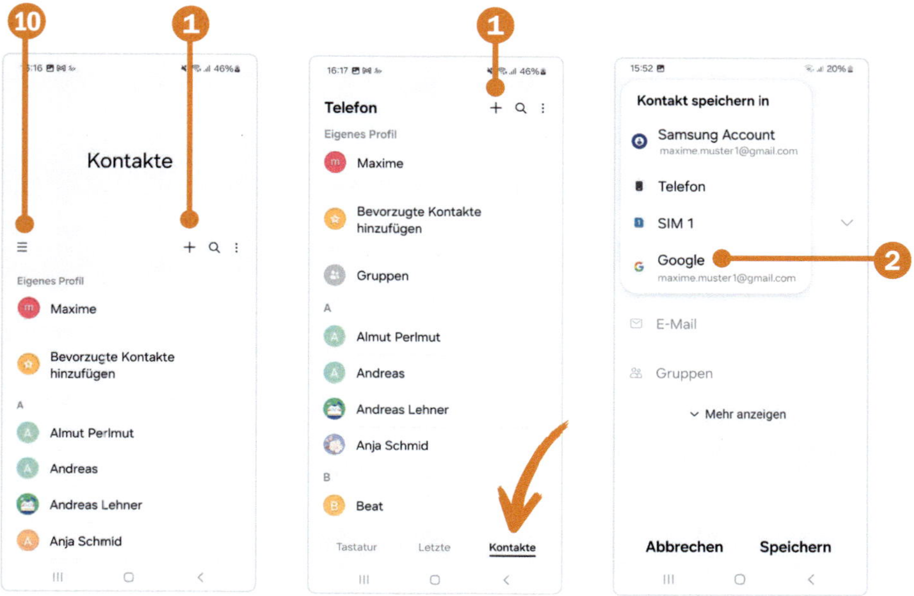

- **Speicherort auswählen:** Beim Hinzufügen des ersten Kontakts entscheiden Sie, wo dieser gespeichert werden soll: *Telefon* (Smartphone), *SIM-Karte*, *Google* und, falls Sie auch mit einem Samsung-Konto angemeldet sind, *Samsung Account*. Letztere beiden Optionen bieten den Vorteil, dass Ihre Kontakte extern gesichert sind und z. B. bei Verlust des Telefons weiterhin zur Verfügung stehen. Mit der Option *SIM-Karte* können nur Name und Telefonnummer gespeichert werden und mit der Auswahl *Telefon* werden die Daten lokal auf dem Telefon gespeichert und ebenfalls nicht extern gesichert. Wir verwenden *Google* ❷, zum einen weil die Daten extern gesichert werden und zum anderen, weil wir in diesem Buch auch das E-Mail-Programm von Google nutzen (Gmail) und die Informationen dann auch dort zur Verfügung stehen.
- **Foto:** Durch Antippen des Symbols ❸ knipsen Sie ein neues Bild oder fügen über die Galerie dem Kontakt ein bereits vorhandenes Foto hinzu.
- **Name:** Geben Sie den Vor- und Nachnamen ein.
- **Telefonnummer:** Tippen Sie in das Feld *Telefon*, um eine Telefonnummer einzugeben. Beachten Sie, dass jede Nummer mindestens mit Ortsvorwahl eingegeben werden muss. Besser ist es, auch die Ländervorwahl zu hinterlegen. Durch längeres Drücken der Null wird ein Pluszeichen für +49 eingefügt. Dann folgt die Vorwahl ohne Führungsnull.
- Die einzelnen Telefonnummernfelder erhalten automatisch einen Nummerntyp, z. B. *Mobil* ❹. Falls Sie einen anderen auswählen möchten, tippen Sie auf die Bezeichnung, dadurch wird eine Liste mit weiteren Nummerntypen (*Zuhause*, *Arbeit* etc.) angezeigt.
- Sobald Sie eine Telefonnummer eingegeben haben, erscheint darunter ein weiteres Feld *+ Telefonnummer hinzufügen* ❺. Tippen Sie dieses an, falls Sie eine weitere Nummer eingeben wollen. Dieses Prinzip gilt auch für die E-Mail-Adresse.
- Mit dem Minus-Symbol – ❻ entfernen Sie einzelne Einträge wieder.
- Wenn Sie auf *Mehr anzeigen* ❼ tippen, erhalten Sie weitere Eingabemöglichkeiten, z. B. postalische Adresse, Webseite oder Speicherung des Geburtstags (dazu gleich mehr auf der nächsten Seite).
- Um den Kontakt abzuspeichern, tippen Sie auf *Speichern* ❽. Die Kontakte sind standardmäßig nach dem Vornamen alphabetisch sortiert.

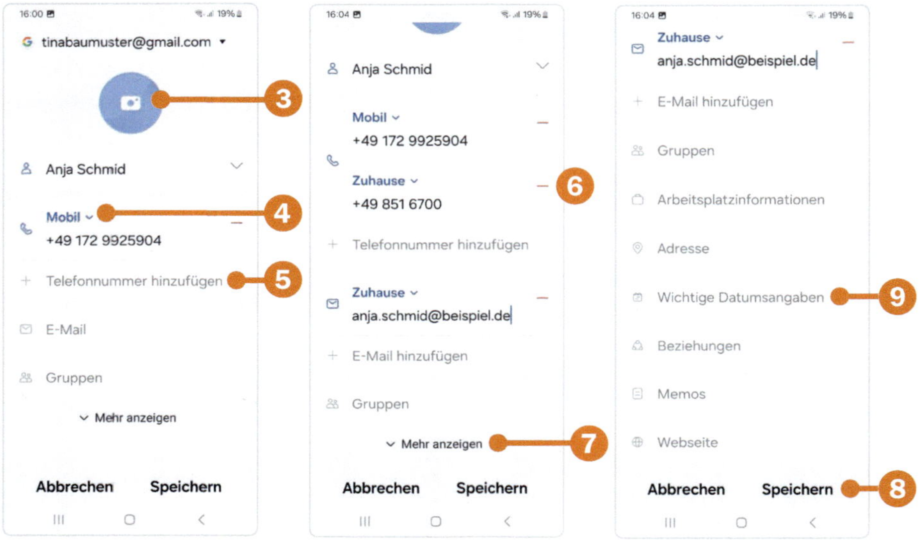

So vergessen Sie keine Geburtstage!
Wenn Sie einen Kontakt in Ihrem Adressbuch anlegen, können Sie gleich dessen Geburtstag eintragen, der anschließend in der Kalender-App zu sehen ist. Tippen Sie auf *Mehr anzeigen* ❼ ▶ *Wichtige Datumsangaben* ❾ ▶ *Datum*. Um das Geburtsjahr auch anzuzeigen, setzen Sie ein Häkchen bei *Jahr eingeben*. Anschließend bewegen Sie den Finger auf dem Bildschirm von unten nach oben und umgekehrt, um Tag, Monat und Jahr auszuwählen. Bestätigen Sie mit *OK*.

Kontakte bearbeiten und löschen

Kontakt bearbeiten: Details zu einem Kontakt können sich ändern oder es muss etwas ergänzt werden. Wie Sie einen Kontakt bearbeiten, erfahren Sie jetzt:

- Zeigen Sie den Kontakt in Ihrem Adressbuch oder in der App Telefon, Register Kontakte an und wählen Sie diesen durch antippen aus. Mit *Bearbeiten* ❶ können Sie Änderungen am Kontakt vornehmen, Inhalte hinzufügen oder veraltete Informationen löschen.
- Bestätigen Sie Ihre Änderungen mit *Speichern* ❷.

Kontakt löschen: Selbstverständlich kann ein Kontakt auch komplett aus dem Adressbuch gelöscht werden.

▶ Zeigen Sie den Kontakt an und tippen Sie rechts unten auf *Mehr* ❸. Wählen Sie *Löschen* ❹ und bestätigen Sie mit *In den Papierkorb*.

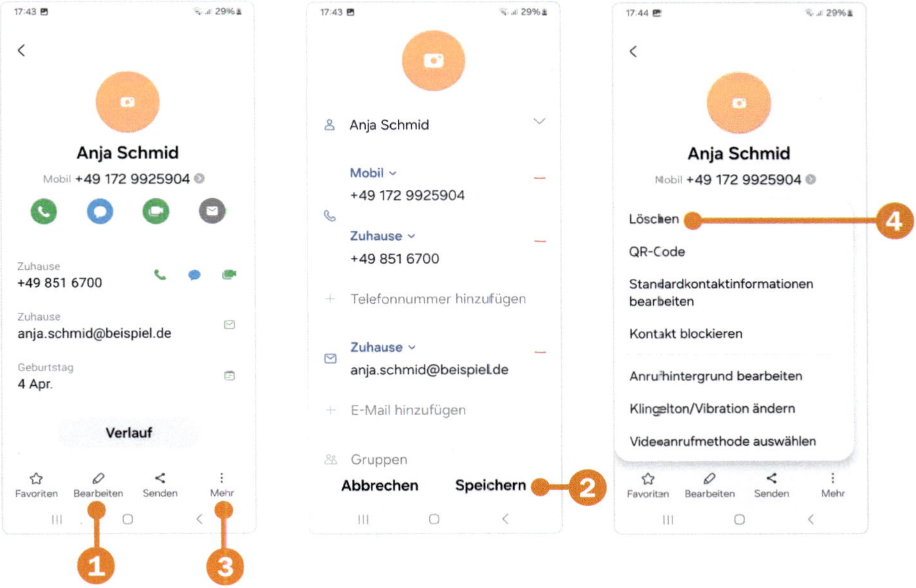

Kontakt favorisieren

Einige Kontakte sind wichtiger als andere – diese können als Favoriten markiert werden. Dadurch werden die „bevorzugten Kontakte" in einer eigenen Rubrik sowohl in der App **Kontakte** als auch in der App **Telefon** angezeigt und man muss nicht lange suchen.

▶ Zeigen Sie den Kontakt, den Sie als Favorit hinzufügen möchten, in der App Kontakte an.

▶ Tippen Sie auf das Stern-Symbol ❶. Der Stern wird gelb ★ angezeigt, damit ist der Kontakt nun ein Favorit. Der Kontakt wird oben bei *Favoriten* ❷ angezeigt.

Versehentlich angetippte Favoritensterne können Sie durch nochmaliges antippen wieder „entfavorisieren".

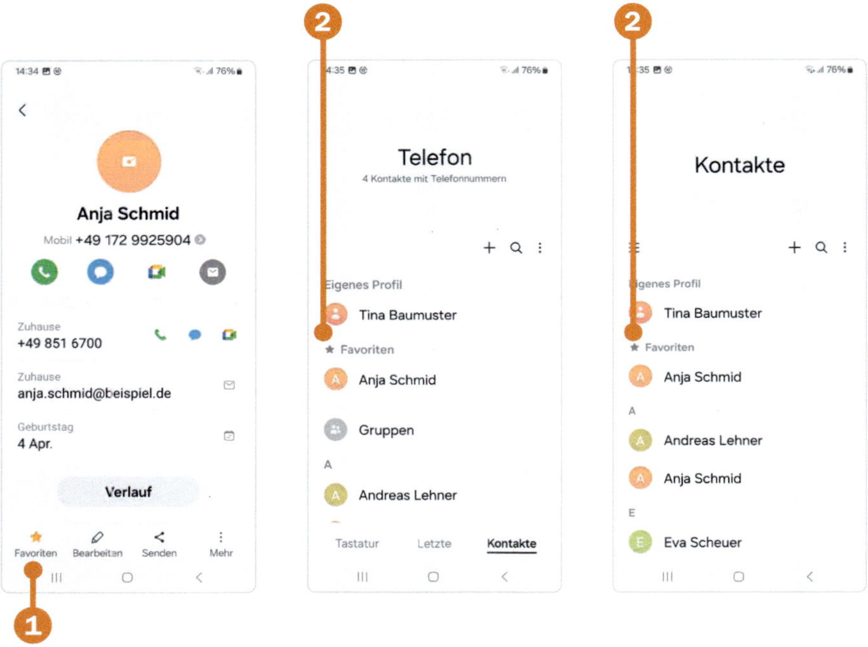

Hilfe im Notfall

Für einen Notfallanruf bei Rettungsdienst oder Feuerwehr muss das Smartphone nicht entsperrt werden. Auf Notfallnummern haben Sie über den Sperrbildschirm Zugriff. Außerdem können von Ihnen weitere Notfallkontakte und persönliche medizinische Informationen hinterlegt werden. So können Ersthelfer schneller Angehörige erreichen und Informationen, wie Blutgruppe, Medikamente, Allergien etc., einsehen. Auch das kann angezeigt werden, ohne dass das Smartphone entsperrt werden muss - wenn Sie Ihr Smartphone verlieren, natürlich auch von unbefugten Personen.

Notfallinformationen hinterlegen

- Tippen Sie in der Kontakte-App ganz oben in der Liste auf Ihr Profil ❶ (dort steht Ihr Name). Falls dieser nicht angezeigt wird, tippen Sie auf Ihre Telefonnummer.
- Wischen Sie bis ganz nach unten. Durch Antippen von *Medizinische Notfallinformationen* ❷ können Sie medizinisch relevante Informa-

tionen, wie z. B. Allergien oder Medikamente hinterlegen. Zunächst erhalten Sie einen Hinweis, dass diese Informationen nicht vom Sperrbildschirm geschützt sind. Wenn Sie fortfahren möchten, tippen Sie auf *Bestätigen*. Wählen Sie aus, was Sie eintragen möchten und bestätigen Sie mit *Speichern*.

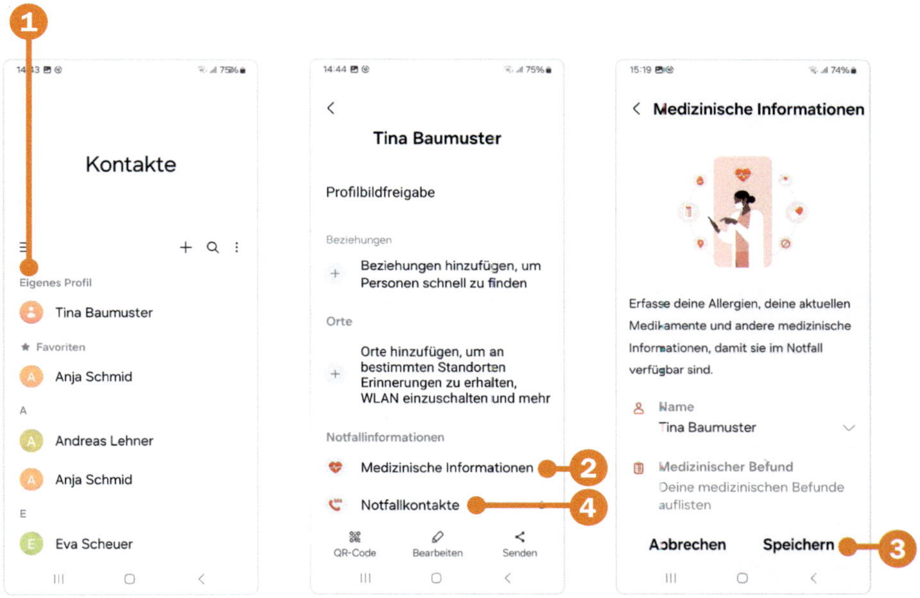

- Mit der Zurück-Taste gelangen Sie wieder zur Übersicht. Wählen Sie jetzt *Notfallkontakte* ❹ (Grafik oben in der Mitte) aus.
- Tippen Sie auf *Notfallkontakt hinzufügen* ❺. Die folgende Liste zeigt Ihre gespeicherten Kontakte. Wählen Sie einen Kontakt durch Antippen aus. Die Telefonnummer, die hier angezeigt wird, wird als Notfallnummer verwendet, auch wenn noch eine zweite Nummer für den Kontakt hinterlegt ist. Bestätigen Sie mit *OK*. Durch erneutes Anklicken von *Notfallkontakt hinzufügen* ein weiterer Notfallkontakt hinterlegt werden.

Unter *Einstellungen* ⚙ ▶ *Sicherheit und Notfall* können die medizinischen Informationen und die Notfallkontakte aktualisiert werden.

Notfallanruf tätigen

Im Notfall stehen nun alle hinterlegten Informationen zur Verfügung, ohne dass das Smartphone entsperrt werden muss.

- Wischen Sie über den Sperrbildschirm und tippen Sie auf *Notruf* ❻. Links oben finden Sie die Notfallkontakte ❼.
- Unter Notrufnummern ❽ steht die 112 (Rettungswagen und Feuerwehr) zur Verfügung. Tippen Sie *112 anrufen*.
- Die medizinischen Informationen werden durch Antippen von *Med. Infos* ❾ angezeigt.

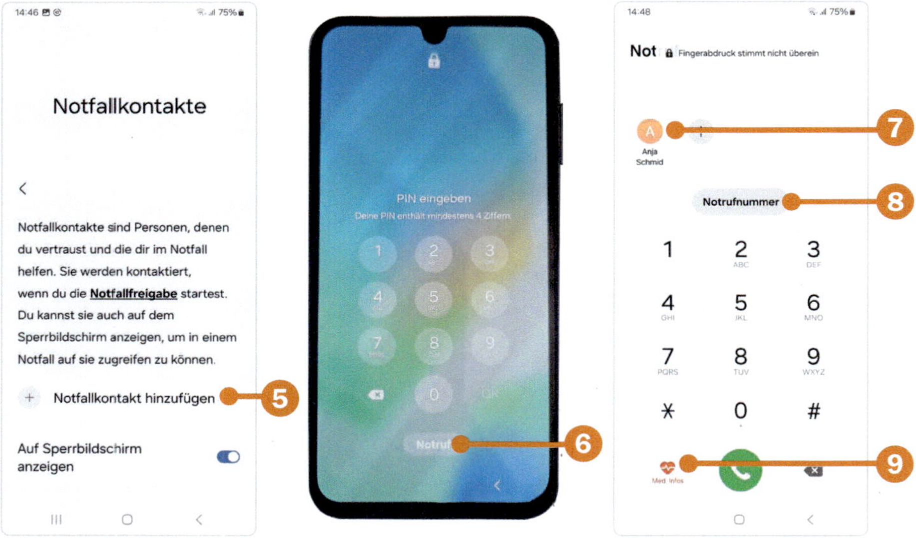

5.2 Freunde und Familie anrufen

In der App *Telefon* gibt es mit den drei Rubriken *Tastatur*, *Letzte* und *Kontakte* verschiedene Möglichkeiten, jemanden anzurufen.

Telefonnummer eintippen

Mit der Auswahl *Tastatur* ❶ können Sie eine Nummer einfach eintippen. Beachten Sie, dass Sie immer die Vorwahl eingeben müssen. Tippen Sie anschließend zum Verbindungsaufbau auf den grünen Hörer. Mit der Löschen-Taste können Sie einen Tippfehler entfernen.

Aus der Anrufliste auswählen

Bei *Letzte* ② wird eine Anrufliste angezeigt, auf der alle verpassten, angenommenen, abgelehnten aber auch ausgehenden Anrufe vermerkt sind. Wenn Sie die Nummer des Kontakts eingespeichert haben, wird in der Liste der Name der Person angezeigt, sonst die Nummer. Telefonate mit derselben Person werden zusammengefasst ③.

Auf verpasste Anrufe werden Sie auch durch eine Zahl am App-Symbol aufmerksam gemacht.

- Wollen Sie einen Kontakt erneut anrufen, tippen Sie in der Anrufliste einfach auf den Eintrag und dann auf den grünen Hörer ④.

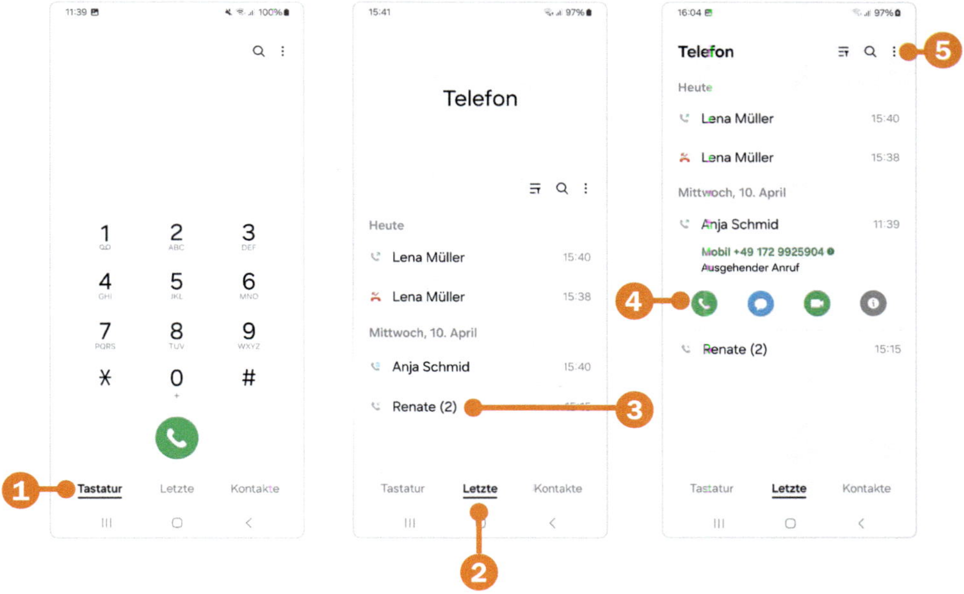

Symbole in der Anrufliste

Ausgehender Anruf

Verpasster Anruf

Eingehender Anruf, der angenommen wurde

Abgelehnter Anruf

Achtung! Sollten Sie die Nummer nicht kennen, ist beim Rückruf Vorsicht geboten. Mit einer Rückrufmasche versuchen Betrüger Sie zu verleiten, bei kostenpflichtigen Telefonnummern anzurufen und Sie dann durch unverständliche Bandansagen oder Warteschleifen möglichst lang in der Leitung zu halten. So ein Anruf kann dann mehrere Euro pro Minute kosten. Meist werden dazu ausländische Telefonnummern verwendet, deren Ländervorwahl deutschen Ortsvorwahlen ähnelt, z. B. 00241 Gabun (0241 Aachen), oder Sonderrufnummern wie die 00882 oder 00883.

Rufnummer anzeigen bzw. unterdrücken

Bei unbekannten Anrufern, also jene die Ihre Nummer unterdrücken, gehe ich nicht ans Telefon. Natürlich kann es auch mal gewünscht sein, dass dem Angerufenen die Telefonnummer nicht angezeigt wird. Unter *Weitere Optionen* ❺ (Grafik vorige Seite) der App Telefon ▶ *Einstellungen* ▶ *Zusatzdienste* ▶ *Deine Anrufer-ID anzeigen* haben Sie die Wahl zwischen *Nie*, *Immer* und *Netzstandard*. Letzteres ist der Standard bei Ihrem Netzbetreiber. In der Regel wird die Rufnummer weitergegeben.

Aus den Kontakten auswählen

Bei *Kontakte* ❻ wählen Sie einen eingespeicherten Kontakt aus. Die Liste ist alphabetisch nach Vornamen sortiert.

- Zum „Blättern" durch die Kontaktliste streichen Sie vertikal über den Bildschirm. Durch Antippen des gewünschten Kontakts wird der grüne Hörer zum Verbindungsaufbau angezeigt. Tippen Sie diesen an, um die Person anzurufen.
- Ein Pfeil hinter der Telefonnummer weist darauf hin, dass für den Kontakt eine zweite Telefonnummer hinterlegt ist. Wenn Sie lieber diese Nummer anrufen möchten, tippen Sie zunächst auf ❼. Dadurch wird das Kontaktblatt geöffnet, auf dem Sie alle Informationen zu der Person sehen. Tippen Sie dann auf den grünen Hörer bei der passenden Nummer.

Wenn Sie einen Kontakt in Ihrem Adressbuch aufrufen, können Sie diesen nicht einfach nur über einen Sprachanruf kontaktieren, sondern Sie haben auch die Möglichkeit, einen Videoanruf zu tätigen oder eine Nachricht (SMS) bzw. ein E-Mail, sofern die Adresse hinterlegt ist, zu senden.

Anruf durchführen

- Während des Telefonats können Sie den Anruf über die *Stumm-Taste* ❽ kurz stummschalten, dann werden Sie nicht gehört. Mit *Lautsprecher* ❾ schalten Sie den Lautsprecher ein und müssen das Smartphone nicht mehr ans Ohr halten. Das ist ganz praktisch, wenn Sie sich in einer Telefonwarteschlange befinden oder andere das Gespräch mithören sollen. Durch nochmaliges Antippen schalten Sie die Stummschaltung bzw. den Lautsprecher wieder aus.
- Durch Antippen von *Tasten* ❿ erhalten Sie im Gespräch ein Ziffernfeld. Für Anrufe bei Behörden oder Firmen wird die Zuteilung des korrekten Ansprechpartners zum Teil durch Eingabe von Nummern gelöst: „Für Fragen zu einer Rechnung tippen Sie die 1."
- Tippen Sie den roten Hörer an, um das Gespräch zu beenden.

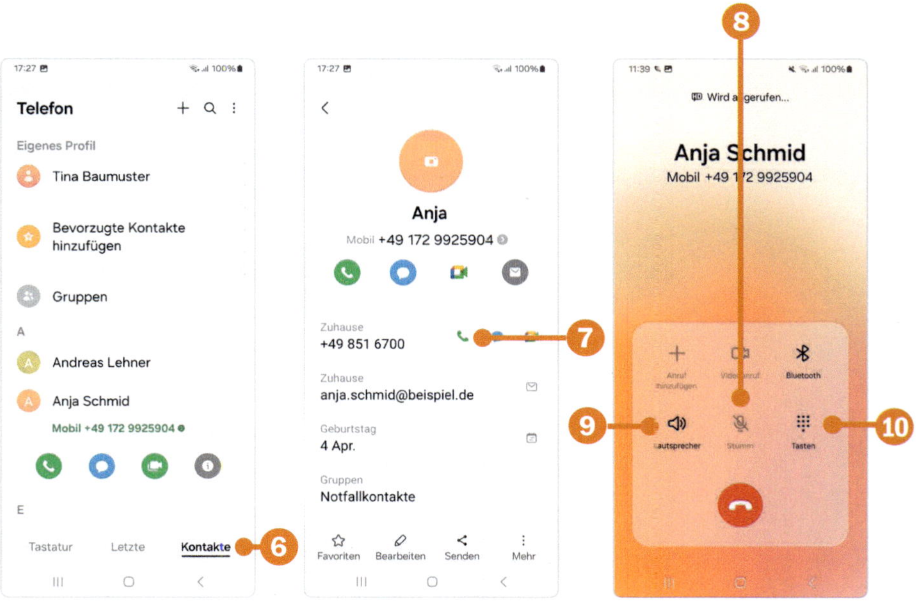

5.3 Anruf annehmen oder nicht?

- **Annehmen:** Wenn Sie einen Anruf erhalten, tippen Sie auf den grünen Hörer ❶ und ziehen ihn nach oben. Das ist auch möglich, wenn das Smartphone gerade gesperrt ist.

  Wenn Sie ein Anruf erreicht, während Sie gerade eine App am Handy anzeigen, wird der Anrufhinweis nur oben eingeblendet. Dann nehmen Sie das Gespräch mit dem grünen Hörersymbol (*Antworten*) ❷ an oder weisen es mit dem roten Hörersymbol (*Ablehnen*) ab.

- **Ablehnen:** Haben Sie gerade keine Zeit, dann tippen Sie auf den roten Hörer und ziehen ihn nach oben. Oder geben Sie dem Anrufer via SMS Bescheid, dass Sie den Anruf nicht entgegennehmen können: Dazu ziehen Sie den weißen Balken (*Nachricht senden*) ❸ nach oben und wählen eine Nachricht ❹ durch Antippen aus.

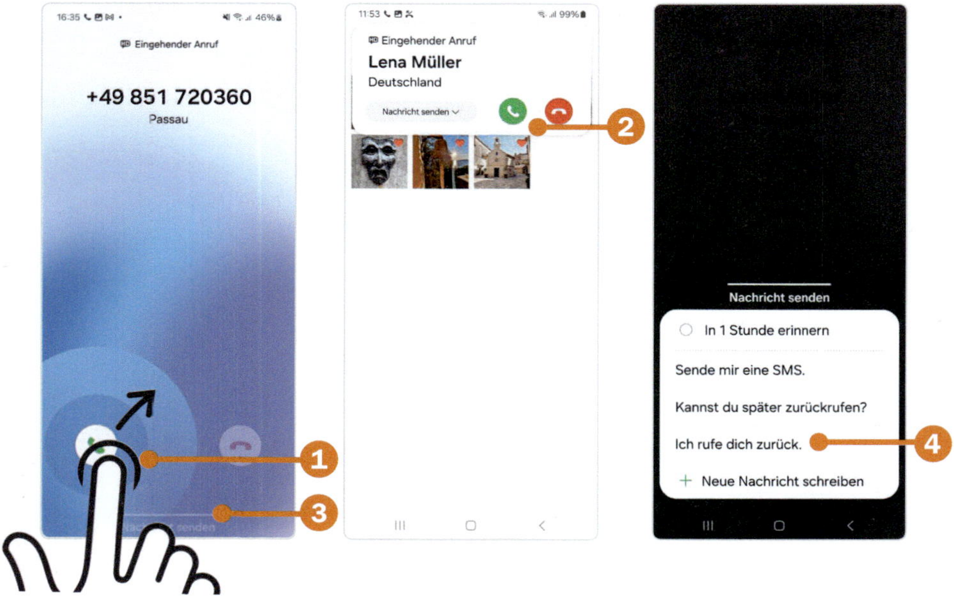

Mist! Meine Handynummer vergessen ...
Öffnen Sie die *Einstellungen* und zeigen Sie ganz unten die Kategorie *Telefoninfo* an. Hier finden Sie Ihre Telefonnummer.

6 Nachrichten und Fotos versenden

SMS, E-Mails und WhatsApp-Nachrichten erleichtern die Kommunikation mit Familie und Freunden ungemein. Ein kurzer Text getippt, schnell auf Senden gedrückt und sofort kommt die Nachricht beim Empfänger an. In diesem Kapitel werden die Apps *Nachrichten*, *Gmail* und *WhatsApp* vorgestellt.

6.1 SMS versenden und empfangen

Eine SMS (**S**hort **M**essage **S**ervice - Kurznachrichtendienst) ist eine Mitteilung, die 160 Zeichen lang ist. Umfasst Ihre Nachricht mehr Zeichen, wird automatisch eine zweite verschickt. Der Versand von SMS kann zusätzliche Kosten verursachen, ist aber auch bei vielen Anbietern kostenlos. Hier müssen Sie einen Blick in Ihren Vertrag werfen.

Trotz vieler anderer Kommunikations-Apps, wie WhatsApp, hat die SMS immer noch ihre Berechtigung. Sie erhalten Informationen Ihres Mobilfunkanbieters als SMS, z. B. eine Benachrichtigung, wenn Sie sich in einem ausländischen Netz befinden. Auch Zugriffscodes werden via SMS versendet. Der große Vorteil der SMS ist, dass Sie für das Versenden nur eine Verbindung zum Mobilfunknetz benötigen. Die SMS bietet damit zuverlässige Erreichbarkeit. Es muss weder mobiles Internet (mobile Datenverbindung) noch WLAN zur Verfügung stehen.

Wir verwenden in diesem Buch die Nachrichten-App *Messages* von Google . Diese unterstützt auch RCS (**R**ich **C**ommunication **S**ervices). Dabei handelt es sich um einen Chat-Austausch (ähnlich WhatsApp), aber nur zwischen Android-Geräten. Der Chat bietet gegenüber der SMS verschiedene Vorteile: keine Zeichenbegrenzung, Gruppenchats sind möglich, Versenden von Videos, Emojis und Sprachnachrichten sowie eine Anzeige, ob die Nachricht gelesen wurde. Für das Versenden einer Chat-Nachricht (RCS) benötigen Sie eine mobile Datenverbindung oder WLAN . Chat-Nachrichten reduzieren Ihr mobiles Datenvolumen, außer Sie sind mit einem WLAN verbunden.

Nicht alle Smartphones erfüllen die Software-Anforderungen für RCS (mindestens OneUI **1** / Android **6** / iOS **18**) oder haben eine RCS-fähige SMS-App, wie Google Messages oder Samsung Nachrichten, installiert sowie einen Mobilfunkanbieter, der RCS auch unterstützt. In solchen Fällen wird stattdessen dann automatisch eine SMS versandt.

SMS bzw. Chat versenden

- Öffnen Sie *Messages* auf Ihrem Startbildschirm.
- Tippen Sie auf die Schaltfläche *Chat starten* ❶ und geben Sie bei *An* den Namen der Person ein bzw. wählen Sie die Person unten durch Antippen aus. Falls Sie mit der Person bereits Nachrichten ausgetauscht haben, können Sie die vorhandene Unterhaltung ❷ durch Antippen anzeigen und der Empfänger ist bereits eingetragen.
- Tippen Sie in das Nachrichtenfeld unten und verfassen Sie Ihre Nachricht. Senden Sie sie.
- Ob Sie eine SMS oder eine Chat-Nachricht senden, ist leicht an der Senden-Schaltfläche zu erkennen: SMS für SMS und ❸ für Chat. Standardmäßig ist eingestellt, dass RCS-Chats verwendet werden, sofern sie verfügbar sind. Wenn Sie nur SMS verschicken möchten, tippen Sie auf Ihr Profilsymbol ❹, wählen *Messages-Einstellungen* und dann *RCS-Chats*. Hier können Sie die RSC-Chats aktivieren bzw. deaktivieren ❺.

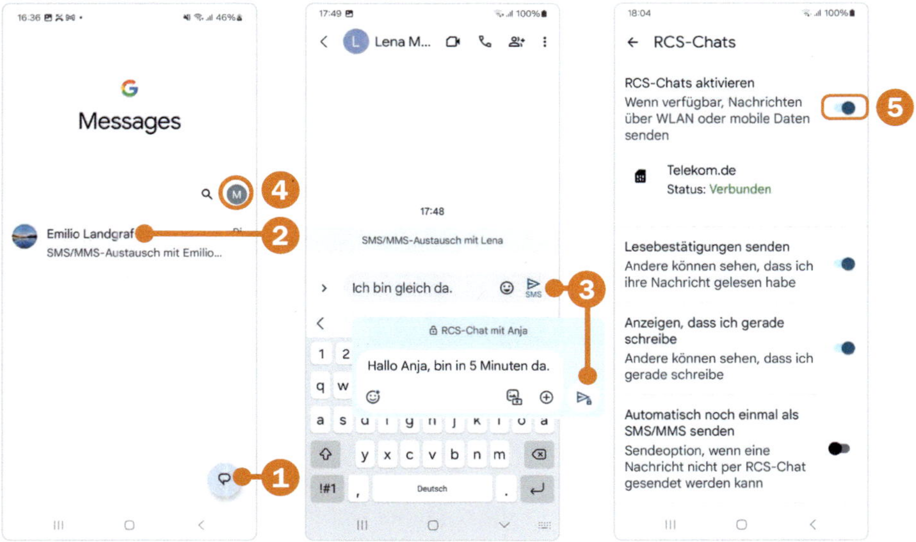

Tipp: Wenn Sie eine lange SMS-Nachricht schreiben, erscheinen rechts neben der Nachricht Zahlen ❻ (siehe nächste Seite). Diese zeigen an, wie viel Zeichen der zweiten SMS (diese umfasst nur noch 145 Zeichen) schon verbraucht wurden.

SMS erhalten

Auf den Eingang einer SMS werden Sie im Benachrichtigungsfeld und durch eine Ziffer (Anzahl der neuen SMS) am App-Symbol hingewiesen. Nach dem Öffnen der App sehen Sie Ihre Nachrichten. Ungelesene sind fett 7 markiert. Durch Antippen öffnen Sie diese und können im Nachrichtenfeld antworten. Mit der Zurück-Taste gelangen Sie wieder zur Übersicht.

Unterhaltung löschen

Um einen Chat zu löschen, tippen Sie ihn etwas länger an und wählen oben das Papierkorb-Symbol 🗑 8.

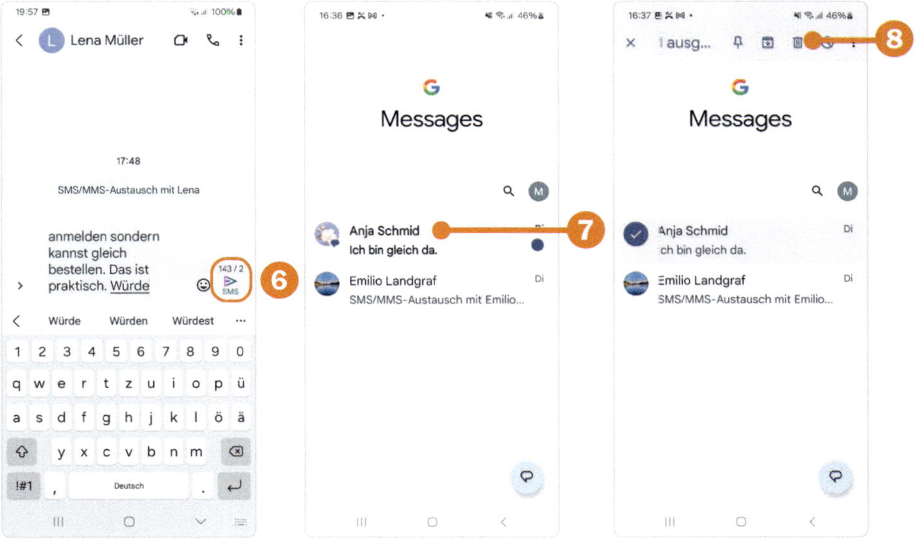

6.2 Über E-Mails kommunizieren

Zum Verfassen und Empfangen von E-Mails empfehlen wir die Nutzung von *Gmail*, da hier bereits die Daten Ihres Benutzerkontos, welche Sie während der Einrichtung des Handys eingegeben haben, hinterlegt sind. Sie können sofort loslegen.

Vielleicht erledigen Sie den Großteil des E-Mail-Verkehrs am PC. Dennoch ist es praktisch, auch einmal schnell eine E-Mail am Smartphone zu lesen. Sie können dasselbe Konto mit Ihrem Smartphone und dem Computer verbinden.

- Sie finden die App *Gmail* im Ordner *Google* auf dem Startbildschirm. Zum Öffnen tippen Sie den Ordner an und wählen *Gmail*.

Beim ersten Öffnen der App wird oben die hinterlegte Gmail-Adresse angezeigt. Hier könnten auch noch weitere E-Mail-Adressen hinzugefügt werden. Darauf verzichten wir. Tippen Sie unten auf *Weiter zu Gmail*. Sie können Gmail erlauben, Ihnen Benachrichtigungen zu senden. Dann werden Sie über den Eingang neuer E-Mails informiert.

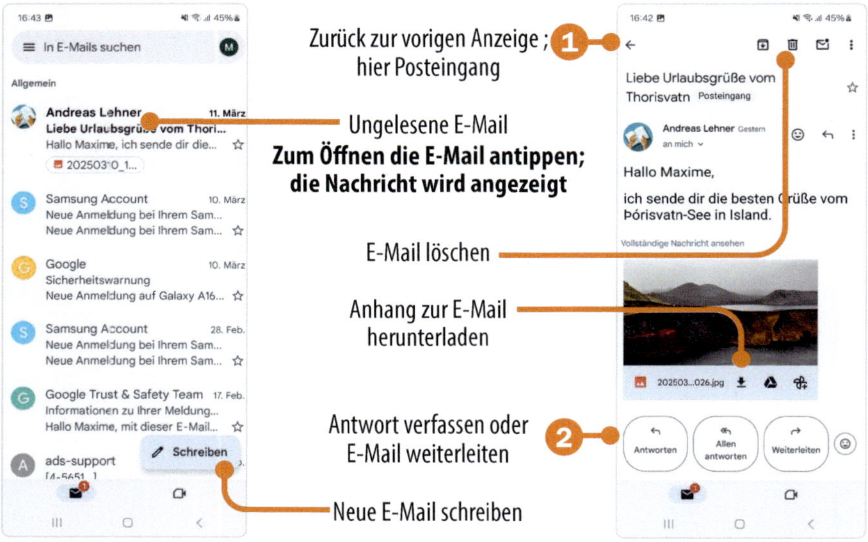

Posteingang
Anzeige aller aktuellen E-Mails

Inhalt einer E-Mail
Anzeige der ausgewählten E-Mail

Neue E-Mail lesen und beantworten

E-Mail erhalten

Dass eine neue E-Mail eingetroffen ist, sehen Sie schon an der angezeigten Nummer beim Gmail-Symbol. Öffnen Sie die Gmail-App im Ordner *Google*. Der Posteingang wird automatisch angezeigt. Neue E-Mails finden Sie immer ganz oben in der Liste. Sie blättern durch vertikales Wischen durch die Liste.

- Zum Lesen des Inhalts der Nachricht tippen Sie die neue E-Mail an. Mit der Zurück-Taste ❶ (Grafik oben) gelangen Sie wieder zur Übersicht.

Eine Antwort verfassen

Um eine E-Mail zu beantworten, tippen Sie in der geöffneten E-Mail unten auf den Befehl *Antworten* ❷ (Grafik vorige Seite). Dadurch wird eine neue E-Mail geöffnet. Der Absender der Nachricht wird automatisch im Feld *An* eingetragen. Der Betreff wird mit dem Zusatz *Re* ❸ übernommen. Schreiben Sie Ihren Nachrichtentext und tippen Sie zum Versenden auf ▷.

Eine E-Mail kann an mehrere Personen versendet werden. Möchten Sie allen Personen dieselbe Antwort zukommen lassen, tippen Sie auf *Allen antworten*.

Tipp: Falls nicht ausgeschaltet, werden Sie auch im Benachrichtigungsbereich auf eine neue E-Mail hingewiesen. Ziehen Sie vom oberen Rand des Bildschirms nach unten. Tippen Sie auf die Benachrichtigung ❹, um die E-Mail anzuzeigen.

Neue E-Mail schreiben

Tippen Sie auf *Schreiben* ❺ und tragen Sie im Feld *An* die E-Mail-Adresse des Empfängers ein. Bestätigen Sie die Adresse ggf. durch Antippen von *Empfänger hinzufügen*. Beim Eingeben der ersten Buchstaben erhalten Sie meist schon Vorschläge für mögliche Empfänger. Tippen Sie einen Vorschlag an, um diesen zu übernehmen. Tippen Sie dann auf *Betreff* und geben Sie einen kurzen Hinweis ein. Berühren Sie das Feld darunter, um den eigentlichen Nachrichtentext zu verfassen, und tippen Sie dann auf ▷.

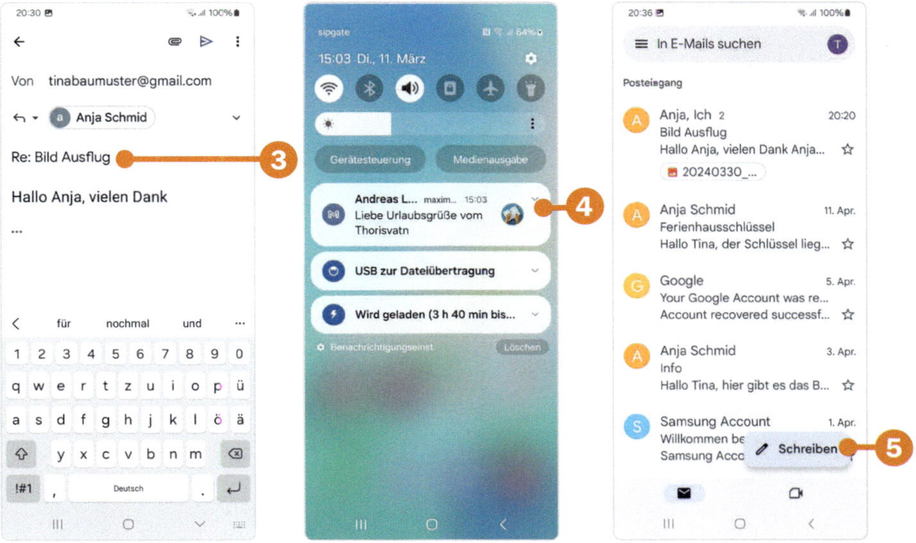

Foto oder Video versenden

Mit dem Klammer-Symbol ⊜ ❻ können Sie via Gmail Dateien (Fotos, kurze Videos etc.) versenden. Wählen Sie nach Antippen der Klammer *Datei anhängen* aus und navigieren Sie zu Ihrem Bilderordner. Durch Antippen öffnen Sie den Ordner und wählen das Bild aus. Dieses sehen Sie dann am Ende der E-Mail und können es durch Antippen von x ❼ auch wieder entfernen. Die Nachricht versenden Sie wie gewohnt.

E-Mail löschen

Durch längeres Antippen einer E-Mail erhalten Sie weitere Bearbeitungsmöglichkeiten. Tippen Sie auf das Papierkorb-Symbol 🗑 ❽ oben rechts, um die markierte E-Mail zu löschen. Die gelöschte E-Mail verbleibt 30 Tage im Papierkorb und wird dann endgültig gelöscht.

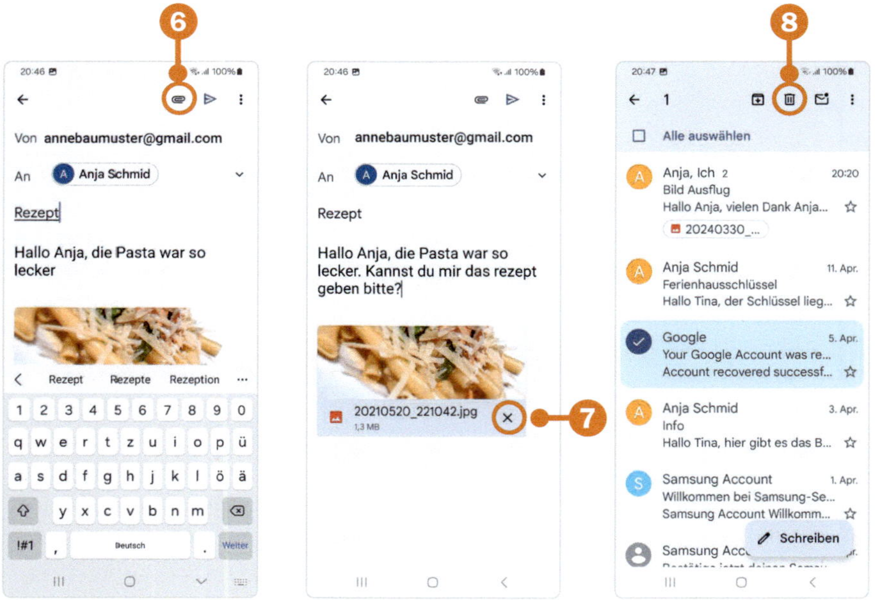

6.3 Nachrichten über WhatsApp

Via WhatsApp tauschen Sie Nachrichten, Bilder und Videos aus. WhatsApp-Nachrichten haben die SMS abgelöst, schließlich ist dieser Dienst kostenlos, man kann ganz einfach Fotos und Videos versenden und sogar Sprach- und Videoanrufe per WhatsApp tätigen. Zunächst muss die App aus dem Play Store heruntergeladen werden. Wie das geht, haben Sie bereits auf Seite 90 erfahren. Sie können natürlich auch andere Nachrichtendienste, wie Signal oder Threema, verwenden.

WhatsApp einrichten

- Nach dem Öffnen müssen Sie zunächst eine Sprache bestimmen. Standardmäßig ist die Gerätesprache bereits ausgewählt. Mit *Zustimmen und fortfahren* ❶ erklären Sie sich mit den Datenschutzrichtlinien und Nutzungsbedingungen einverstanden. Um diese zu lesen, tippen Sie auf die farbig hinterlegten Worte und zeigen mit der Zurück-Taste danach wieder WhatsApp an. Im Anschluss entscheiden Sie, ob WhatsApp Ihnen Benachrichtigungen senden darf.
- **Telefonnummer eintragen:** Im nächsten Schritt müssen Sie Ihre Handynummer eingeben ❷. Beachten Sie, dass der Ländercode *+49* automatisch vorangestellt wird. Dadurch entfällt die erste Null Ihrer Telefonnummer. Tippen Sie auf *Weiter* und bestätigen Sie die Richtigkeit der Nummer mit *Ja*. Zur Verifikation der Telefonnummer wird eine SMS gesendet und in der Regel auch gleich übernommen. Ansonsten tippen Sie den sechsstelligen Code ein. Wenn Sie keine SMS erhalten haben, überprüfen Sie die angezeigte Telefonnummer. Hat sich ein Tippfehler eingeschlichen, dann tippen Sie auf *Falsche Nummer?*. Ist die Nummer richtig, wählen Sie entweder *SMS erneut senden* oder *Anrufen lassen*.

Berechtigungen erteilen: Tippen Sie auf *Weiter* ❸, um die verschiedenen Berechtigungen zu erteilen. Den Zugriff auf die Kontakte sollten Sie mit *Zulassen* erlauben, sonst können Sie WhatsApp nicht nutzen. Den Zugriff auf Musik- und Audiodateien können Sie auch auf später verschieben und erst einmal *Nicht zulassen*. Wenn Sie Bilder über WhatsApp versenden möchten, müssen Sie auch den Zugriff auf Fotos erlauben. Hier können Sie die Rechte auf bestimmte Fotos beschränken. Dazu tippen Sie auf *Eingeschränkten Zugriff zulassen* ❹ und wählen im nächsten Schritt ein Foto aus, z. B. Ihr Profilbild und bestätigen mit auf *Erlauben*. So verwehren Sie WhatsApp den

Zugriff auf Ihre Bilder, müssen dann aber für jedes Bild, das Sie versenden, einzeln den Zugriff gewähren. Mit der Option *Vollen Zugriff auswählen* **5** hat WhatsApp Zugriff auf Ihr gesamtes Fotomaterial. Sie wägen hier ab zwischen Pragmatismus und Datenschutz.

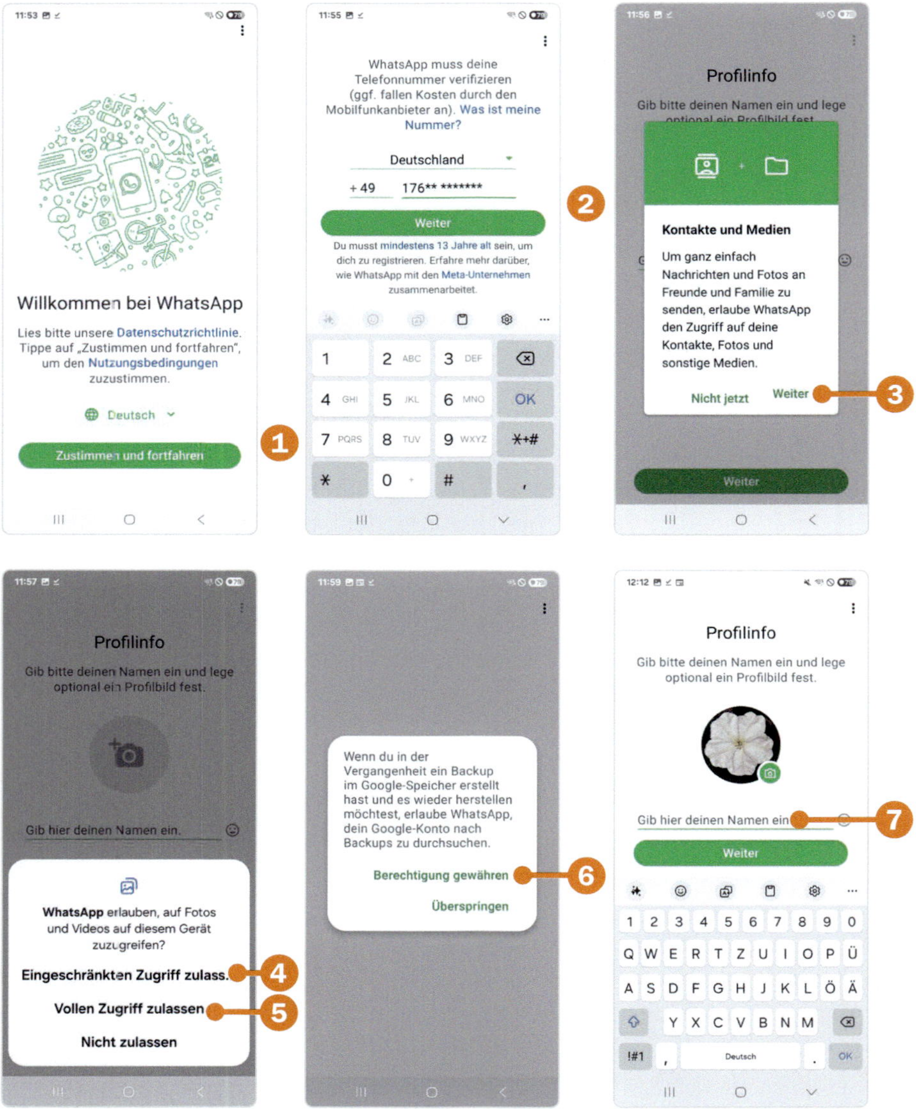

- Wenn Sie möchten, können Sie im Anschluss einen Passkey erstellen, ein verschlüsselter digitaler Schlüssel, mit dem Sie via Fingerabdruck, Gesichtserkennung oder PIN Ihre Identität bestätigen müssen, falls Sie sich zukünftig mit einem neuen Gerät in WhatsApp einloggen.
- **Back-up suchen:** Falls Sie WhatsApp schon einmal auf einem anderen Smartphone verwendet und auf Google Drive eine Sicherung erstellt haben, tippen Sie auf *Berechtigung gewähren* 6 und wählen Sie anschließend Ihr Google-Konto, um Ihre Chats, Bilder, Videos etc. auf das neue Smartphone zu laden. Sollten Sie WhatsApp mit dieser Nummer zum ersten Mal verwenden, wird die Einrichtung ohne die Back-up-Abfrage durchgeführt und dieser Schritt nicht angezeigt.
- Geben Sie dann für Ihr WhatsApp-Profil einen Namen 7 ein, der Ihren WhatsApp-Kontakten angezeigt wird, und laden Sie optional ein Profilbild hoch. Tippen Sie dann auf *Weiter*.

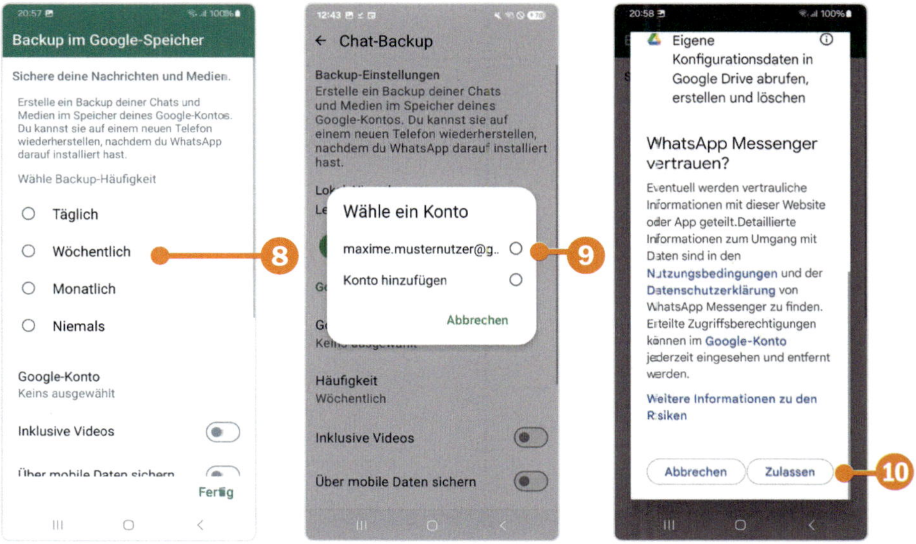

- **Back-up erstellen:** Bei einem Back-up werden Ihre Chats mit Bildern und ggf. auch Videos auf Google-Drive gesichert. So kann nichts verloren gehen. Das ist durchaus sinnvoll. Wenn Sie ein Back-up erstellen möchten (*Einstellungen* ▸ *Chats* ▸ *Chat-Backup*), wählen Sie aus, wie häufig gesichert werden soll, z. B. *wöchentlich* 8. Im Anschluss müssen Sie ein Google-Konto wählen. Das Konto, das Sie bei der Einrichtung des Smartphones hinterlegt haben, wird angezeigt. Tippen Sie dieses an ❾. Zu guter Letzt müssen Sie WhatsApp den Zugriff auf Ihr Google-Konto erlauben; tippen Sie auf *Zulassen* ❿. Wenn Sie auch Videos sichern möchten, tippen Sie auf den Regler bei *Inklusive Videos*. Schließen Sie mit *Fertig* ab.

Eine Nachricht versenden

Um einen neuen Chat zu starten, öffnen Sie das Register *Chats* ❶ und tippen Sie auf *Neue Nachricht* ❷. Es wird eine Liste aller Kontakte angezeigt, die Sie im Adressbuch Ihres Smartphones (App Kontakte) mit Handynummer gespeichert haben und die WhatsApp verwenden.

- Tippen Sie den Namen der Person ❸ an, der Sie eine Nachricht schicken möchten. Es öffnet sich ein neuer Chat.
- Geben Sie Ihren Text ein. Versenden Sie die Nachricht durch Antippen von ➤ ❹.
- Mit dem Pfeil links oben oder der Zurück-Taste verlassen Sie den Chat wieder und kehren zur Übersicht zurück.

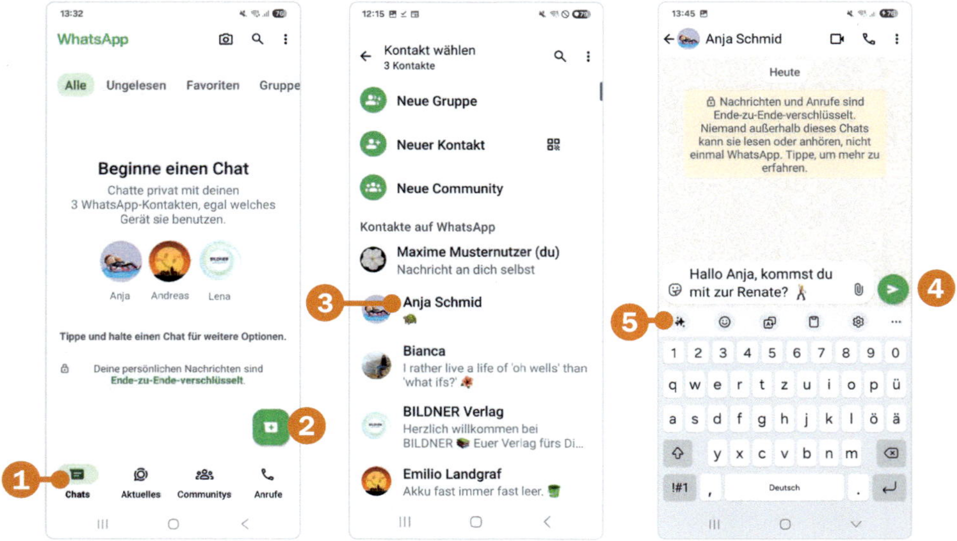

Wenn Sie dieser Person das nächste Mal eine Nachricht schreiben, können Sie einfach den Chat in der Übersicht auswählen.

Tipp: Zum Einfügen von Emojis tippen Sie auf 😊 im Nachrichtenfeld. Ansonsten gilt auch hier, was Sie auf Seite 53 über Emojis bereits erfahren haben.

Fotos/Videos versenden

- Öffnen Sie den Chat mit dem gewünschten Empfänger ❶ (nächste Seite) oder tippen Sie auf das Symbol für *Neue Nachricht*, um einen anderen Empfänger auszuwählen.
- Tippen Sie im Texteingabefeld auf das Büroklammer-Symbol 📎 ❷ und anschließend auf *Galerie*.
- Wählen Sie den Ordner *Kamera* aus. Dort können Sie Fotos oder Videos durch Antippen auswählen. Falls Sie den Zugriff beschränkt haben, müssen Sie durch Anklicken von Verwalten den Zugriff auf das Bild erlauben. Fügen Sie, wenn gewünscht, eine Bildunterschrift hinzu ❸. Senden Sie die Datei durch Antippen von ➤.

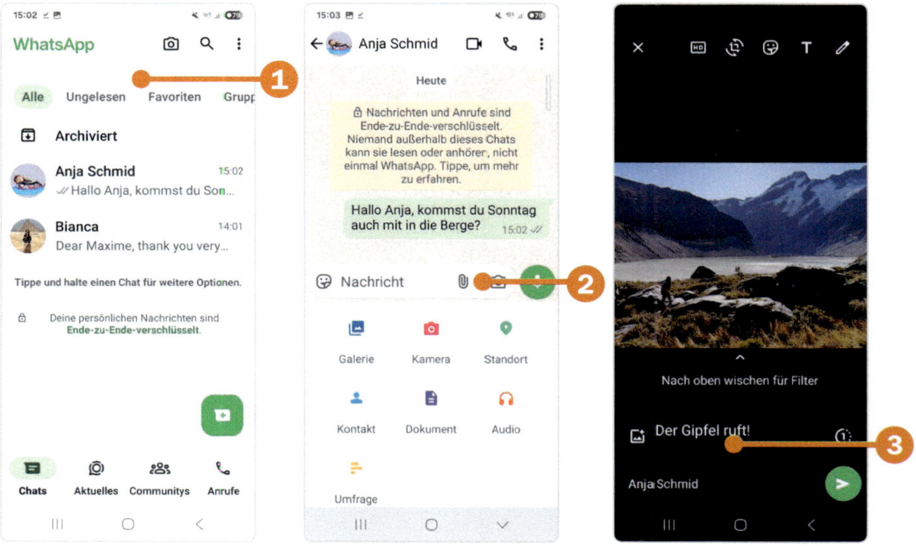

Sprachnachrichten und Videoanrufe

Eine Sprachnachricht aufnehmen

- Öffnen Sie den Chat der Person, der Sie eine Sprachnachricht senden möchten.
- Tippen Sie auf das Mikrofon-Symbol. Wenn nötig, erlauben Sie den Zugriff auf das Mikrofon mit *Weiter* und *Bei Nutzung der App* ❶.
- Halt Sie das Mikrofon gedrückt und ziehen Sie es nach oben ❷, um die Aufnahme zu starten.
- Sie pausieren die Aufnahme mit ⏸, verwerfen sie mit 🗑 und schicken die Sprachnachricht mit ▶ ab.

Einen WhatsApp-Anruf erhalten

- Wenn Sie via WhatsApp kontaktiert werden, wird ein Feld mit dem Anrufernamen eingeblendet. Sie können jetzt den Video- bzw. Sprachanruf *Ablehnen* oder mit *Video* ❸ bzw. *Annehmen* den Anruf entgegennehmen

Jemanden via WhatsApp anrufen

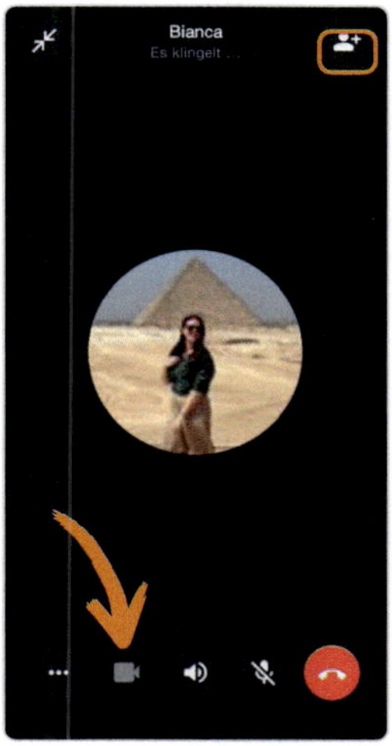

- Öffnen Sie den Chat der Person, mit der Sie telefonieren wollen.
- Tippen Sie oben in der Leiste auf das Hörer-Symbol für einen Sprachanruf oder auf das Kamera-Symbol für einen Videoanruf.
- Bestätigen Sie anschließend mit Antippen von *Anruf*. Wenn nötig, erlauben Sie vor dem Videoanruf den Zugriff auf die Kamera.
- Während eines Sprachanrufs können Sie auch zur Videotelefonie wechseln oder weitere Personen über hinzufügen.

Warnhinweis Mikrofon und Kamera: Am rechten oberen Rand des Smartphones wird bei Nutzung der Kamera bzw. des Mikrofons ein dementsprechendes Symbol eingeblendet und dann nach kurzer Zeit auf einen grünen Punkt reduziert. Das soll Sie darauf aufmerksam machen, dass diese Gerätekomponenten gerade verwendet werden. Wenn Sie einen WhatsApp-Videochat durchführen, ist das völlig in Ordnung, da Sie sowohl Kamera als auch Mikrofon benötigen. Sollte der grüne Hinweis bei einer App auftauchen, zu deren Funktionalität weder Kamera noch Mikrofon gehören, bzw. sollten Sie gerade keine App verwenden, kann das ein Hinweis auf Malware (mehr dazu im Glossar) sein.

7 Fotos und Videos

Mit dem Smartphone haben Sie jetzt auch immer eine Kamera dabei. Diese macht nicht nur hübsche Schnappschüsse sondern hilft auch, Informationen festzuhalten, z. B. können Sie an der Bushaltestelle die neuen Abfahrtszeiten abfotografieren.

7.1 Fotos und Videos aufnehmen

Bedienoberfläche

> Beim Öffnen der App Kamera erscheint am rechten oberen Rand des Smartphones ein grün hinterlegtes Kamerasymbol, welches auf die Nutzung der Kamera hinweist. Wie Sie auf der vorigen Seite schon erfahren haben, handelt es sich um einen Hinweis, der vor unberechtigtem Zugriff schützen soll. Bei Auswahl des Modus *Video* werden Mikrofon- und Videosymbol angezeigt.

Fotos knipsen

- Öffnen Sie die Kamera-App. Vergewissern Sie sich, dass der Aufnahmemodus *Foto* ❶ ausgewählt ist.
- **Zoom:** Wählen Sie zwischen Ultraweitwinkel *0,5x* ❷ und der Hauptkamera *1x* ❸ mit *2x* ❹ optischem Zoom aus. Nach dem Antippen stehen Ihnen darunter weitere Optionen für den digitalen Zoom bis zu einer zehnfachen Ausschnittsvergrößerung zur Verfügung. Für diese Bilder werden Bildpunkte rechnerisch ergänzt, weswegen Fotos mit Digitalzoom zwar die gleiche Auflösung wie Bilder ohne Zoom (Weitwinkel *1x*) haben, aber qualitativ etwas schlechter sind.
- **Scharfstellen:** Tippen Sie auf dem Bildschirm den Teil des Fotos an ❺, auf den scharf gestellt werden soll. Die Belichtung wird dadurch an den angetippten Bereich angepasst. Gleichzeitig wird ein Schieberegler angezeigt, über den Sie die Belichtung korrigieren können.
- **Auslösen:** Wenn Sie zufrieden sind, drücken Sie den Auslöser am Bildschirm unten .

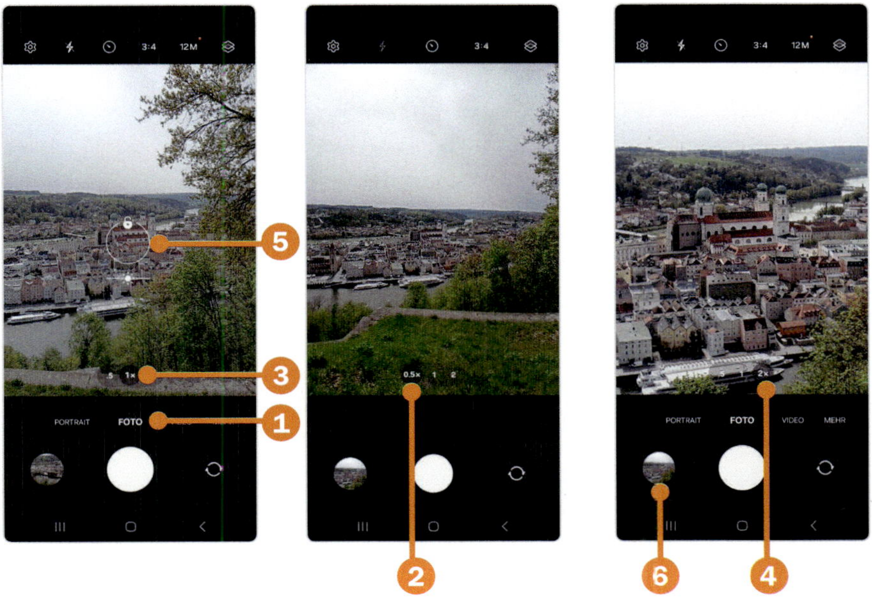

Nach der Aufnahme wird das Foto als Miniaturbild ❻ in der linken unteren Ecke eingeblendet. So sehen Sie, dass die Aufnahme funktioniert hat. Sie können dann gleich ein neues Bild knipsen.

Zoomvarianten

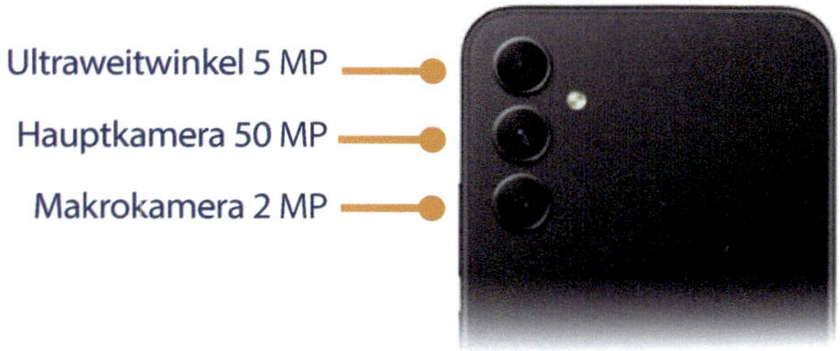

Mit der Hauptkamera (Weitwinkel) können Sie Bilder mit bis zu 50 Megapixel (MP) aufnehmen; das Ultraweitwinkelobjektiv, das beispielsweise bei Landschaftsaufnahmen gute Dienste leistet, stellt sehr viel weniger Megapixel zur Verfügung. Auch die Makrokamera nimmt mit einer weitaus geringeren Anzahl an Megapixeln auf. Allerdings sind die Megapixel nicht das allein entscheidende Qualitätsmerkmal. Ein 2 MP-Foto kann durchaus in Postkartengröße mit guter Qualität gedruckt werden, für ein A3-Poster reichen die Pixel allerdings nicht aus.

Was sind Megapixel (MP)?
Das Digitalfoto setzt sich aus vielen Bildpunkten, auch Pixel genannt, zusammen. Je mehr Pixel vorhanden sind, umso detailreicher ist das Foto; man spricht hier auch von einer guten Auflösung. Diese errechnet sich aus Breite x Höhe eines Bildes in Pixel.

Schnellstart der App Kamera

Schnell, schnell, der Augenblick ist gleich vorbei! Mit diesen zwei Kniffen aktivieren Sie fix die Kamera-App:

- Ziehen Sie das Kamera-Symbol rechts unten auf dem Sperrbildschirm aus dem Kreis nach oben.
- Drücken Sie die Funktionstaste zweimal hintereinander.

Sie nutzen dann die Kamera-App, ohne das Smartphone entsperrt zu haben. Deshalb müssen Sie das nach der Aufnahme erledigen. Auch stehen in der App, wenn Sie diese so aufrufen, nicht alle Funktionen zur Verfügung.

Geotagging

Nachdem Sie die ersten Fotos geknipst haben, erscheint eine Abfrage, ob Sie Geotagging zulassen möchten. Mit Geotagging werden Ihren Fotos Informationen zum Aufnahmeort hinzugefügt. Das funktioniert recht genau mit Ort, Straßenname und Hausnummer (sofern vorhanden). Wenn Sie das Foto teilen, werden diese Informationen unter Umständen in Form von GPS-Koordinaten weitergegeben.

Natürlich ist es auch praktisch, dass man jederzeit beim Foto nachschauen kann, wo es geknipst wurde. Außerdem stehen Such- und Sortierfunktionen auf Grundlage des Standorts zur Verfügung. Wenn Sie Geotagging verwenden möchten, tippen Sie auf *Einschalten* ❶. Im nächsten Schritt erlauben Sie den Zugriff auf den Gerätestandort. Hier entscheiden Sie zunächst, ob nur ein ungefährer Standort (im Radius von mehreren Hundert Metern wird einfach eine andere Straße der Stadt angezeigt) oder der genaue ❷ verwendet werden darf. Tippen Sie dann auf *Bei Nutzung der App*. Wenn Sie keine Standortinformationen speichern möchten, wählen Sie *Abbrechen*.

In der App *Galerie* werden zum Foto die Standortinformationen ❸ angezeigt. Dazu wischen Sie in der Einzelbildansicht (siehe Seite 134) der App *Galerie* vertikal von unten nach oben über den Bildschirm.

Tipp: In den Kameraeinstellungen ⚙ ❹ kann das Geotagging jederzeit aus- bzw. eingeschaltet werden.

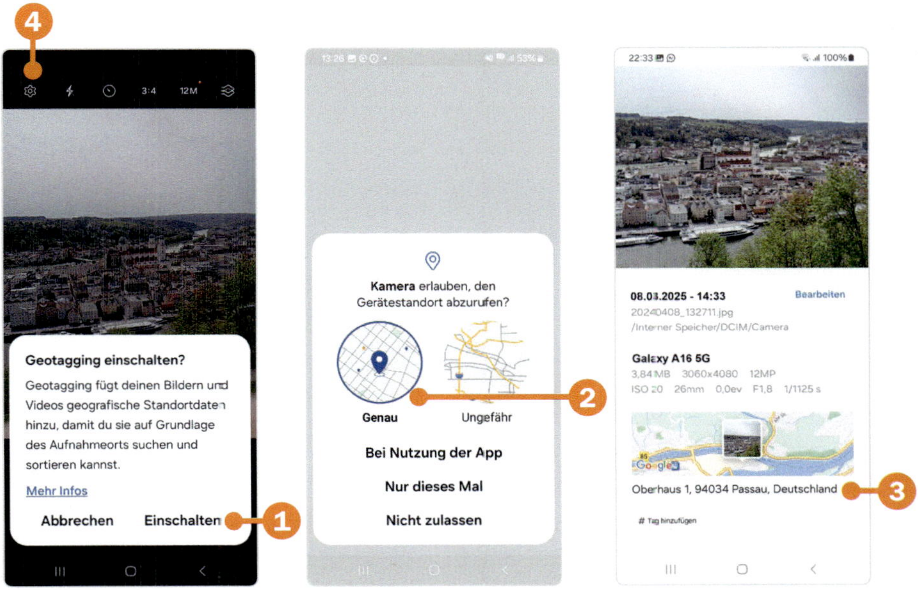

Selfie aufnehmen

Um ein Bild von sich selbst zu machen, müssen Sie die Kamera wechseln. So sehen Sie sich auf dem Bildschirm und werden dabei geknipst. Die Frontkamera steuern Sie durch Antippen von an. Um Ihr Gesicht erscheint kurz ein rechteckiger Rahmen. Dadurch zeigt die Kamera an, dass sie bereit ist. Da es etwas umständlich ist, so den Auslöser zu drücken, steht speziell für Selfies eine weitere Auslösetechnik zur Verfügung: Halten Sie einfach Ihre Handfläche in die Kamera. Dadurch erscheint ein Timer und ein paar Sekunden später wird das Foto geknipst.

Wenn ein Gruppenselfie erstellt wird oder Sie noch etwas mehr Umgebung abbilden möchten, tippen Sie vor dem Auslösen auf .

Auswahl des Seitenverhältnisses

Die Kamera-App stellt verschiedene Seitenverhältnisse zur Verfügung. Sie finden sie oben in der Befehlsleiste. Standardmäßig ist das Format 3:4 ausgewählt. Oft gelingen schönere Bilder im Querformat. Wenn Sie das Smartphone drehen, wechselt die Anzeige automatisch zum Format 4:3.

- Tippen Sie das Symbol für Seitenverhältnis ❶ an, um die weiteren Optionen anzuzeigen. Hier können Sie ein anderes Bildformat ❷ wählen.

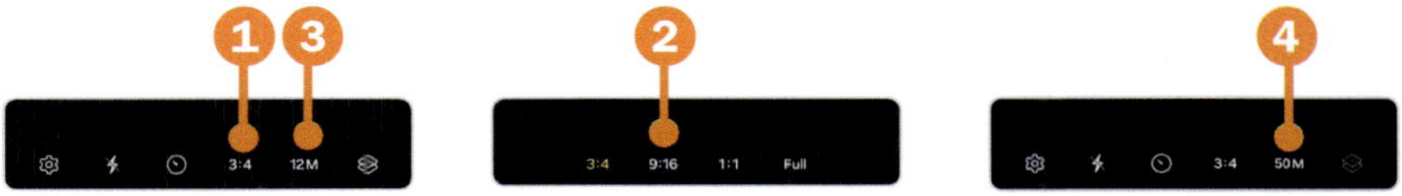

3:4 oder 9:16: Das Bild links wurde im Format 4:3 geknipst, das Foto rechts im Format 16:9. Sie sehen, dass im Format 4:3 der größere Bildausschnitt aufgenommen werden kann. Das ist durchaus ein Vorteil dieses Formats. 16:9 ist das Seitenverhältnis von Monitoren und Fernsehern. Wenn Sie also Ihre Bilder am Fernseher oder Laptop vorführen möchten, dann sind Aufnahmen im Querformat und einem Seitenverhältnis von 16:9 am schönsten anzusehen, da sie den gesamten Bildschirm einnehmen.

1:1 und Full: Mit der Auswahl 1:1 knipsen Sie quadratische Bilder und mit *Full* wird das Seitenverhältnis des Handybildschirms verwendet. Wenn Sie ein Hintergrundbild für den Startbildschirm Ihres Smartphones fotografieren möchten, ist die Auswahl von *Full* von Vorteil.

> Wir empfehlen für den täglichen Gebrauch das Format 3:4. Falls gewünscht, können Sie das Bild immer noch nachträglich zuschneiden. Für besondere Fotos wechseln Sie einfach das Seitenverhältnis. Vergessen Sie nicht, danach wieder das Ursprungsformat auszuwählen.

Wechsel zwischen 12 und 50 MP: Durch Antippen von *12M* ❸ (Bild oben) wechseln Sie zu *50M* ❹ und wieder zurück. Mit 50M wird das Foto mit der vollen, der Hauptkamera zur Verfügung stehenden, Anzahl an Megapixeln aufgenommen. Da sich dadurch die Dateigröße im Vergleich zur Auswahl von *12M* verdreifacht, ist diese Option nicht als Dauerauswahl anzuraten; der interne Speicher Ihres Smartphones wäre unter Umständen schnell voll.

Blitz einschalten

Selbstverständlich verfügt Ihr Smartphone auch über einen Blitz. Sie können zwischen *Aus*, *Automatisch* und *Ein* (dabei wird der Blitz auf jeden Fall ausgelöst) wechseln. Tippen Sie zunächst auf das Blitz-Symbol in der Befehlsleiste und wählen Sie dann die passende Option durch Antippen aus.

Video aufnehmen

Zur Aufnahme eines Videos wechseln Sie in den Modus *Video* ❶ und tippen dann auf den Auslöser ❷. Im oberen Bereich wird die Aufnahmezeit eingeblendet. Beenden Sie das Video durch Antippen von ■ ❸. Sie können mit ❚❚ ❹ ein Video auch pausieren und mit ● ❺ wieder fortsetzen.

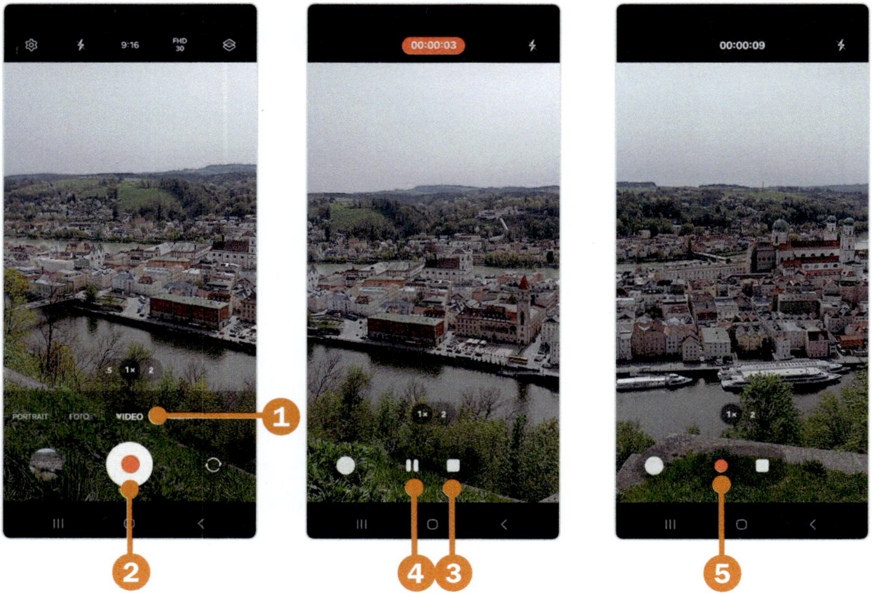

Weitere Aufnahmemodi

Im Aufnahmemodus *Portrait* wird das Gesicht erkannt. Auf den Rest des Bildes wird eine Hintergrundunschärfe angewendet, deren Intensität Sie durch Antippen des Effektsymbols ❶ einstellen können. Darunter wird ein Regler angezeigt.

Tippen Sie auf die Funktion *Filter* ❷, um verschiedene Bildeffekte, wie wärmere oder kühlere Farben, mehr Helligkeit oder schwarz-weiß zu aktivieren. Sie wechseln zwischen den angebotenen Filtern durch horizontales Wischen oberhalb des Auslösers. Der ausgewählte Filter wird direkt angewendet.

Unter *Mehr* ❸ finden Sie noch eine Vielzahl weiterer Modi:

- Mit *Panorama* nehmen Sie 360 Grad Ihrer Umgebung als Foto auf.
- Mit *Essen* kann man schnell das leckere Frühstück für Freunde ablichten. Mit dem Finger verschieben Sie den Fokus und bestimmen so einen Ausschnitt, auf den scharf gestellt wird.
- Der Modus *Nacht* ermöglicht Ihnen, auch bei wenig Licht noch scharfe Fotos zu machen.
- Mit *Makro* können Sie nah ran an das zu fotografierende Objekt. Sie benötigen lediglich eine Entfernung von 3 bis 5 cm und können trotz geringen Abstands noch scharf stellen.
- Mit *Zeitlupe*/*Hyperlapse* können Sie sowohl Zeitlupen- als auch Zeitrafferaufnahmen erstellen. So wird ein mehrminütiges Video einer rasanten Achterbahnfahrt auf einige Sekunden verkürzt oder ein kurzer Videoschnipsel in Slow Motion aufgezeichnet.

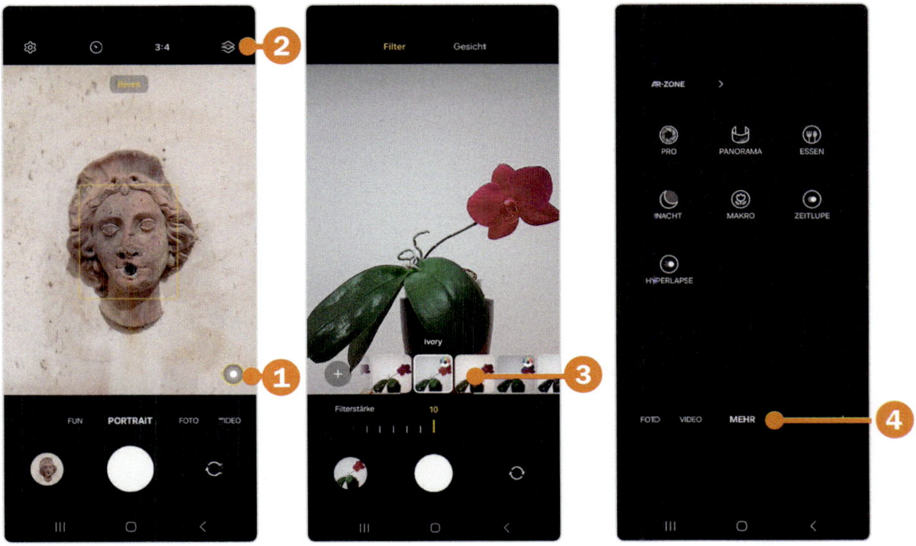

Die Kamera scannt QR-Codes

Mittels QR-Codes werden Ihnen Informationen zur Verfügung gestellt. Dabei kann es sich um eine Adresse oder Telefonnummer handeln, die sich hinter dem Code verbirgt. Oft dienen Codes der Weiterleitung zu einer Internetseite, beispielsweise als Teil eines Gewinnspiels oder zur Anzeige von Bildern und Videos zu einem Informationsflyer, Seminar oder Buch.

Den QR-Code können Sie mit der Kamera Ihres Smartphones scannen. Öffnen Sie die App *Kamera* und nehmen Sie den QR-Code ins Visier. Dieser wird automatisch gescannt. Wenn das geschehen ist, wird darunter angezeigt, auf was der Code verweist, in diesem Beispiel auf die Webseite Bildner TV. Wenn Sie die Seite anzeigen möchten, tippen Sie auf das Feld ❶. Unter Umständen wird abgefragt, mit welchem Browser Sie die Seite anzeigen möchten (dazu lesen Sie mehr auf Seite 95).

Tipp: Falls das Scannen des QR-Codes nicht klappt, überprüfen Sie in den Einstellungen ⚙ ❷ der Kamera-App, ob die Funktion aktiviert ist. Dazu tippen Sie in der Kamera-App auf das Zahnradsymbol und ziehen ggf. bei *QR-Codes scannen* ❸ den Regler auf die Position *Ein*.

In den Schnelleinstellungen finden Sie ebenfalls eine Schaltfläche *QR-Code scannen* ❹. Hier steht Ihnen noch die Möglichkeit zur Verfügung die Taschenlampe einzuschalten und den QR-Code etwas zu beleuchten.

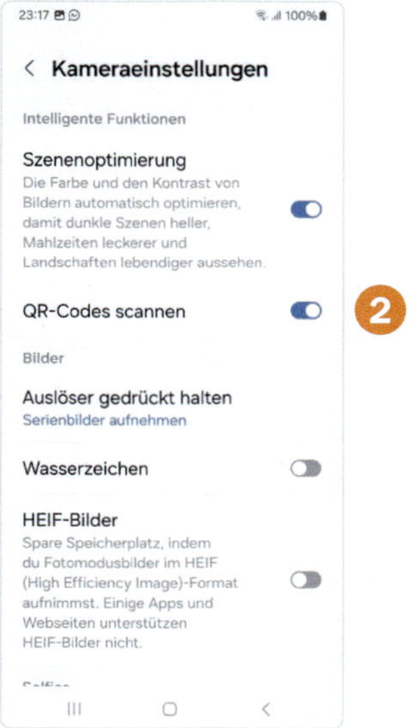

7.2 Die Galerie-App

Die App *Galerie* dient der Anzeige Ihrer Fotos bzw. Videos und bietet darüber hinaus auch einfache Bearbeitungsfunktionen. Die Galerie ist in die Bereiche *Bilder*, *Alben* und *Storys* aufgeteilt. Zwischen den einzelnen Kategorien wechseln Sie durch Antippen des Namens. Der Name des aktuell angezeigten Bereichs ist fett hervorgehoben und unterstrichen.

Benutzeroberfläche und Kategorien

Die Kategorie *Bilder* enthält alle Bilder und Videos, die Sie gemacht oder bekommen haben. Videos erkennen Sie in der Übersicht unter anderem an der eingeblendeten Videolänge **1**. Die Dateien sind nach Datum sortiert. Wischen Sie einfach vertikal über den Bildschirm, um durch Ihren Bildbestand zu blättern. Tippen Sie auf ein einzelnes Bild, um es genauer zu betrachten und ggf. zu bearbeiten (mehr dazu auf Seite 135).

In der Kategorie *Alben* finden Sie, sobald Sie ein Foto geknipst haben, das Album *Kamera*. Hier sind alle Fotos und Videos gesammelt, die Sie mit dem Smartphone aufgenommen haben. Tippen Sie ein Album an, um die Bilder darin anzuzeigen. Mit der Zurück-Taste verlassen Sie das Album wieder und kehren zur Übersicht zurück.

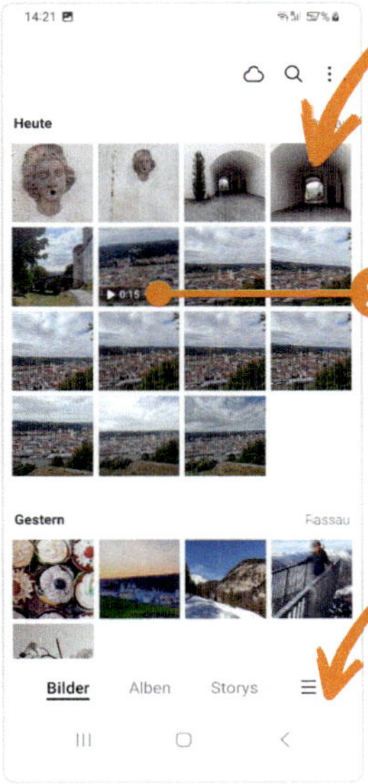

Bilder
Alle Bilder und Videos, die auf Ihrem Smartphone gespeichert sind, sind nach Datum sortiert.

Alben
Automatische Zusammenstellungen: Das Album *Kamera* enthält alle Fotos und Videos, die mit dem Smartphone aufgenommen wurden.

Menü
Im Menü finden Sie weitere Rubriken: *Favoriten*, *Videos*, *Papierkorb*, *Einstellungen* etc.

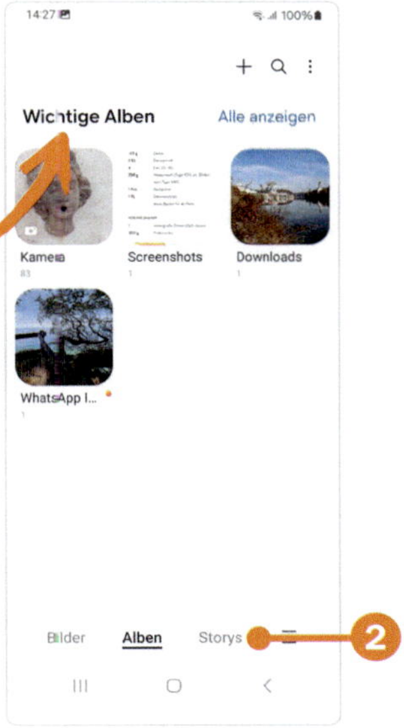

Je mehr Apps und Dienste Sie nutzen, umso mehr Alben kommen hinzu. Wenn Sie zum ersten Mal einen Screenshot gemacht haben, wird automatisch das Album *Screenshots* erstellt. Das Album *WhatsApp Images* erscheint, wenn Sie via WhatsApp ein Bild erhalten haben.

Alle Bilder und Videos, die auf Ihrem Smartphone sind, werden in der Kategorie *Alben* sozusagen nach deren Herkunft sortiert. Das ist praktisch, da Sie nicht lange suchen müssen, wenn Sie wissen, über welchen Weg die gesuchten Bilder auf Ihr Smartphone gelangt sind.

Auch interessant ist der Bereich *Storys* ❷ (Grafik vorige Seite). Die App erstellt mit der Zeit und mit genügend Fotomaterial automatisch Storys. Dabei werden Motive, Uhrzeiten und Standorte von Bildern berücksichtigt und Fotos nach diesen Kriterien gemeinsam gesammelt.

> **Tipp:** Ändern Sie die Größe der Vorschaubilder, indem Sie ein Bild mit zwei Fingern auseinander- bzw. zusammenziehen.

Bilder in der Einzelansicht anzeigen

In der Galerie können Sie Fotos nicht nur betrachten, in der Einzelansicht stehen auch verschiedene Bearbeitungsoptionen zur Verfügung.

☛ Öffnen Sie die Galerie und wählen Sie ein Bild durch Antippen aus.

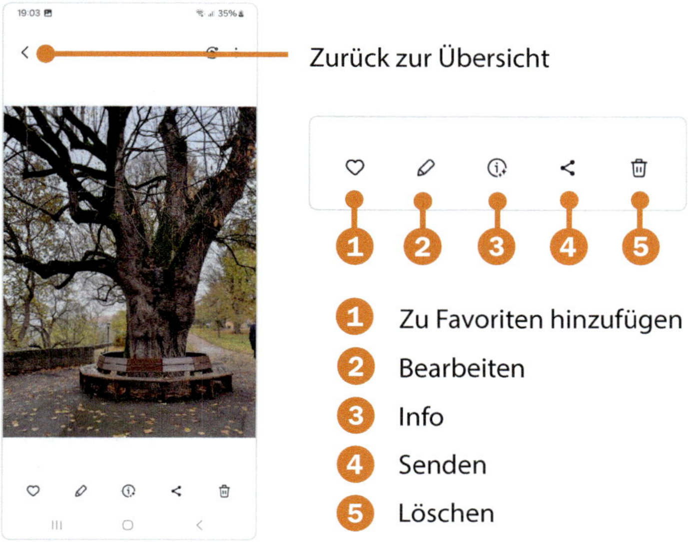

Bilder bearbeiten

Kleine Veränderung, große Wirkung: Die App Galerie bietet grundlegende Bildbearbeitungsfunktionen. Verändern Sie den Zuschnitt Ihres Bildes oder versehen Sie es mit einem Filter.

- Wählen Sie ein Foto aus und tippen Sie auf *Bearbeiten*. Die gelb eingefärbte Bearbeitungsfunktion ist gerade ausgewählt.

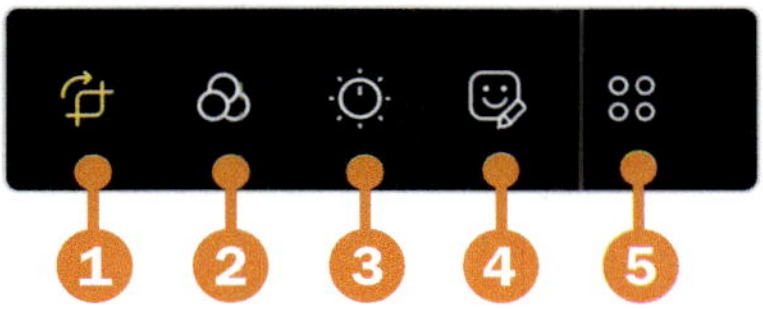

1. Umwandeln
2. Filter
3. Farbe
4. Designs
5. Tools

Bild zuschneiden, drehen und mehr

- Beim Öffnen der Bearbeitungstools ist standardmäßig die Funktion *Umwandeln* ausgewählt, falls nicht, tippen Sie auf .
- **Foto zuschneiden:** Um das Foto an den Rändern zu beschneiden, ziehen Sie an den weißen Anfassern 1 in den Ecken des Bildes. Das Bild kann dann auch zusätzlich verschoben werden.
- **Foto gerade rücken:** Die Funktion *Richten* 2 muss ausgewählt sein. Dann können Sie durch horizontales streichen über den Drehregler das Bild ausrichten. Durch das Geraderücken wird ein Teil des Bilds abgeschnitten.
- **Perspektivische Verzerrungen**, z. B. bei Fotos von Gebäuden, können durch Anklicken von Horizontal bzw. Vertikal und Korrektur mittels Drehregler korrigiert werden.

- **Seitenverhältnis ändern:** Zur nachträglichen Veränderung des Seitenverhältnisses Ihres Fotos, tippen Sie auf Free 3.

- **Bild drehen und spiegeln:** Normalerweise werden Fotos korrekt angezeigt. Steht doch mal eines Kopf, können Sie es mit 4 jeweils um 90° drehen. Gleich daneben finden Sie den Befehl *Horizontal kippen*. Damit spiegeln Sie Ihr Foto. Bilder mit Schriftzügen eignen sich nicht, da diese dann spiegelverkehrt abgebildet wird.

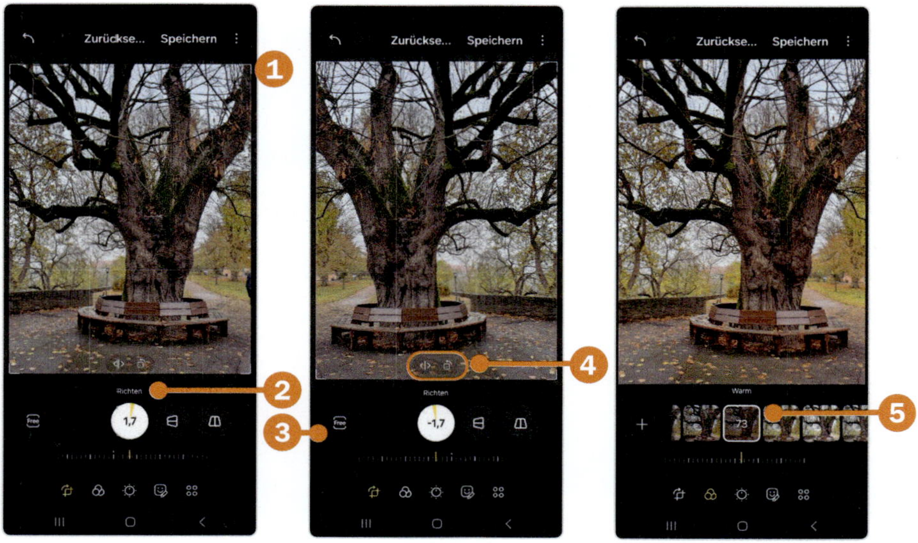

Filter anwenden

Mit Filtern verändern Sie Ihr Foto schnell: Sie können die Farben kühler oder wärmer erscheinen lassen oder ein Schwarz-Weiß-Bild erstellen.

- Tippen Sie auf *Filter* und wischen Sie unten mit einer horizontalen Fingerbewegung durch die Filter. Durch Antippen 5 (siehe Bild oben rechts) wählen Sie einen Filter aus. Mit dem weißen Regler bestimmen Sie die Intensität des Filters. Die erste Auswahloption zeigt das Foto wieder ohne Filter an.

Foto automatisch anpassen

Anstelle eines Filters können Sie auch versuchen im Bereich *Farbe* durch Anpassungen bei *Helligkeit*, *Kontrast*, *Schatten* etc. das Foto zu verbessern.

Eine Möglichkeit ist, durch Antippen von *Auto* ❶ anzuzeigen, ob damit schnell eine Verbesserung des Bilds erreicht werden kann. Die kleinen gelben Punkte zeigen an, bei welchen Werten automatische Anpassungen vorgenommen wurden.

Schwarz-Weiß-Bild mit einer Farbe

Das Werkzeug *Punktfarbe* bietet Ihnen die Möglichkeit eine oder mehrere Farbe(n) im Foto erstrahlen zu lassen und den Rest des Bildes in schwarz-weiß anzuzeigen. Dazu wählen Sie im Bereich *Tools* die Option *Punktfarbe* ❷ und tippen dann auf die Bildelemente, deren Farbe Sie behalten möchten. Mit dem Radiergummiwerkzeug ❸ können Sie Farben auch auf dem Bild ausradieren.

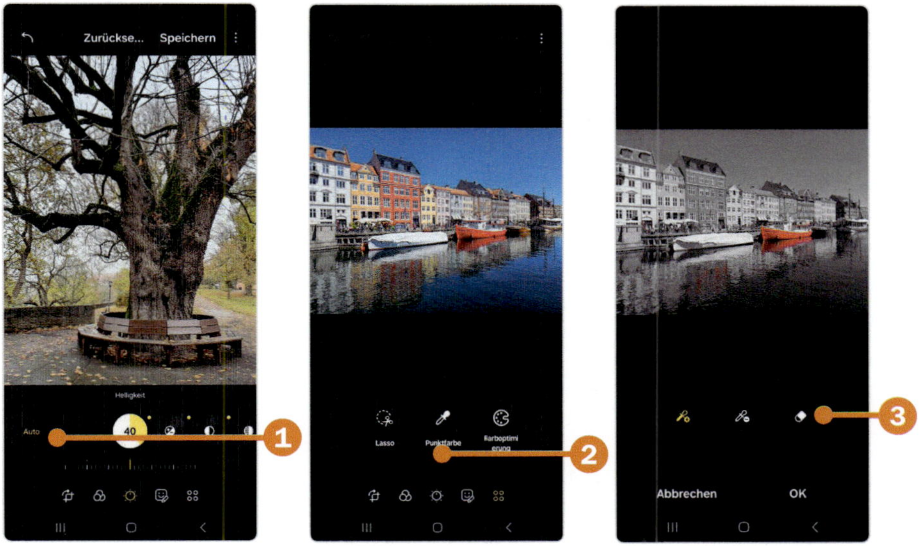

Änderungen übernehmen oder verwerfen

- **Änderungen speichern:** Um Änderungen, die Sie am Foto vorgenommen haben, zu behalten, tippen Sie rechts oben auf *Speichern* ❶. Dabei werden Ihre Korrekturen im Originalbild gespeichert. Möchten Sie lieber zwei separate Dateien haben, tippen Sie oben rechts auf *weitere Optionen* und *Als Kopie speichern* ❷.

Wichtig! Egal ob Sie die Veränderungen im Originalbild oder der Kopie gespeichert haben, Sie können jederzeit das Bild in den Originalzustand zurückversetzen: Öffnen Sie das Foto erneut in der Galerie, wählen Sie *Bearbeiten* und tippen dann oben auf *Zurücksetzen*. Bestätigen Sie mit *Auf Original zurücksetzen* und tippen dann auf *Speichern*. Wenn Sie die Datei versenden, wird diese automatisch mit allen Änderungen verschickt.

- **Änderungen verwerfen:** Wenn Sie die Änderungen nicht behalten möchten, tippen Sie einfach auf *Zurücksetzen* ❸ und bestätigen mit *Auf Original zurücksetzen* ❹. Dann werden **alle** Änderungen entfernt.

  Sie können aber auch über die Pfeile einzelne Änderungen rückgängig ❺ machen bzw. wiederholen. Die Änderungen werden schrittweise jeweils mit einem Antippen rückgängig gemacht.

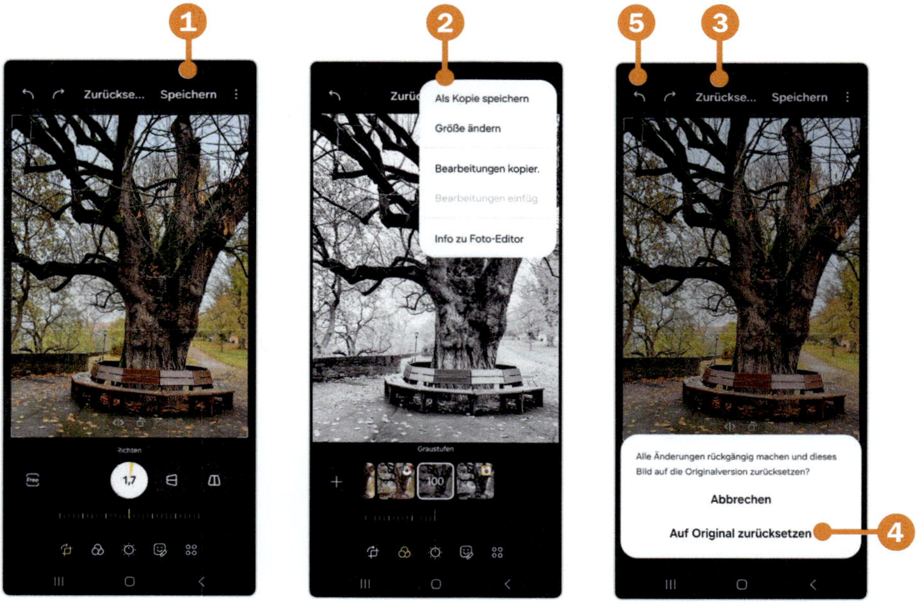

Videos abspielen

- Um ein Video wiederzugeben, öffnen Sie die Galerie-App und wählen es durch Antippen aus. Zum Video wird in der Übersicht die Abspieldauer ❶ eingeblendet.

- Das Video wird nach Auswahl sofort abgespielt, zunächst allerdings ohne Ton. Um den Ton einzuschalten, tippen Sie auf 🔇 ❷.
- Für Videos finden Sie in der Bearbeitungsleiste diese Optionen: *Zu Favoriten hinzufügen* ♡ ❸, *Bearbeiten* ✎, *Senden* ⋖ und *Löschen* 🗑.

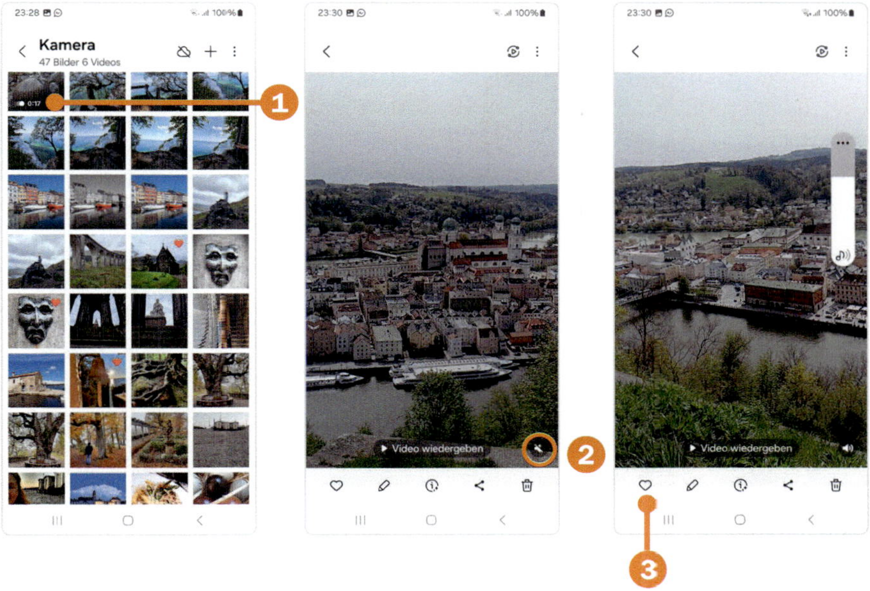

Bilder und Videos löschen

Meist belegen Fotos und Videos den größten Teil des Speicherplatzes. Löschen Sie deshalb Bilder und Videos, die misslungen sind oder die Sie nicht mehr benötigen. Öffnen Sie die Galerie-App ✿.

- **Einzelbild:** Wählen Sie ein Bild oder ein Video durch Antippen aus. Dieses wird in der Einzelansicht angezeigt. Tippen Sie unten auf 🗑 und bestätigen Sie mit *In den Papierkorb*.
- **Mehrere Bilder:** Sie können auch mehrere Bilder auf einmal auswählen, um diese zu löschen. Dazu tippen Sie in der Übersicht etwas länger auf ein zu löschendes Bild. Dieses wird links oben mit einem Häkchen versehen und ist damit ausgewählt. Tippen Sie dann nacheinander die weiteren Bilder an, die Sie löschen möchten. Bestätigen Sie mit *Löschen* ❶.

Gelöschte Bilder wiederherstellen

Bilder und Videos, die Sie gelöscht haben, landen im Papierkorb. Zur Anzeige des Papierkorbs tippen Sie in der Galerie-Übersicht auf ≡ und anschließend auf *Papierkorb* ❷.

- **Wiederherstellen:** Wenn Sie ein Foto aus Versehen gelöscht haben, tippen Sie im Papierkorb auf *Bearbeiten*, wählen das Bild durch Antippen aus und tippen dann unten links auf *Wiederherstellen* ❸.

> **Papierkorb leeren:** Wenn Sie sich sicher sind, dass die gelöschten Bilder nicht mehr gebraucht werden, können Sie diese auch aus dem Papierkorb entfernen. Dazu tippen Sie oben rechts auf *Weitere Optionen* ⋮ und wählen *Leeren* aus. Bestätigen Sie mit *Löschen*. Das muss aber nicht unbedingt sein, da Objekte, die im Papierkorb landen, nach 30 Tagen automatisch gelöscht werden.

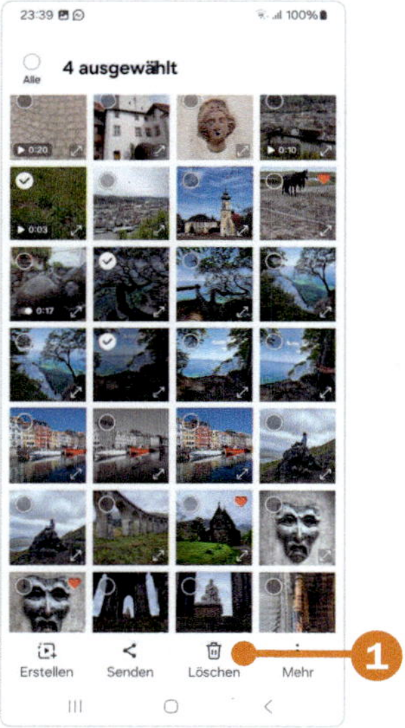

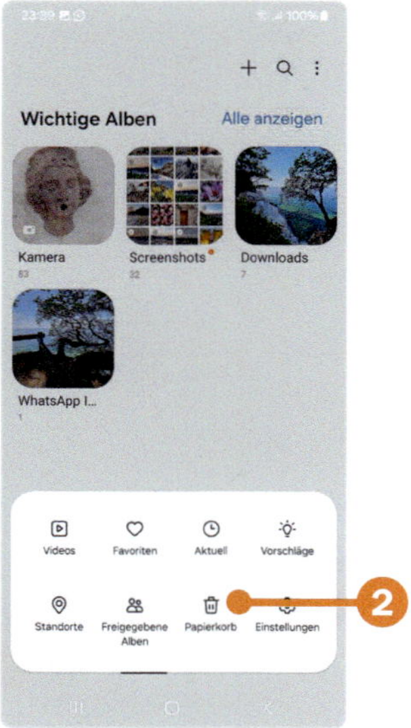

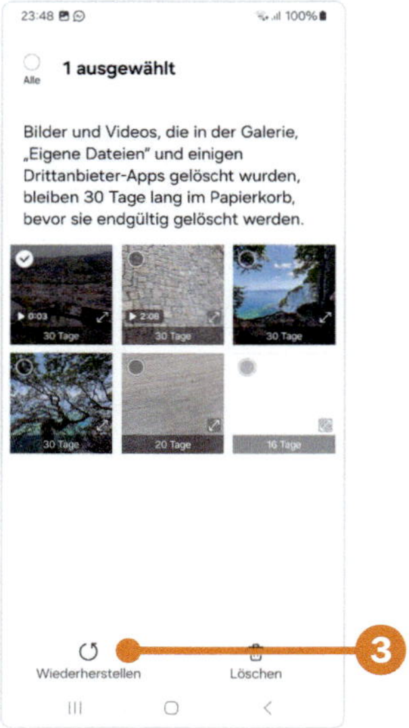

Lieblingsbilder und -videos markieren

Bilder und Videos können in der Einzelansicht über den Befehl *Zu Favoriten hinzufügen* als Lieblingsaufnahme markiert werden. Alle Favoriten werden dann gemeinsam angezeigt. Dazu tippen Sie in der App *Galerie* auf ☰ unten rechts und wählen *Favoriten* aus.

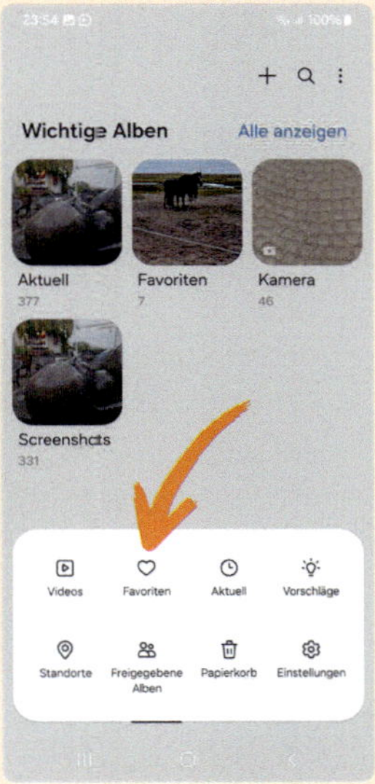

8 Merken und erinnern

Das Smartphone als ständiger Begleiter ist das ideale Medium zum Speichern kurzer Notizen oder Einkaufslisten. Daneben vervollständigen die App Kalender mit der Speicherung von Terminen und die App Uhr Ihre Möglichkeiten.

8.1 Termine im Griff haben mit der Kalender-App

- Öffnen Sie die *Kalender*-App. Schon auf dem App-Symbol sehen Sie den aktuellen Tag. Auf dem Tabellenblatt ist dieser hervorgehoben. Der Kalender wird beim ersten Öffnen in der Monatsansicht angezeigt. Durch horizontales Wischen können Sie durch die verschiedenen Monate blättern. Zur Anzeige des aktuellen Datums kehren Sie wieder über das kleine Kalenderblattsymbol rechts oben ❶ zurück.
- Durch Antippen eines Eintrags im Kalender ❷ wird der Termin oder Feiertag gesondert in der Tagesansicht angezeigt ❸. Tippen Sie neben das Kalenderblatt, um die Tagesansicht wieder auszublenden.
- Für eine andere Darstellung wischen Sie in der Übersicht vertikal von unten nach oben. Unter einem verkleinerten Kalenderblatt finden Sie die Termine ❹ des ausgewählten Tags.

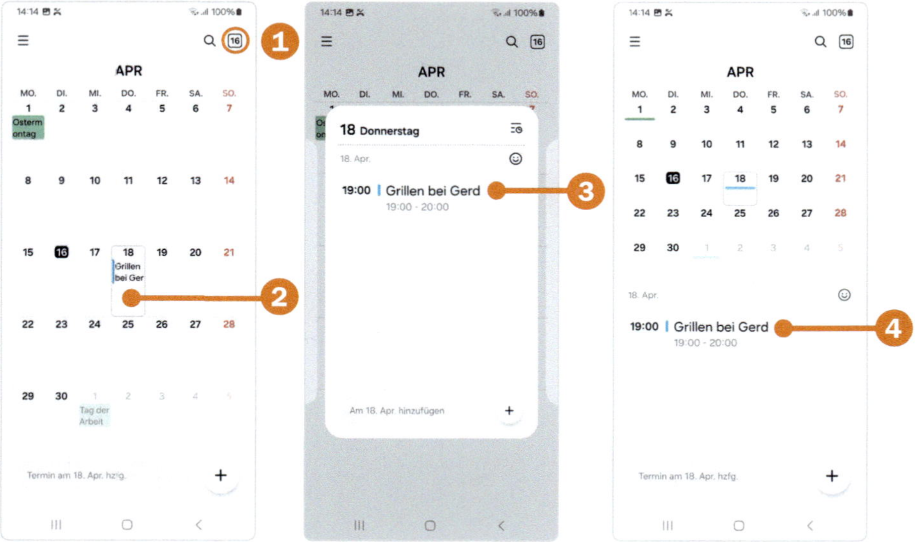

Termin eintragen

- Markieren Sie auf dem Kalenderblatt durch Antippen den Tag des Termins. Dadurch ersparen Sie sich die händische Eingabe.
- Tippen Sie auf + und geben Sie bei *Titel* eine Bezeichnung für den Termin ein.
- Kontrollieren Sie nochmals das Datum und tippen Sie dann auf die Uhrzeit ❶, um den Beginn festzulegen. Im sich darunter öffnenden Bereich legen Sie die genaue Startuhrzeit fest. Tippen Sie erneut auf die Zeit ❷, um die Tastatur anzuzeigen. Geben Sie die Uhrzeit ein und bestätigen Sie mit *OK*. Dadurch blendet die Tastatur wieder ab. In der Regel können Sie auf die Eingabe des Terminendes verzichten.
- Scrollen Sie nach unten. Standardmäßig werden Sie zehn Minuten vor Beginn des Termins erinnert, außer bei ganztägigen Ereignissen. Wenn Ihnen eine frühere Erinnerung wichtig ist, tippen Sie auf *10 Min. vorher*, entfernen Sie die Auswahl vor *10 Min. vorher* durch Antippen und wählen eine andere Erinnerungszeit ❸. Manchmal ist es aber auch praktisch, zwei Erinnerungen zu erhalten. Sie verlassen den Bereich *Erinnerung* mit *<* links oben.
- Ebenso können Sie einen *Ort* oder weitere *Notizen* hinterlegen, was aber in der Regel gar nicht notwendig ist. Bestätigen Sie mit *Speichern* ❹.

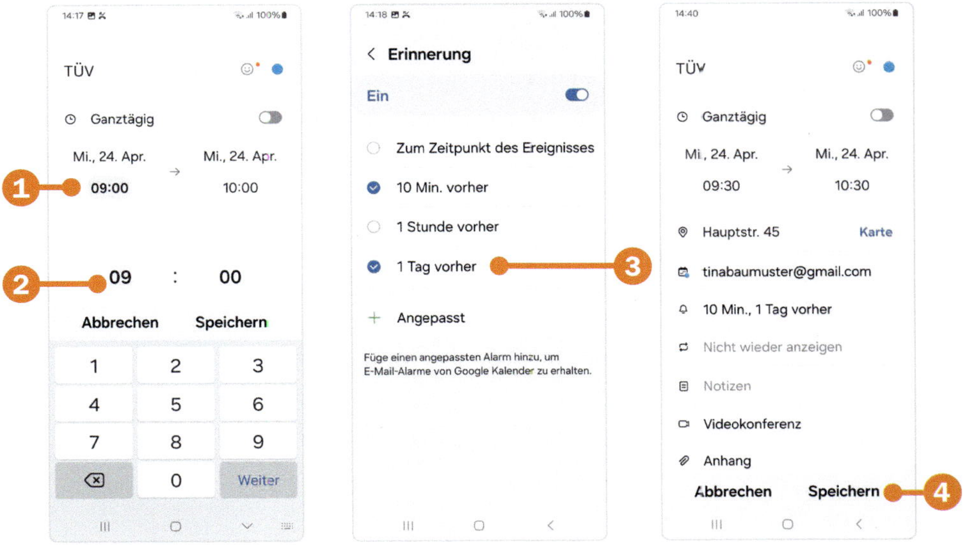

Terminerinnerung: Die Erinnerung an einen Termin erscheint, sofern erlaubt, am oberen Bildschirmrand. Die Benachrichtigung ist natürlich auch in der Statusleiste hinterlegt.

Datumsnavigator: Zur Anzeige eines Navigators, mit dem Sie größere Zeiträume überspringen können und nicht durch vieles Wischen den gewünschten Monat erreichen, tippen Sie oben auf den Monatsnamen ❺.

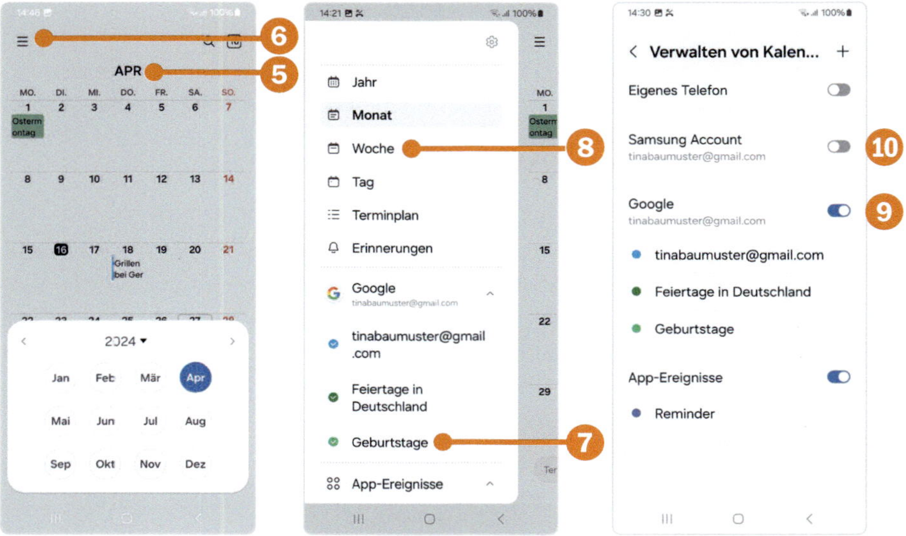

Tipp Geburtstage und Feiertage: Geburtstage tragen Sie in den Kalender nicht als Termin ein, da diese ja jedes Jahr stattfinden und Sie damit viel zu tun hätten. Geburtstage hinterlegen Sie in der App Kontakte bei der jeweiligen Person. Diese werden dann via Google-Konto mit dem Kalender synchronisiert und dort angezeigt. Sollten dennoch keine Geburtstage im Kalender angezeigt werden, überprüfen Sie die Optionen. Tippen Sie im Kalender links oben auf *Navigationsmenü erweitern* ☰ ❻ und zeigen Sie ggf. über den Erweiterungspfeil ⌄ die Informationen zum Google-Konto an. Aktivieren Sie die Anzeige der Geburtstage durch Antippen von *Geburtstage* ❼. Gleiches gilt für die Feiertage. Sollten diese im Kalender nicht angezeigt werden, können Sie ebenfalls hier aktiviert werden.

Kalenderdarstellung ändern: Wenn Sie statt einer Monatsdarstellung den Kalender lieber wochenweise anzeigen möchten, öffnen Sie das Navigationsmenü und tippen Sie auf *Woche* ❽.

Kalender synchronisieren: Standardmäßig werden Ihre Kalenderinhalte mit dem Google-Konto synchronisiert, d.h. alle Termine werden online bei Google gespeichert. Falls Sie das Handy verlieren oder es kaputt geht, können Sie die Informationen so wiederbekommen. Öffnen Sie das Navigationsmenü ☰, scrollen Sie nach unten und tippen Sie auf *Verwalten von Kalendern*. Die Synchronisierung der Inhalte mit Google ist eingeschaltet ❾. Die Inhalte könnten auch mit dem Samsung-Konto ❿ synchronisiert werden. Eine doppelte Sicherung ist nicht nötig.

Termine bearbeiten oder löschen

Natürlich können Sie Termine auch bearbeiten, z. B. um diese zu verschieben.

- **Termin verschieben:** Tippen Sie einmal auf den Termin auf dem Kalenderblatt, dann nochmals in der Tagesansicht ❶ und dann auf *Bearbeiten* ❷. Tippen Sie nun auf das Datum ❸. Ein Kalenderblatt wird angezeigt, auf dem Sie durch Antippen dann ein neues Datum auswählen. Bestätigen Sie mit *Speichern*.
- **Termin löschen:** Zeigen Sie den Termin an und tippen Sie unten rechts auf *Löschen* ❹. Bestätigen Sie nochmals mit *Löschen*.

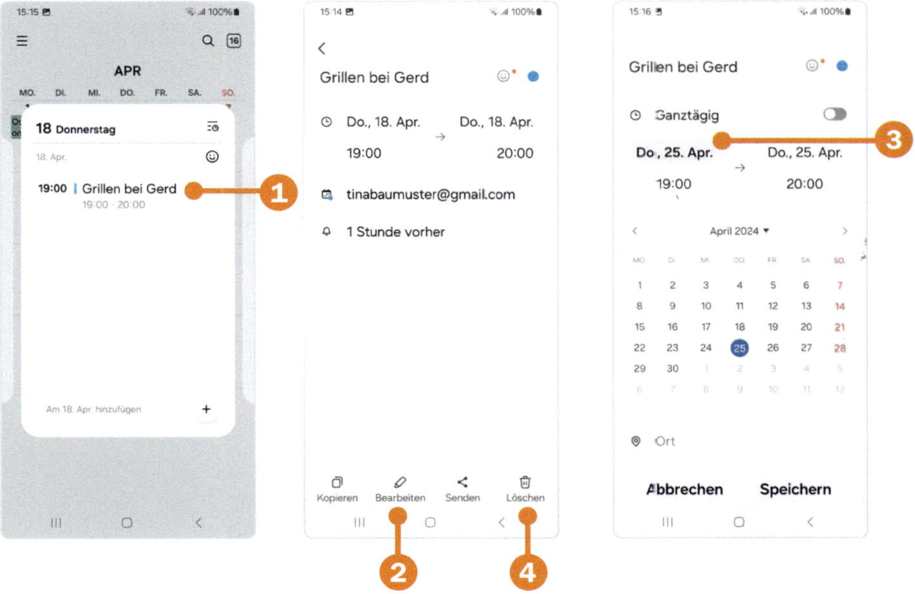

8.2 Die App Uhr

Die App Uhr bietet neben einer Weckfunktion auch verschiedene Zeitzonen (*Weltuhr*), eine *Stoppuhr* und einen *Timer*.

Vom Smartphone geweckt werden

☛ Öffnen Sie die App *Uhr*; der Bereich *Alarm* ❶ wird angezeigt.

In der App ist bereits eine Weckzeit voreingestellt. Mit diesen Vorgaben klingelt der Wecker Montag bis Freitag um 6 Uhr morgens. Allerdings ist dieser Wecker momentan nicht aktiviert.

Neuen Weckeintrag erstellen

- Tippen Sie auf das Symbol + ❷.
- **Weckzeit vereinbaren:** Verschieben Sie die Rädchen der Stunden ❸ und der Minuten, indem Sie mit dem Finger nach oben und unten wischen.
- **Tag(e) auswählen:** Sie können nicht nur die Weckzeit festlegen, sondern auch die Tage ❹, an denen der Wecker ertönen soll. Blau bedeutet, dass diese Tage ausgewählt sind. Falls Sie einen Tag versehentlich ausgewählt haben, tippen Sie erneut auf diesen. Bei Auswahl von mehreren Tagen bleibt der Wecker aktiv, um Sie am folgenden ausgewählten Tag, erneut zu wecken.

  Wenn Sie keinen Tag auswählen ❺, klingelt der Wecker zum eingestellten Zeitpunkt und ist dann ausgeschaltet.

  Tipp: Man kann die Weckfunktion auch dazu verwenden, sich an etwas erinnern zu lassen, beispielsweise die Einnahme von Medikamenten am Abend. Dann wählen Sie einfach jeden Tag aus und geben eine passende Uhrzeit ein.
- Im unteren Bereich können Sie die Schlummerfunktion (*Erinnern*) einstellen, also wann der Wecker, nachdem Sie die Schlummertaste gedrückt haben, erneut klingeln soll und wie oft.
- Tippen Sie abschließend auf *Speichern* ❻.

Sie erkennen am Uhrensymbol in der Statusleiste, dass der Wecker eingeschaltet ist.

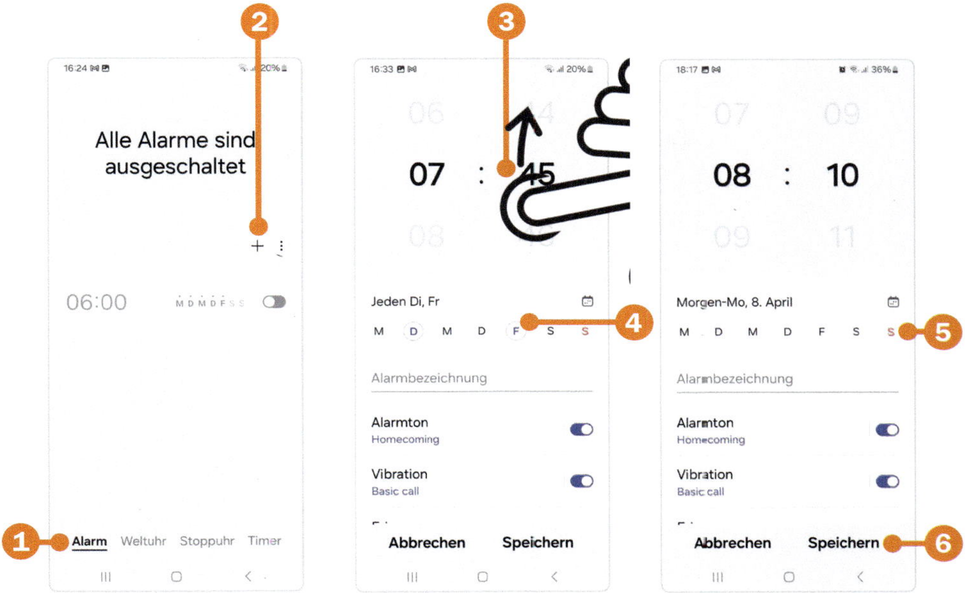

Weckt jeden Dienstag, Freitag Weckt am nächsten Tag

Schlummern oder aufstehen?

Wenn der Wecker klingelt, tippen Sie auf ⓧ ❼ und ziehen das Feld leicht nach oben, dann ist Ruhe! Oder Sie wählen *5 min schlummern* und der Wecker klingelt nach fünf Minuten erneut. Mit + und - können Sie die Schlummerzeit verlängern bzw. verkürzen.

Wecker ein- und ausschalten

Im Register *Alarm* können mehrere Weckzeiten vereinbart sein. Aktive Weckzeiten erkennen Sie am eingeschalteten Regler. Ist der Regler ausgeschaltet, klingelt dieser Wecker nicht. Aus diesem Grund müssen Sie die Wecker nicht löschen. Es reicht sie zu deaktivieren, bis Sie diese wieder benötigen. Sie aktivieren bzw. deaktivieren einen Wecker, indem Sie den Regler antippen.

Tipp: Hier ❽ sehen Sie, wann der Wecker das nächste Mal klingelt.

Wecker bearbeiten und löschen

Um einen Wecker zu löschen, tippen Sie diesen in der Übersicht etwas länger mit dem Finger an. Dadurch erscheint unten *Löschen* 🗑 ❾.

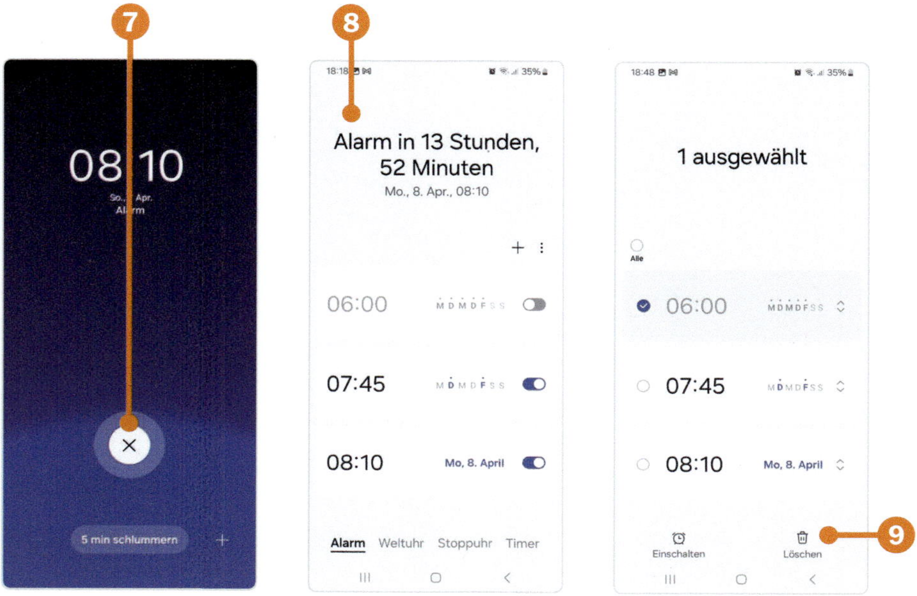

Das Smartphone als Eieruhr

Das Vier-Minuten-Ei rechtzeitig aus dem Topf holen oder die Backzeit für den Kuchen einstellen - auch das bietet die App Uhr.

- Wählen Sie den Bereich *Timer* ❶.
- Stellen Sie durch Ziehen mit dem Finger die Zeit ❷ ein, nach deren Ablauf das Smartphone klingeln soll, und tippen Sie dann auf *Starten*.
- Während der Timer nach unten zählt, können Sie jederzeit pausieren ❸ oder den laufenden Timer auch löschen. Wenn Sie zu einer anderen App oder dem Startbildschirm wechseln, wird die verbleibende Timer-Zeit in einen kleinen ovalen Bereich angezeigt. Diesen können Sie verschieben, falls er stört. Halten Sie den Bereich mit dem Finger gedrückt und ziehen Sie das Oval an eine andere Stelle.

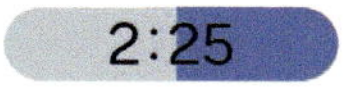

- Nach Ablauf ertönt ein Signal. Um dieses auszuschalten, tippen Sie auf *Verwerfen* ❹ (sofern der Smartphone-Bildschirm noch an ist). Falls der Bildschirm aus ist, erscheint wie bei der Weckzeit ein ⓧ ❺, das Sie leicht nach oben ziehen.

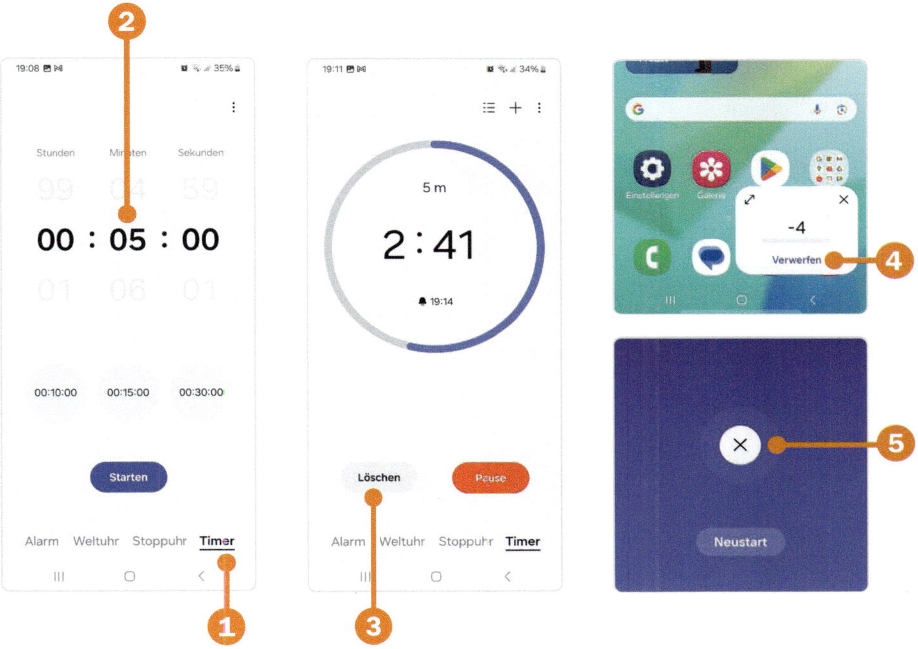

8.3 Notizen und Screenshots

Es gibt eine Vielzahl toller Apps, mit denen Sie Notizen erstellen, aufwendig bearbeiten, teilen und sowohl am Smartphone als auch am Laptop betrachten können. Wer hier mehr machen möchte, dem sei Microsoft OneNote empfohlen. Für den Einstieg und das bloße Anlegen von einfachen Listen verwenden wir die App *Samsung Notes*. Diese App konnten Sie bereits während der Einrichtung Ihres Smartphones installieren. Sie finden Sie aber auch im Play Store und im Galaxy Store.

Beim ersten Öffnen von **Samsung Notes** werden Sie aufgefordert, alte Notizen über die Samsung Cloud zu synchronisieren. Tippen Sie auf *Jetzt nicht*. Wir gehen davon aus, dass Sie noch keine alten Notizen haben. Als nächstes müssen Sie einen Seitenstil wählen. Wir haben uns für den Seitenstil *Individuelle Seiten* entschieden, d. h. die Notizen bestehen aus getrennten Seiten. Tippen Sie auf *Weiter*. Im nächsten Schritt legen Sie fest, ob Ihre Seitenlänge *Normal* oder *Lang* sein soll, und entscheiden dann noch, ob Sie lieber *Vertikal* oder *Horizontal* wischen möchten, um zwischen den Seiten zu wechseln. Bestätigen Sie Ihre Auswahl mit *Ok*.

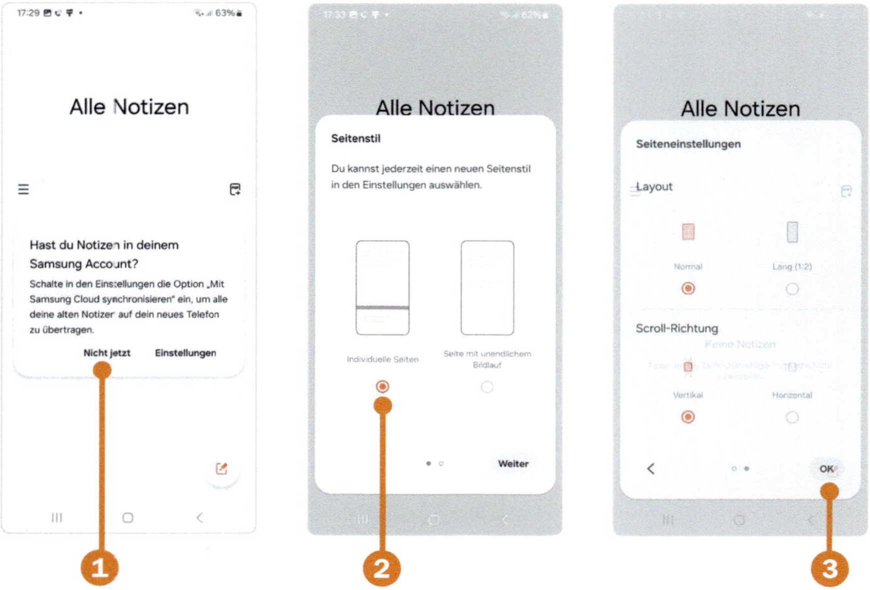

Notiz erstellen

- Öffnen Sie *Samsung Notes* und tippen Sie auf ❶, um eine neue Notiz zu erstellen.
- Tippen Sie ggf. in den Notizenbereich, um die Tastatur anzuzeigen und die Notiz einzutippen. Zu einer neuen Liste können Sie durch Antippen von *Titel* ❷ noch eine Überschrift hinzufügen. Bestätigen Sie den Titel mit *OK* auf der Tastatur.
- Die Notiz wird automatisch gespeichert. Tippen Sie auf die Zurück-Taste (ggf. mehrmals) oder den Zurück-Pfeil ❸, um zur Übersicht zu gelangen.
- Die einzelnen Notizen sind nach Änderungsdatum sortiert. Der vergebene Titel wird unter der Notiz angezeigt.

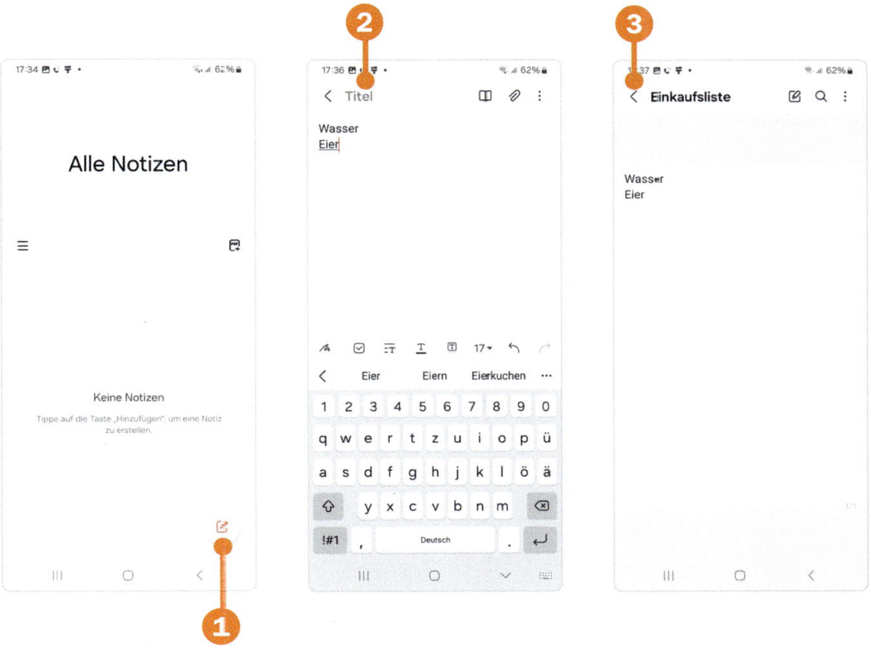

Notiz betrachten, bearbeiten und löschen

Inhalt einer Notiz betrachten: Tippen Sie die Notiz in der Übersicht ❹ an, um deren Inhalt anzuzeigen.

Notiz bearbeiten: Zur Ergänzung einer bestehenden Notiz zeigen Sie deren Inhalt an und tippen dann auf das Stift-Symbol ❺. Die Eingabemarkierung (Cursor) steht vor dem ersten Wort.

- Um eine Liste am Ende weiterzuführen, tippen Sie hinter das letzte Wort. Um in einer neuen Zeile zu beginnen, wählen Sie ↵.
- Mit der Zurück-Taste kehren Sie wieder zur Übersicht zurück.

Notiz löschen: Tippen Sie in der Übersicht länger mit dem Finger auf die zu löschende Notiz. Diese wird dadurch markiert und Sie können unten *Löschen* ❻ auswählen. Bestätigen Sie den Löschvorgang durch Antippen von *In Papierkorb verschieben*.

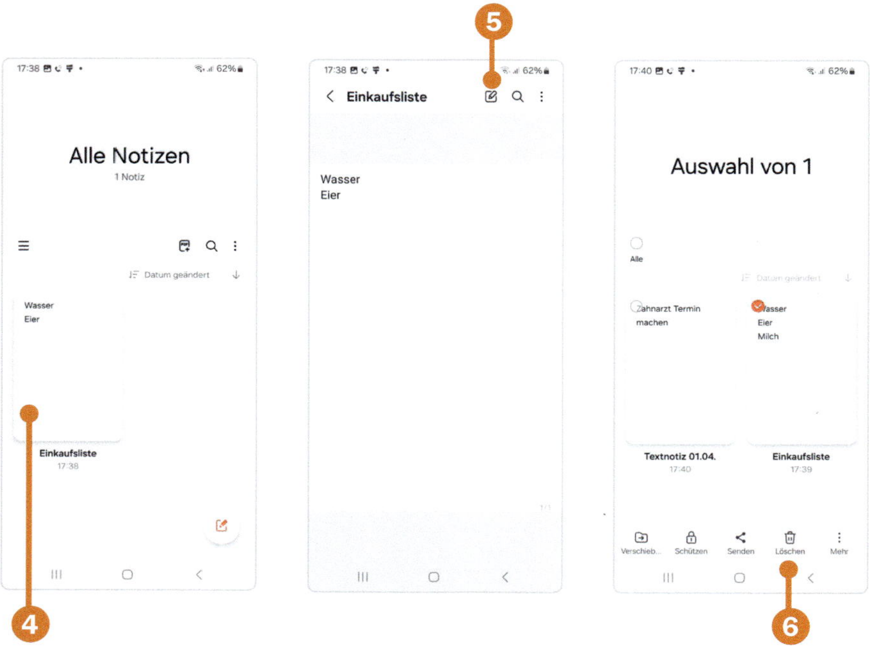

Screenshot erstellen

Ein Screenshot ist ein Foto von Ihrem Smartphone-Bildschirm. Diese Funktion ist praktisch, wenn Sie eine Frage zu einer App haben oder eine Meldung nicht verstehen. Dann machen Sie einfach einen Screenshot. Diesen können Sie, wie ein Foto, an jemanden in Ihrem Familien- oder Bekanntenkreis senden, der vielleicht eine Antwort weiß.

Das nächste nützliche Einsatzgebiet ist, wenn Sie Informationen behalten wollen, die Sie beispielsweise im Netz gefunden haben, etwa ein Rezept. Machen Sie einfach einen Screenshot. Natürlich stellt auch der Browser eine Merkfunktion zur Verfügung, aber der Screenshot ist so einfach und schnell!

- Um einen Screenshot von Ihrem Bildschirminhalt (im Beispiel ein Rezept auf einer Webseite) zu erstellen, tippen Sie gleichzeitig und kurz auf die Leiser-Taste (Lautstärke) und die Funktionstaste.
- Sie sehen, dass es funktioniert hat, wenn auf dem Bildschirm die Bearbeitungsleiste 1 erscheint.

▶ Nach Aufnahme des ersten Screenshot wird in der App *Galerie* im Bereich *Alben* ein neues Album erstellt mit dem Namen *Screenshots* ❷.

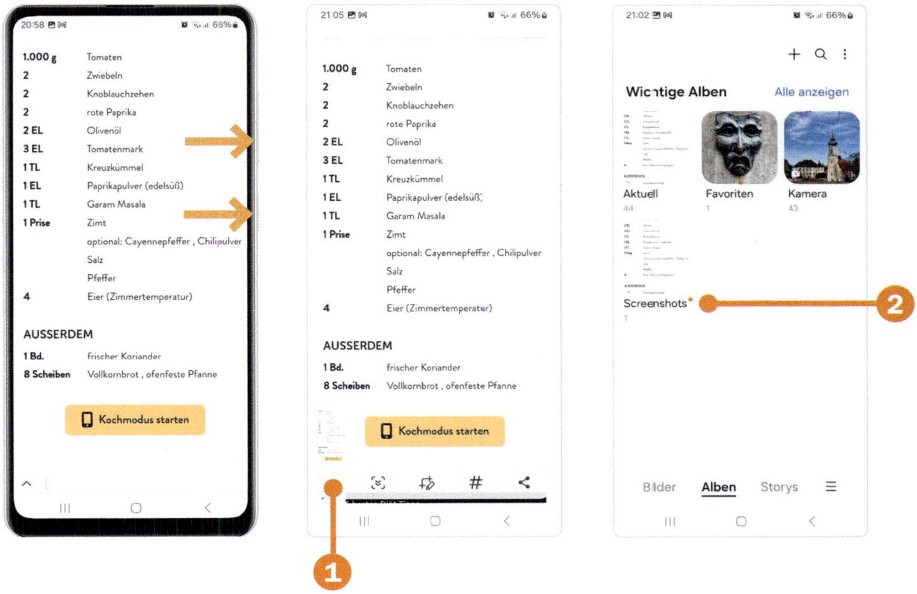

Webseitenadresse wird mit dem Screenshot gespeichert

Wenn Sie von einer Internetseite einen Screenshot erstellt haben, dann wird die Adresse der Seite mit dem Screenshot gespeichert und kann so jederzeit wieder angezeigt werden. Zeigen Sie dazu den Screenshot in der Galerie im Album *Screenshots* an und tippen Sie ggf. einmal auf den Screenshot, um die Bearbeitungsleiste unten einzublenden. Hier finden Sie auch die Schaltfläche *Zur Webseite*. Tippen Sie darauf, um die Internetseite im Browser anzuzeigen.

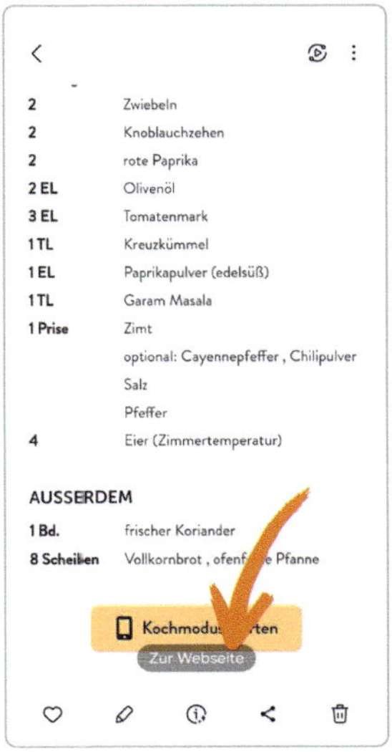

9 Gesucht & Gefunden

Das Internet hält eine Vielzahl an nützlichen Informationen, lustigen Videos, Einkaufsmöglichkeiten u. v. m. bereit. Dieses Kapitel beschäftigt sich mit den Suchfunktionen der App **Google** und dem Videoportal **YouTube**, das Videos zu Musik, Spielen, Filmausschnitte, Sport und Anleitungen zu allen möglichen Themen bietet.

9.1 Im Netz surfen

Google-App verwenden

- Für eine Recherche im Internet können Sie die App *Google* verwenden. Öffnen Sie den Ordner *Google* und wählen Sie *Google* aus. Alternativ tippen Sie im Google-Widget auf das -Symbol. Die App-Google wird angezeigt.

In der Rubrik **Discover** finden Sie die Suchleiste zur Eingabe Ihres Suchbegriffs und darunter eine Zusammenstellung aktueller Nachrichten.

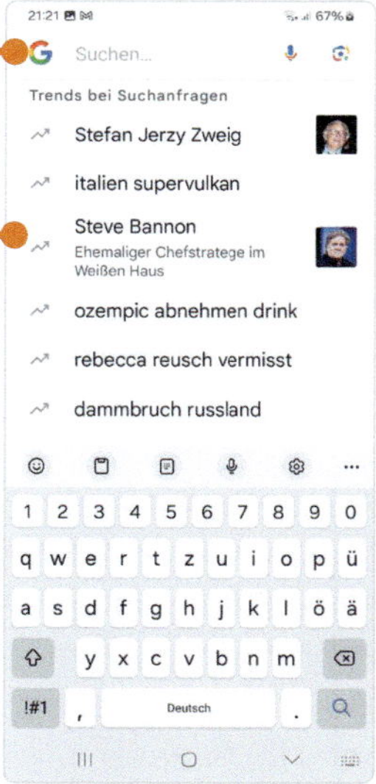

Die Rubrik **Suche** bietet ebenfalls eine Suchleiste und zeigt darunter an, nach was Google-Nutzer in letzter Zeit häufig gesucht haben.

In der Rubrik **Gespeichert** finden Sie gespeicherte Webseiten.

- Für eine Suche muss die Rubrik *Discover* oder *Suche* ausgewählt sein. Geben Sie in der Suchleiste einen Begriff ein, z. B. Wanderwege Bayrischer Wald ❶. Schon nach Eingabe der ersten Buchstaben erscheinen Suchvorschläge zu Ihrem Begriff. Wählen Sie einen aus. Oder schreiben Sie das Wort/die Wörter aus und tippen anschließend auf das Lupen-Symbol 🔍 auf der Tastatur.

- Sie erhalten eine Trefferliste mit einer Vielzahl an Webseiten zu Ihrer Suche. Wählen Sie eine Webseite durch Antippen der blauen Seitenbezeichnung ❷ aus. Sie werden nun zu dieser Webseite weitergeleitet. Bevor Sie den Artikel lesen können, werden Sie aufgefordert die Speicherung von Cookies zu akzeptieren. Mittels der gespeicherten Cookies kann eine Webseite beim nächsten Aufrufen Daten auslesen. Dies können Informationen, wie z. B. benutzte Suchbegriffe, die letzten Einkäufe in einem Webshop oder Ihr Benutzername sein. Cookies können neben sinnvollen Einsatzzwecken auch für Werbezwecke und Datenverfolgung eingesetzt werden. Es gibt notwendige Cookies, denen Sie zustimmen müssen und optionale, deren Zustimmung Sie verweigern können. Mit *Zustimmen* oder einem ähnlichen Begriff akzeptieren Sie meist alle Cookies und mit *Ablehnen* ❸ verhindern Sie optionale Cookies.

> Nach der geltenden DSGVO (Datenschutz-Grundverordnung) der Europäischen Union müssen sich Webseitenbetreiber die Zustimmung der Seitenbesucher einholen, ob und in welchem Umfang sie Cookies nutzen und verwerten dürfen. Dabei geht es auch darum, welche gesammelten Daten an Dritte weitergegeben werden dürfen. Daher werden Sie beim Öffnen einer Webseite (zumindest bei Webseiten aus der EU) gefragt, ob und wie Sie Cookies zulassen wollen. Leider ist diese Abfrage nicht standardisiert und sieht daher meist unterschiedlich aus.

- Wollen Sie wieder zur Auflistung Ihrer Suchergebnisse zurückkehren, tippen Sie auf die Zurück-Taste ‹ . Durch vertikales Wischen über die Trefferliste bzw. über den Webseiteninhalt zeigen Sie weitere Informationen an.

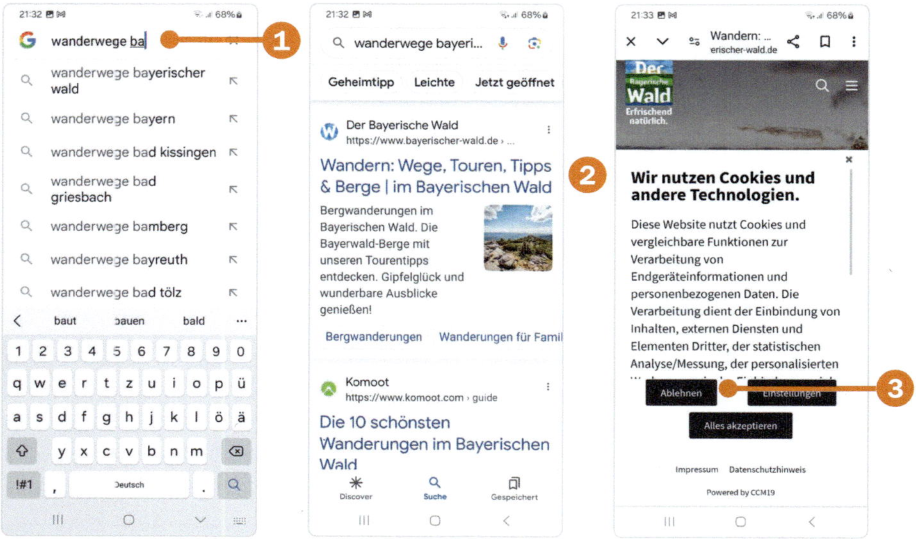

Tipp: *Chrome* von Google ist ein weitverbreiteter Browser. Ein Browser bietet gegenüber der Google App den Vorteil, dass Sie in die Suchleiste eine Internetadresse eintippen und diese direkt aufrufen können. Öffnen Sie *Chrome* und geben Sie in der oberen Suchleiste eine Internetadresse oder einen Suchbegriff ein und tippen auf das Pfeilsymbol auf der Tastatur. Sie können natürlich auch einen anderen Browser installieren und nutzen.

Google-Widget Suchleiste

Mit dem Google-Widget auf dem Startbildschirm können Sie schneller eine Suche starten. Dazu geben Sie in der Suchleiste Ihren Suchbegriff ein und bestätigen mit der Lupe auf der Tastatur. Wenn Sie möchten, können Sie Ihre Suchanfrage auch diktieren. Tippen Sie dazu auf das **Mikrofonsymbol** in der Suchleiste und formulieren Sie Ihre Frage zügig. Es muss kein ganzer Satz sein.

Neben dem Mikrofon können Sie eine weitere Verknüpfung zu einer frei wählbaren Google-Funktion hinzufügen. Tippen Sie hierzu etwas länger auf die Suchleiste und rufen Sie im Kontextmenü die *Einstellungen* auf. Neben Design, Farbe und Transparenz lässt sich hier eine der acht angegebenen Verknüpfungen auswählen und zum Widget hinzufügen.

Suche mit Google Lens

Mit Google Lens können Sie nach allem suchen, was Sie sehen! Nehmen Sie ein Objekt durch den Kamerasucher auf und starten eine Internetrecherche. Damit beantworten Sie ganz leicht Fragen wie: Was für eine Pflanze, Sehenswürdigkeit oder Hunderasse ist das?

▶ Tippen Sie in der Suchleiste auf das Kamera-Symbol .

▶ Bei der ersten Verwendung müssen Sie einige Zugriffsrechte erteilen: Gewähren Sie Zugriff auf die Fotogalerie ❶, wenn Sie nach etwas suchen möchten, dass Sie bereits fotografiert haben. Wenn Sie jetzt etwas aufnehmen möchten (es wird kein Foto geknipst), um danach zu suchen, tippen Sie auf das Kamerasymbol ❷ und dann auf *Kamera öffnen* ❸, anschließend erlauben Sie den Zugriff auf Fotos und Videos *Bei Nutzung der App* ❹.

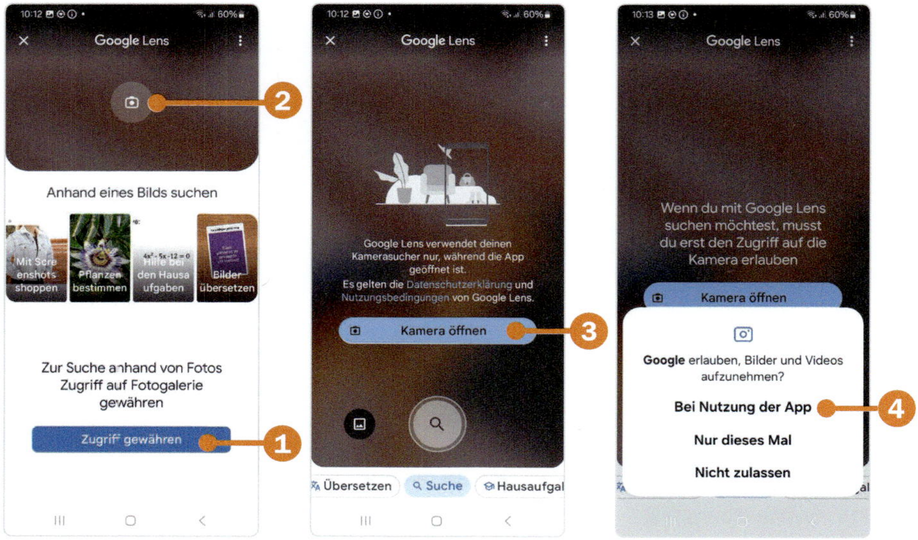

- Nehmen Sie das Objekt ins Visier und drücken Sie den Auslöser 5.
- Nun werden Ihnen im unteren Bereich die Informationen 6 zu dem aufgenommenen Bild angezeigt. Scrollen Sie nach unten, wenn Sie weitere Webseiten dazu anzeigen möchten.

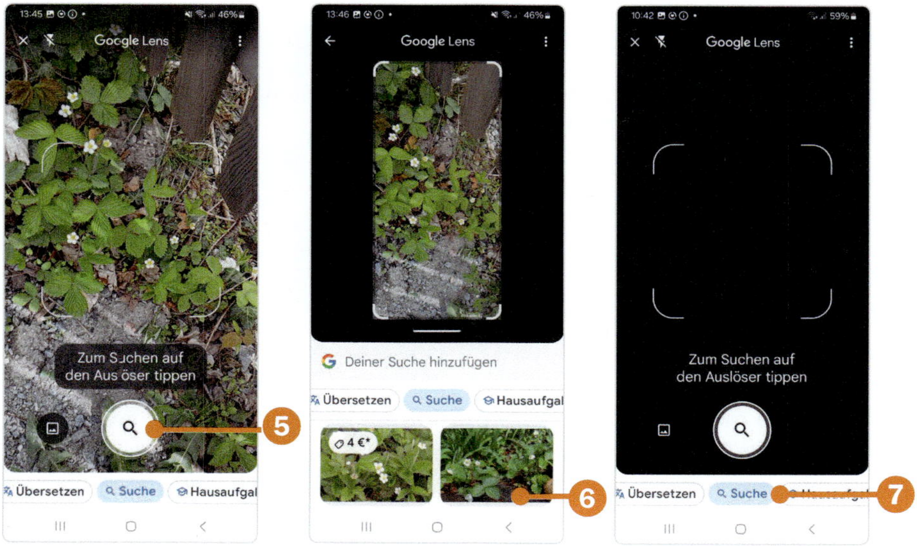

- Bei der nächsten Verwendung von Google Lens ist die *Suche* ⑦ dann bereits ausgewählt und Sie müssen nur noch auf den Auslöser tippen.

Musik erkennen und Texte übersetzen

Ihnen fällt der Titel eines Lieds aus dem Radio nicht ein oder Ihnen geht eine Melodie nicht aus dem Kopf. Dann summen Sie sie einfach vor und lassen Sie Google die Musik erkennen. Tippen Sie auf das Mikrofon in der Google-Suchleiste und dann auf *Musik erkennen* ⑧. Jetzt werden die Töne, ob aus dem Radio oder von Ihnen gesungen, aufgenommen und mit ein bisschen Glück der Titel angezeigt.

Mit Google Lens können Fremdsprachentexte übersetzt werden. Öffnen Sie Google Lens und wählen Sie unten *Übersetzen* ⑨ aus. Halten Sie die Kamera auf den Text. In der Regel wird die Sprache erkannt und der Text auf dem Handy in deutscher Sprache angezeigt. Wird die Sprache nicht erkannt, tippen Sie oben auf Spracherkennung und wählen die Fremdsprache aus.

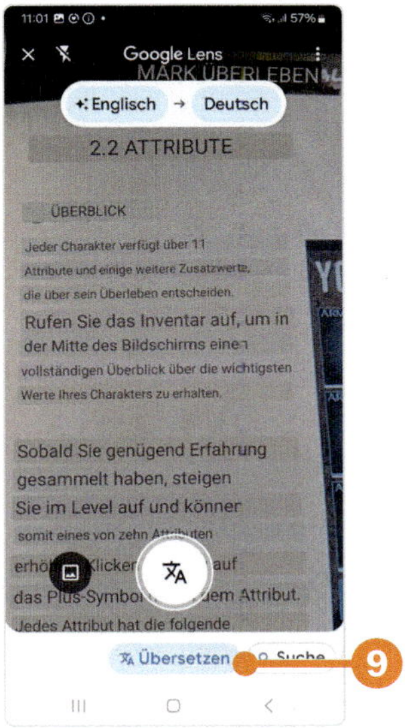

9.2 YouTube - das Videoportal

YouTube enthält alle Arten von Videos - sowohl informative als auch unterhaltende. Hier finden Sie Musikvideos, Tutorials (Anleitungen) zu allen möglichen Themen, Ausschnitte aus TV-Sendungen und vieles mehr. Die YouTube-Inhalte werden nicht auf ihre Richtigkeit überprüft und so kann jeder auch seine ganz persönlichen Ansichten der Welt mitteilen. Der Zuschauer muss selbst entscheiden, was er glauben möchte.

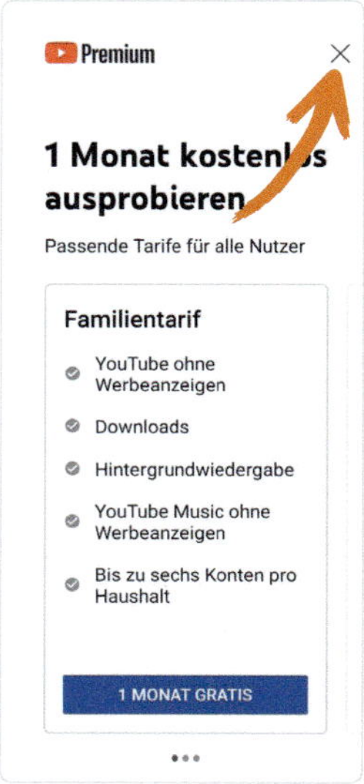

YouTube und auch die Personen (YouTuber, Influencer), die dort Videos hochladen, finanzieren sich durch Werbeeinblendungen. Aus diesem Grund sehen Sie am Anfang eines Videos und zum Teil auch als Videounterbrechung, Werbefilme. Das ist der Preis für das sonst kostenlose Angebot.

YouTube Premium: Während der Nutzung von YouTube wird Ihnen hin und wieder YouTube Premium angeboten. Dieses Angebot kostet nach Ablauf des Testzeitraums 12,99 € im Monat für Einzelpersonen. Dafür wird neben weiterer Vorteile keine Werbung mehr eingeblendet. Tippen Sie auf das *x* oder auf *Schließen*, um auf dieses Angebot zu verzichten.

YouTube starten

Die App ist auf Ihrem Gerät vorinstalliert. YouTube gehört zum Google-Konzern. Aus diesem Grund finden Sie die App im Google-Ordner.

- Öffnen Sie den Google-Ordner durch Antippen und wählen dann die App *YouTube*.
- Beim ersten Öffnen entscheiden Sie, ob YouTube Ihnen Benachrichtigungen schicken darf und ob der Wiedergabeverlauf aktiviert werden soll. Mit aktiviertem Wiedergabeverlauf erhalten Sie aufgrund Ihres bisherigen Sehverhaltens Videoempfehlungen. Diese werden in den Bereichen *Startseite* und *Shorts* angezeigt. Entscheiden Sie sich für *Verlauf deaktiviert lassen* ❶ erhalten Sie keine Vorschläge und müssen nach Videos, die Sie interessieren, suchen. Dafür ist die App übersichtlicher.

Video suchen und abspielen

- Verwenden Sie die Suchleiste ❷ oder tippen Sie rechts oben auf die Lupe 🔍 ❸. Geben Sie Ihren Suchbegriff ein und wählen Sie entweder aus den Vorschlägen ❹ aus oder tippen Sie auf Ihrer Tastatur auf die Lupe rechts unten.

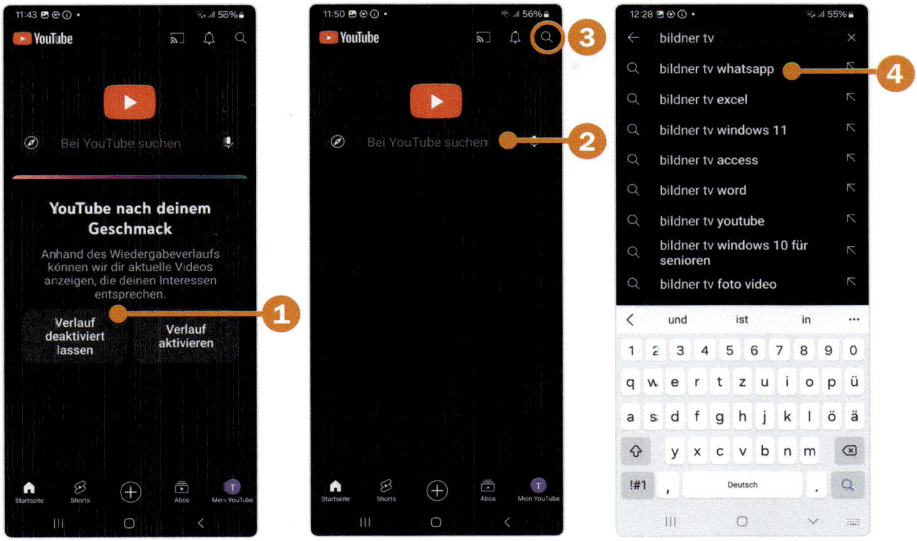

- Blättern Sie durch vertikales Wischen durch die Trefferliste. Wenn Ihnen ein Video zusagt, tippen Sie darauf ❺. Das Video wird sofort gestartet. Vor vielen Videos wird zunächst Werbung eingeblendet. Diese können Sie oft nach fünf Sekunden einfach mit einem Tipp auf *Überspringen* ❻ beenden.
- Falls das ausgewählte Video keinen Ton hat, kontrollieren Sie die Lautstärke durch Drücken der Lautstärketaste rechts am Handy. Dadurch wird an der Seite die Lautstärkeleiste eingeblendet. Allerdings ist auch nicht jedes YouTube-Video mit Ton hinterlegt.
- Wenn Sie das Video pausieren wollen, tippen Sie auf das Videobild und anschließend auf ⏸ ❼. Wieder starten können Sie das Video mit ▶.
- Während das Video oben angezeigt wird, können Sie durch vertikales Wischen in der Trefferliste weiterstöbern. Mit der Zurück-Taste 〈 gelangen Sie wieder zum Suchfeld. Das Video wird nicht beendet,

sondern im unteren Bereich eingeblendet. Um das aktuelle Video zu schließen, tippen Sie auf 8 x.

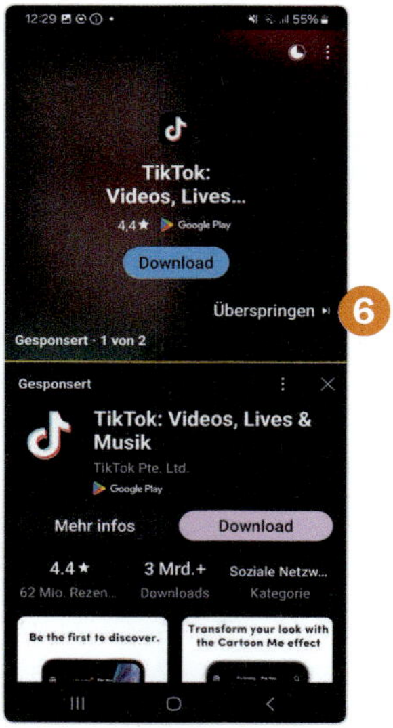

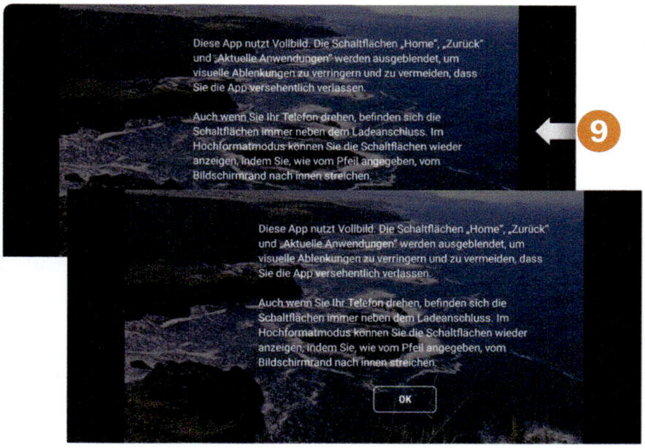

Wenn Sie die YouTube-App schließen, wird auch das Video beendet. Sie können also beispielsweise keine Musik hören und zeitgleich in anderen Apps aktiv sein. Das ist nur mit dem kostenpflichtigen Premium-Konto möglich.

- **Videos im Querformat:** Damit das Video den gesamten Bildschirm ausfüllt, drehen Sie das Smartphone einfach ins Querformat. Das Video wechselt dadurch automatisch in den Vollbildmodus. Wenn Sie das Handy wieder im Hochformat halten, rutscht das Video automatisch ins obere Drittel des Displays zurück.

  Beim ersten Drehen werden Sie darauf hingewiesen, dass die Navigationsleiste abgeblendet wird. Streichen Sie einmal von der Seite nach innen 9 (Abbildung vorige Seite), um die Navigationsleiste anzuzeigen, und tippen Sie dann auf *OK*. Dies passiert nur beim ersten Mal, um Sie auf diesen Umstand hinzuweisen. Wenn die Navigationsleiste nicht angezeigt wird, streichen Sie mit dem Finger vom Rand des Bildschirms nach innen und zwar von der Seite, an der sich die Multifunktionsbuchse für den Anschluss des Ladegeräts befindet.

  Der Bildschirm dreht nicht: Sollte sich der Bildschirm nicht automatisch drehen, gehen Sie so vor: Öffnen Sie die Schnelleinstellungen, indem Sie vom oberen Bildschirmrand mit zwei Fingern nach unten wischen. Suchen Sie die Option *Portrait* 10 und tippen Sie darauf. Dadurch wird *Bildschirm drehen* 11 aktiviert. Über diesen Weg können Sie jederzeit das Drehen des Bildschirms auch wieder verhindern.

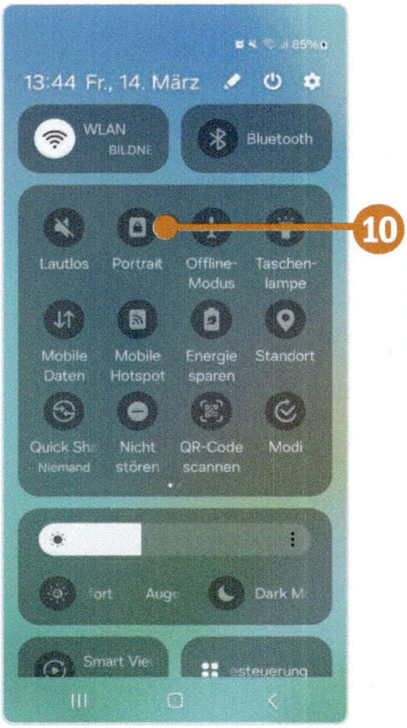

Bildschirm dreht nicht

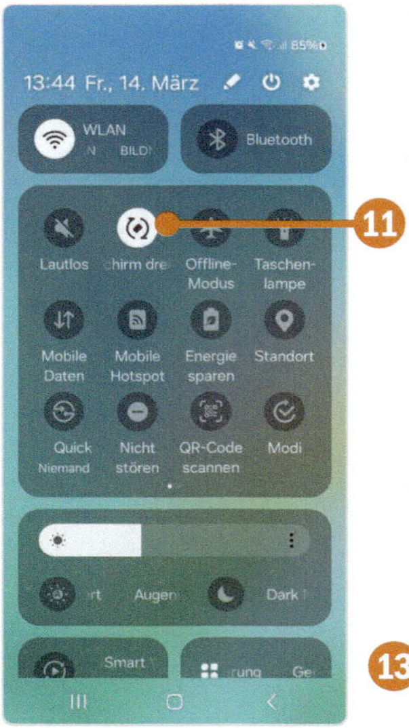

Bildschirm dreht

Wiedergabeverlauf aktivieren

Wer etwas mehr Inspiration benötigt und nicht nur nach Videos suchen möchte, der aktiviert den Wiedergabeverlauf. Dazu tippen Sie auf der Startseite auf *Einstellung aktualisieren* ⑫ (vorige Seite) und dann auf *Aktivieren*. Sollte die Option nicht angezeigt werden, tippen Sie unten rechts in der Bearbeitungsleiste auf *Mein YouTube* und dann bei *Verlauf* auf *Ansehen*. Hier können Sie ebenfalls den Wiedergabeverlauf aktivieren.

Mit aktiven Wiedergabeverlauf erhalten Sie jetzt Videovorschläge in den Rubriken *Startseite* und *Shorts* ⑬, die Sie unten über die Bearbeitungsleiste aufrufen. In der Rubrik *Shorts* wechseln Sie durch vertikales Wischen zwischen Kurzvideos (max. 60 sec). Auf der Startseite stöbern Sie ebenfalls durch vertikales Wischen durch die Videoliste. Am oberen Rand können Sie durch Auswahl eines Filters (*Musik*, *Sketch Comedy*, *Heimwerken*, *Basteln*, etc.) nur Videos zu diesem Thema anzeigen. Durch die Auswahlleiste wischen Sie horizontal. Einen Filter wählen Sie durch antippen aus. Um den Filter wieder zu entfernen, tippen Sie auf *Alle*.

Je mehr Videos Sie in YouTube betrachten, umso besser werden die personalisierten Empfehlungen.

10 Verbindungen herstellen

Das Smartphone lässt sich für verschiedene Zwecke mit unterschiedlichen Geräten verbinden: Über Bluetooth koppeln Sie Geräte, wie die Freisprechanlage im Auto, einen Bluetoothkopfhörer oder Musiklautsprecher. Um im Internet mit dem Smartphone zu surfen, ohne Ihr Datenvolumen zu belasten, benötigen Sie eine Verbindung zum WLAN-Router und mittels USB-Kabel können Bilder vom Handy auf den PC übertragen werden.

10.1 Smartphone mit einem WLAN verbinden

Bei der Ersteinrichtung haben Sie schon eine Verbindung zu Ihrem WLAN Zuhause hergestellt. Sie können sich aber auch bei Freunden, im Hotel, oder unterwegs in öffentlichen Hotspots, mit dem vorhandenen WLAN verbinden.

- Tippen Sie auf *Einstellungen* ⚙ und wählen Sie *Verbindungen* und dann *WLAN* aus. Die WLAN-Funktion muss am Smartphone eingeschaltet sein ❶. Es erscheint eine Liste aller verfügbaren Netzwerke in der Umgebung.
- Tippen Sie das gewünschte WLAN ❷ an. Für den Zugang zu Netzwerken, die mit einem Schloss gekennzeichnet sind, benötigen Sie ein Kennwort. Geben Sie dieses ein und tippen Sie dann auf *Verbinden* ❸. Über das Auge-Symbol können Sie sich das von Ihnen eingetippte Passwort anzeigen lassen. Durch die aktivierte Option *Automatisch erneut verbinden*, wird das Smartphone automatisch wieder mit dem WLAN verbunden, wenn Sie erneut in der Nähe sind.
- WLAN-Netze ohne Schloss-Symbol sind öffentlich. Diese gibt es z. B. in der Bahn, an Flughäfen oder in Einkaufszentren. Hier benötigen Sie kein Kennwort. Sie müssen allerdings meist deren Nutzungsbedingungen akzeptieren. Dazu öffnet sich nach Verbindungsaufbau eine Webseite in Ihrem Browser. Erst dann können Sie das WLAN nutzen.

Achtung! In Hotels oder Ferienwohnungen muss das angebotene WLAN nicht immer kostenlos zur Verfügung stehen. Erkundigen Sie sich, bevor Sie sich verbinden.

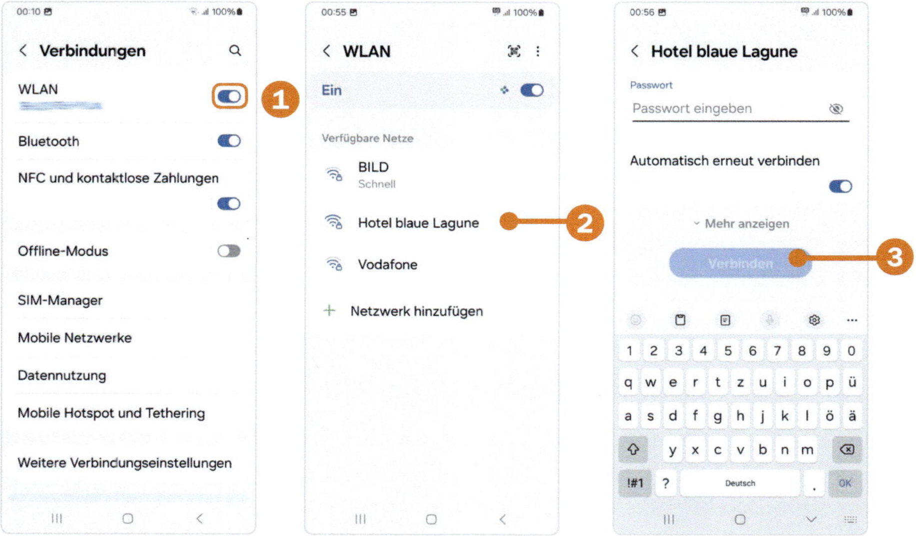

Profitipp: Sicheres WLAN

Öffentliche WLAN-Verbindungen, z. B. in Zügen oder Cafés, sind in der Regel unverschlüsselt, d. h. die übertragenen Daten könnten von Dritten mitgelesen oder manipuliert werden. Aus diesem Grund sollten Sie beispielsweise in einem öffentlichen Netz (Hotspot) kein Online-Banking erledigen.

Mit der Funktion *Sicheres WLAN* werden Ihre Daten verschlüsselt und damit geschützt. Sie benötigen zur Nutzung der Funktion ein Samsung-Konto. Dann werden 1.024 MB Daten pro Monat kostenfrei verschlüsselt. Sie aktivieren die Schutzfunktion vor der Nutzung eines öffentlichen WLANs wie folgt:

- Öffnen Sie *Einstellungen* ▶ *Sicherheit und Datenschutz* ▶ *Weitere Sicherheitseinstellungen* und wählen *Sicheres WLAN*. Tippen Sie auf *Fortsetzen* ❶. Falls hier *Anmelden* steht, sind Sie noch nicht mit Ihrem Samsung-Konto am Smartphone angemeldet.
- Beim ersten Mal müssen Sie den AGBs zustimmen und die Berechtigung für den Gerätestandort erteilen. Tippen Sie nochmals auf *Fortfahren*.
- Durch Antippen von *Schützen* ❷ aktivieren Sie die Verschlüsselung Ihrer Daten. Da ja nur ein begrenztes Datenvolumen pro Monat kostenlos zur Verfügung steht, sollten Sie, wenn Sie das öffentliche WLAN (Hotspot) nicht mehr nutzen, durch Antippen von *Anhalten* ❸, auch den Schutz beenden. Hier sehen Sie, wie viel *Datenvolumen* ❹ Ihnen noch kostenlos zur Verfügung steht.

- Sie sollten auch darauf verzichten, dass sich der Schutz automatisch aktiviert, da Sie ja nur ein begrenztes Datenvolumen zur Verfügung haben. Tippen Sie auf *Jetzt nicht* ❺.

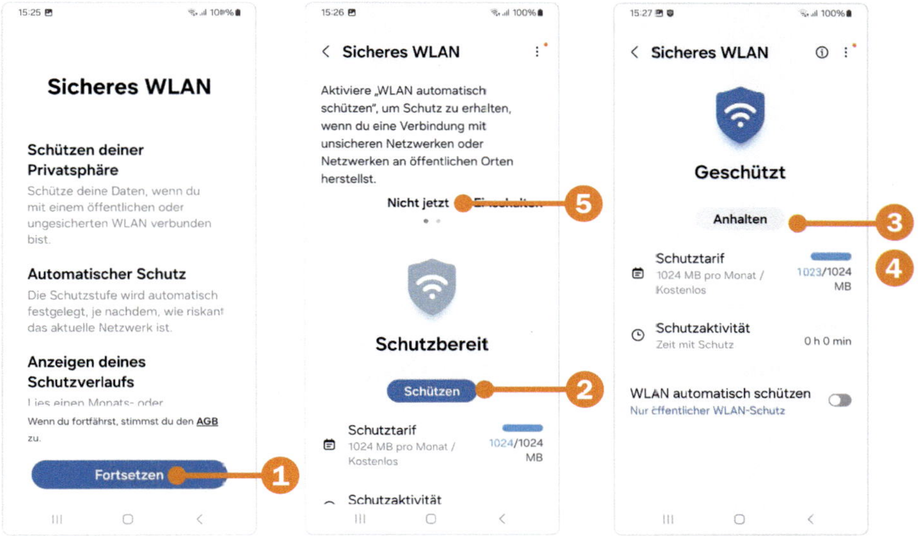

10.2 Smartphone mit dem PC verbinden

Das Smartphone lässt sich ganz einfach mit dem PC verbinden. Dazu brauchen Sie nur ein USB-Kabel, das Sie in der Regel in der Verpackung Ihres Smartphones finden. Gründe für eine Verbindung zum PC könnten sein:

- **Speicher aufräumen:** Wenn der Smartphonespeicher voll ist, sollte man vor allem Medien, wie Fotos oder Videos, vom Smartphone löschen. Damit diese aber nicht ganz verloren sind, kann man sie vorher auf den PC übertragen.
- **Sicherungskopien erstellen:** Fotos, Videos oder andere Dateien können zur Sicherheit auf den PC kopiert werden, vor allem wenn man keinen Cloud-Speicher verwenden möchte. So sind die wichtigsten Daten vorhanden, sollten

Sie das Gerät verlieren oder Ihr Smartphone plötzlich nicht mehr funktionieren.

- **Musik kopieren:** Wer nicht auf Musik-Streaming-Dienste, z. B. YouTube oder Spotify, zurückgreifen möchte, kann sich Musikstücke vom PC auf das Smartphone kopieren, um sie dann ohne Werbeunterbrechungen oder zusätzliche Kosten anzuhören.
- **Lokales Back-up speichern:** Um alle Daten, z. B. Dateien, SMS, Kontakte, Termine etc., die sich auf dem Smartphone befinden, zu sichern, sollten Sie regelmäßige Back-ups machen. Dazu muss nur die kostenlose Software Smart Switch auf den PC geladen werden.

Bilder auf den PC übertragen

1 Verbinden Sie das Smartphone mit dem mitgelieferten Kabel über den USB-Port mit Ihrem PC oder Laptop. Wir setzen hier voraus, dass Sie mit einem Windows11-Gerät arbeiten. Entsperren Sie Ihr Smartphone.

2 Erlauben Sie am Smartphone den Zugriff auf die Daten. Tippen Sie auf *Zulassen*.

3 Öffnen Sie am PC den Datei-Explorer und klicken Sie links im Navigationsbereich unter Dieser PC auf Galaxy A34 5G. Dadurch wird der Interne Speicher des Handys rechts angezeigt. Klicken Sie diesen doppelt an, um dessen Inhalt anzuzeigen.

- **Kopieren von Handy-Fotos auf den PC:** Klicken Sie den Ordner *DCIM* ❶ doppelt an und dann den Ordner *Camera*. Hier werden alle Fotos angezeigt, die Sie mit dem Smartphone geknipst haben. Bilder, die Sie über WhatsApp erhalten haben, sind nicht in diesem Ordner.
- **Kopieren von Musikdateien auf das Smartphone:** Wenn Sie Musik auf Ihrem PC oder Laptop gespeichert haben, die Sie gerne auch auf dem Handy hören möchten, dann kopieren Sie die Daten in den Ordner *Music* ❷.

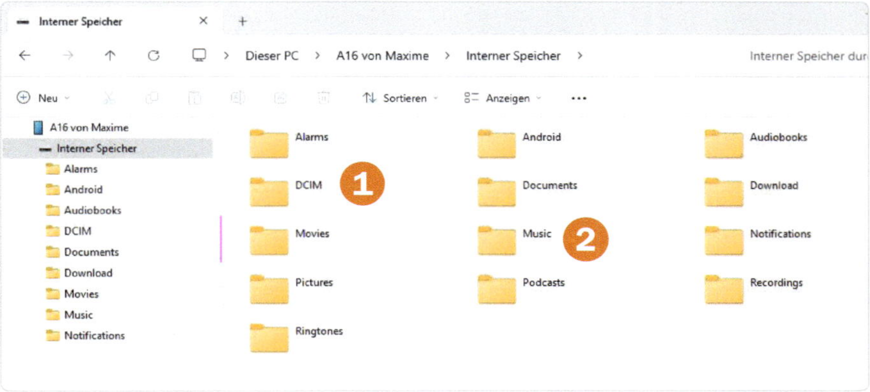

10.3 Zubehör über Bluetooth koppeln

Bluetooth ist eine Methode zur Datenübertragung via Funk zwischen zwei Geräten, die nicht weiter als zehn Meter voneinander entfernt sind. Damit können Sie verschiedene Geräte kabellos miteinander verbinden, beispielsweise Ihr Smartphone mit Bluetoothkopfhörern oder einem -lautsprecher, um Musik vom Handy zu übertragen.

So verbinden Sie ein Gerät via Bluetooth

- Öffnen Sie *Einstellungen* ▶ *Verbindungen* ▶ *Bluetooth*. Schalten Sie Bluetooth ggfs. ein ❶.
- Es wird nun nach Geräten gescannt, die sich in der Nähe befinden und eine Liste mit *Verfügbaren Geräten* angezeigt. Falls Ihres nicht dabei ist, tippen Sie nochmals auf *Scannen* rechts oben. Das Gerät, welches Sie verbinden möchten, muss sich im Kopplungsmodus befinden, d. h. beispielsweise, dass der Bluetoothlautsprecher eingeschaltet ist, das Ladeetui der Kopfhörer muss geöffnet sein, etc.
- Tippen Sie auf das gewünschte Gerät ❷, um dieses mit Ihrem Smartphone zu koppeln. Bestätigen Sie mit *Verbinden* oder *Koppeln* ❸. Wenn Sie ein Samsung-Geräte koppeln wird die App Wearable angezeigt. Diese stellt zusätzliche Funktionen für das Gerät zur Verfügung und organisiert auch die Updates.

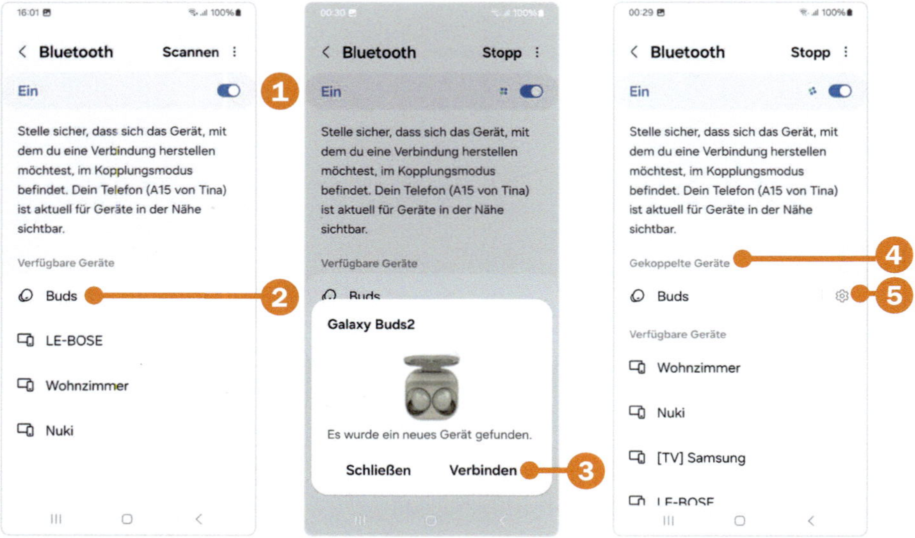

Grundsätzlich bleiben alle Geräte, die in Verwendung sind, gekoppelt. Sie schalten das Gerät nur ab oder legen die Ohrhörer in das Etui zurück. Beim nächsten Gebrauch eines gekoppelten Geräts ❹, muss nur Bluetooth aktiviert sein und das Gerät eingeschaltet sein, dann wird es automatisch verbunden.

Gerät entkoppeln

Die Verbindung entkoppeln Sie beispielsweise, wenn das Gerät entsorgt oder verschenkt wird. Durch die Entkopplung wird es aus der Liste der *Verfügbaren Geräte* entfernt.

Dazu tippen Sie auf das Zahnrad ⚙ neben dem Gerätenamen und wählen *Entkoppeln* und bestätigen nochmals mit *Entkoppeln* ❺. Mit *Trennen* unterbrechen Sie die Bluetoothverbindung zum Gerät. Dieses bleit aber verfügbar und kann jederzeit wieder verbunden werden.

11 Unterwegs und im Urlaub

11.1 Navigation mit Google Maps

Google Maps ist auf Ihrem Handy vorinstalliert, kostenlos und absolut ausreichend, wenn Sie bei der Navigation zu Fuß oder im Auto Unterstützung benötigen. Die App berechnet die beste Route zu Ihrem Wunschziel und achtet dabei sogar auf die aktuelle Verkehrslage. Damit das funktioniert, müssen Sie Google erlauben Ihren Standort zu ermitteln.

☛ Öffnen Sie *Maps* im Ordner *Google* auf Ihrer Startseite.

- Kontrollieren Sie in den Schnelleinstellungen, ob die **Standortermittlung** auf Ihrem Smartphone aktiviert ist: Wischen Sie mit dem Finger vom oberen Bildschirmrand zweimal nach unten (oder einmal mit zwei Fingern) und überprüfen Sie, ob der Zugriff auf den *Standort* ❶ aktiviert ist. Falls nicht, tippen Sie das Symbol an.
- **Maps erlauben, den Gerätestandort abzurufen:** Jetzt müssen Sie noch sicherstellen, dass Maps die Berechtigung hat, auf Standortinformationen zuzugreifen (siehe Seite 74). Beim Antippen von ⊙ wird Ihr aktueller Standort auf der Karte angezeigt.

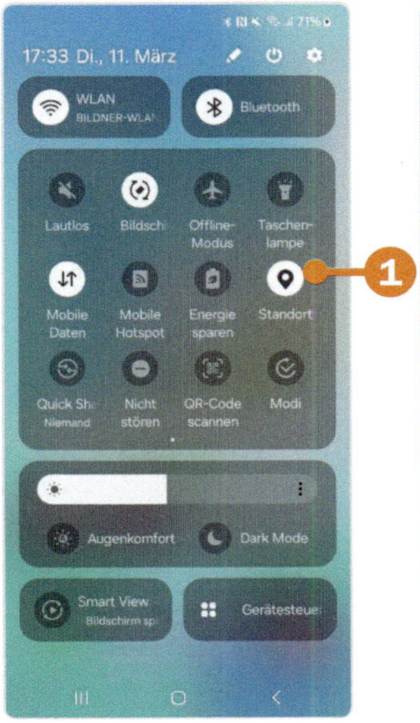

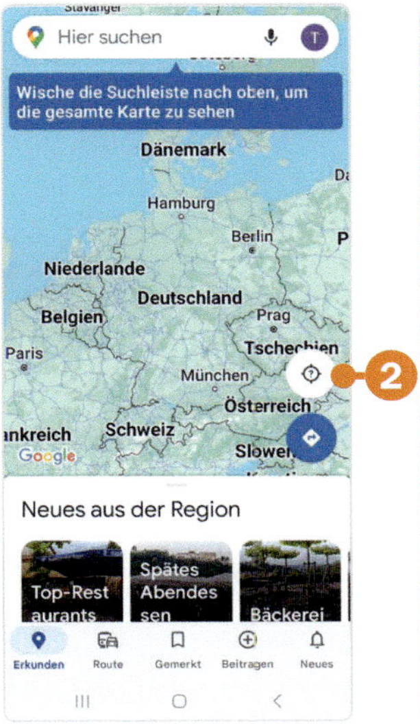

- Wird dieses Symbol ⌖ ❷ (Abbildung vorige Seite) angezeigt, erhalten Sie beim Antippen eine Zugriffsabfrage, da Google Maps nicht die erforderliche Berechtigung hat. Wählen Sie dann die Option *Genau* ❸ und *Bei Nutzung der App*. Außerdem möchte Google, dass Sie die **Google Standortdienste** nutzen. Bestätigen Sie mit *Ok*, andernfalls können Sie Maps nicht verwenden.

Eine Route festlegen

▶ **Ziel auswählen:** Geben Sie in der Suchleiste ❶ (siehe nächste Seite) die Zieladresse ein. Beginnen Sie mit der Straße, dann die Hausnummer gefolgt vom Ort. Tippen Sie auf die Lupe auf der Tastatur, um den gesuchten Ort auf der Karte anzuzeigen. Meist müssen Sie gar nicht alles eingeben, da Sie in der Trefferliste schon passende Vorschläge erhalten. Tippen Sie diesen dann an.

Bei langen Straßen ist es sinnvoll, die Hausnummer einzugeben. Wenn Sie einen Vorschlag verwenden möchten, tippen Sie bei diesem auf *Hausnummer hinzufügen* ❷. Der Vorschlag wird ins Suchfeld übernommen und Sie können dann sofort die Hausnummer eintippen. Danach verwenden Sie wieder das Lupen-Symbol auf der Tastatur.

▶ **Route bestimmen:** Tippen Sie links unten auf *Route* ❸. Google Maps zeigt Ihnen die schnellste Route unter Berücksichtigung der Verkehrslage in blauer Farbe an. Der Kartenausschnitt beinhaltet mehrere Routen (alternative Routen sind grau dargestellt). Wählen Sie eine andere Route aus, indem Sie auf diese tippen. Unten sehen Sie für die ausgewählte Route die zu fahrenden (Kilo-)Meter und die aktuelle Fahrzeit ❹.

▶ **Wie bin ich unterwegs?** Zur Bestimmung der besten Route ist natürlich auch wichtig, ob Sie mit dem Auto, dem Fahrrad oder gar zu Fuß unterwegs sind. Zur Auswahl des Verkehrsmittels tippen Sie das passende Symbol ❺ an; das kann selbstverständlich die Streckenführung beeinflussen.

▶ **Startpunkt manuell festlegen:** Durch die Standortfreigabe ermittelt Maps Ihre aktuelle Position und zeigt die Route beginnend bei Ihrem aktuellen Standort an. Falls das nicht so ist, könnte Google unter Umständen die Berechtigung für den Standort fehlen (siehe Seite 74). Natürlich kann auch ein anderer Startpunkt gewählt werden. Tippen Sie auf *Mein Standort* ❻ und geben Sie einen anderen Ort ein.

- **Navigation beginnen und beenden:** Mit der Schaltfläche *Starten* ❽ beginnen Sie die Navigation. Neben der Anzeige am Bildschirm ertönt dann auch eine Stimme, die die Abzweigungen rechtzeitig und mehrfach nennt. Eventuell müssen Sie die Lautstärke am Smartphone anpassen. Zum Abbrechen der Navigation tippen Sie unten links auf *x*.

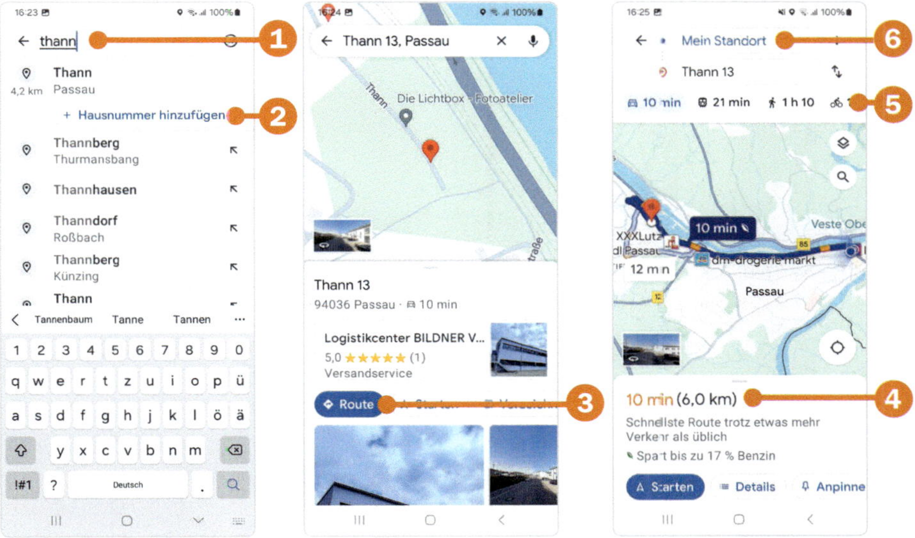

Offlinewegbeschreibungen

Bei Verbindungsproblemen und vor allem im Urlaub sind Offlinekarten toll. Damit laden Sie die Wegbeschreibung einfach auf Ihr Smartphone und sind damit unabhängig.

- **Kartenausschnitt herunterladen:** Geben Sie einen Ort ein, für den und dessen Umgebung Sie eine Offlinekarte benötigen. Tippen Sie unten auf den Bereich mit dem Ortsnamen ❶. Anschließend tippen Sie rechts oben auf ⋮ ❷ und wählen hier *Offlinekarte herunterladen*.

  Sie können jetzt mit dem Finger den Kartenausschnitt verschieben, um andere Orte einzubeziehen. Außerdem können Sie den angezeigten Bereich etwas kleiner zoomen (Daumen und Zeigefinger auf der Karte aufeinander zu bewegen), um weitere Gebiete in den Download aufzunehmen. Dieser wird dadurch größer. Wie viele Megabyte (MB) heruntergeladen werden, sehen Sie unten. Bestätigen Sie den Download nochmals mit *Herunterladen* ❸.

- Die Offlinekarte wird automatisch verwendet, wenn Sie über keine Internetverbindung verfügen. In diesem Fall erhalten Sie keine Informationen zur Verkehrslage und auch keine zu Fahrrad- oder Fußwegen.

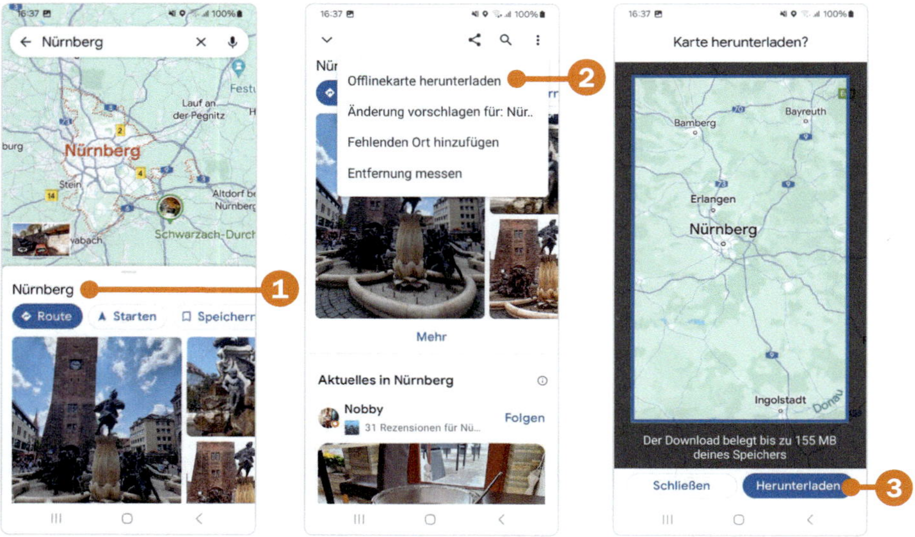

- **Offlinekarte verwalten:** Sie finden die Offlinekarten, wenn Sie in Maps rechts oben auf Ihr Profilsymbol ❹ tippen.
- Wählen Sie im Menü *Offlinekarten* ❺ aus.
- Um eine heruntergeladene Karte zu aktualisieren, zu löschen, umzubenennen oder anzuschauen, tippen Sie auf das Drei-Punkte-Symbol ❻ hinter der heruntergeladenen Karte und wählen den entsprechenden Befehl aus. Heruntergeladene Karten sind 365 Tage lang offline verfügbar. Wenn sie aktualisiert werden, beginnt die Frist von neuem zu laufen. Karten die Sie verwenden, werden automatisch bei bestehendem WLAN aktualisiert.
- Durch Antippen von *Lokal* laden Sie eine Karte Ihres aktuellen Standorts herunter.

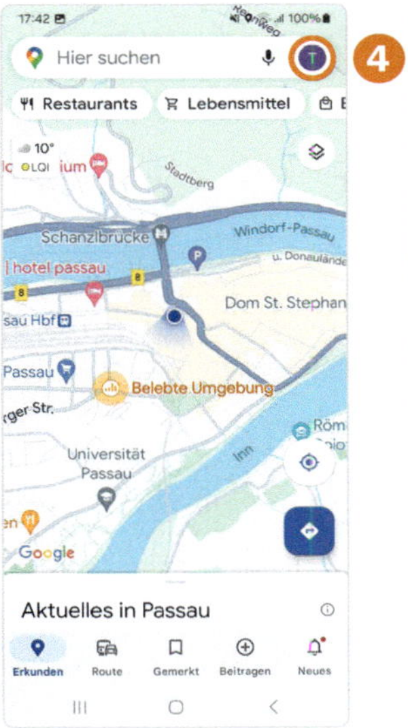

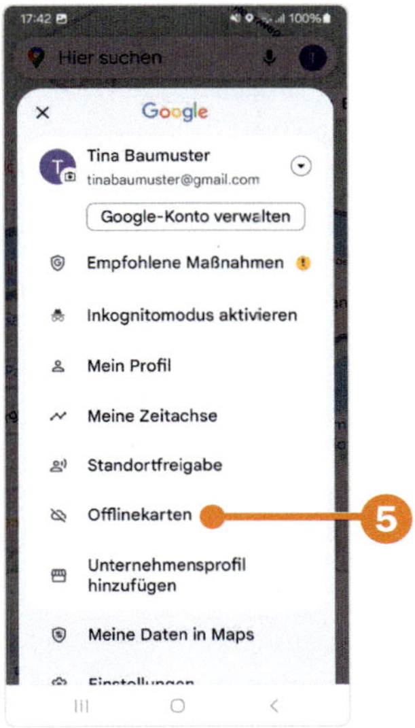

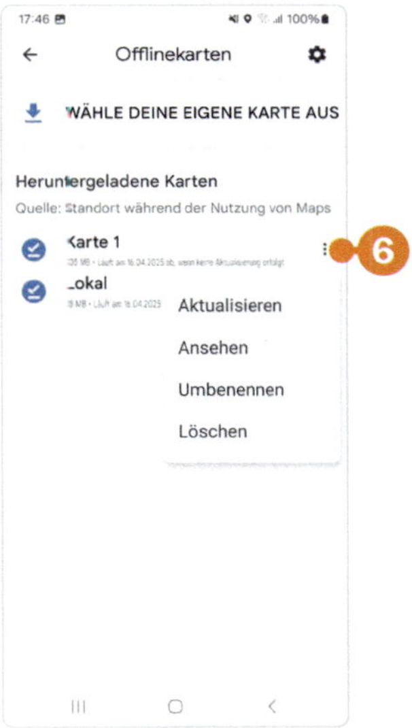

11.2 Mit der Bahn verreisen

Für eine Reiseauskunft muss man nicht immer zum Bahnhof. Sie können die Informationen schnell im Internet nachschlagen. Wer öfter mit der Bahn verreist, kann auch die App der Deutschen Bahn herunterladen.

- Geben Sie, wie auf Seite 156 beschrieben, den Suchbegriff *Bahn* in die Google-Suchleiste ein und öffnen Sie die Webseite.
- Auf der Startseite sehen Sie sofort die Reiseeingabefelder (Abfahrts- und Ankunftsort, Datum und Uhrzeit). Geben Sie in die Felder die entsprechenden Details ein ❶. Start- und Zielbahnhof, Datum und Uhrzeit, Anzahl der Reisenden, Erwachsene oder Kinder, Bahncard-Auswahl, etc. Wählen Sie das Passende aus.
- Bestätigen Sie Ihre Eingaben mit *Suchen* ❷.
- Es wird eine Liste mit verschiedenen Abfahrten angezeigt. Tippen Sie auf *Früher* ❸ oder *Später*, um sich Informationen von vorherigen bzw. kommenden Abfahrten anzeigen zu lassen.

- Wenn Sie auf *Details einblenden* ❹ tippen, werden Ihnen weitere Informationen angezeigt. Über *Zwischenhalte einblenden* sehen Sie, wo und wann der Zug auf der Strecke hält.

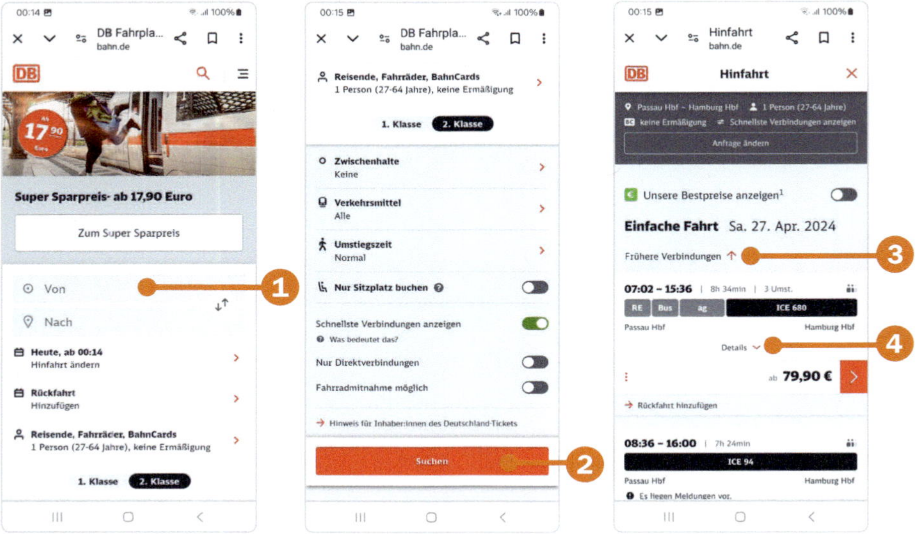

11.3 Das sollten Sie im Ausland beachten

Das Smartphone ist natürlich auch im Urlaub ein wertvoller Begleiter. Allerdings kann es, wenn Sie Ihr Smartphone im Ausland (im Besonderen außerhalb der EU) so verwenden wie Zuhause, schnell teuer werden. Hier gibt es einiges zu beachten.

Überlegen Sie sich vor Reiseantritt, über Google Maps eine Offlinekarte der Region herunterzuladen. Stöbern Sie im Play Store, ob es für das Urlaubsziel Apps zu Sehenswürdigkeiten, Wanderwegen oder Busnetzen gibt. Vielleicht benötigen Sie auch einen Währungsumrechner. Apps, die Sie für den Urlaub herunterladen, sollten nach Möglichkeit auch offline, also ohne Verbindung zum Internet, verwendbar sein. Das ist natürlich nicht immer möglich.

Was ist mit Roaming oder Daten-Roaming gemeint?

Wenn Sie ins Ausland reisen, verbindet sich Ihr Smartphone mit dem ausländischen Mobilfunknetz. Da Sie auf der Grundlage Ihres Vertrags in der Regel nur für die Nutzung des Mobilfunknetzes Ihres Anbieters bezahlen, fallen für die Verwendung des fremden Netzes zusätzliche Gebühren an, z. B. für Anrufe, die Sie erhalten oder tätigen, für das Surfen im Internet mit dem Smartphone oder für das Versenden von Nachrichten in WhatsApp.

Eine Möglichkeit, wie Sie diesen sogenannten Roaming-Gebühren im Ausland entgehen können, ist, das Smartphone nur zu nutzen, wenn dieses mit einem WLAN (z. B. das WLAN des Hotels) verbunden ist. Durch die EU-Roaming-Verordnung von 2017 soll mit diesen Zusatzkosten zumindest im EU-Ausland Schluss sein. Die Idee ist, dass Sie im EU-Ausland telefonieren, surfen oder Nachrichten verschicken und dabei nur den Tarif bezahlen, den Sie im Heimatland bezahlen würden. Welche Regelung genau für Ihren Vertrag gelten, müssen Sie vor Reiseantritt mit Ihrem Anbieter oder durch Durchsicht Ihres Vertrags klären. Verlassen Sie sich nicht pauschal darauf, dass keine Roaming-Gebühren entstehen.

Die Mailbox - also der Anrufbeantworter Ihres Smartphones - sollte vor Reiseantritt ebenfalls deaktiviert werden. Auch das kann zusätzliche Kosten verursachen. Erkundigen Sie sich auch hier bei Ihrem Mobilfunkanbieter.

Eine Kreuzfahrt, die ist lustig Aber Achtung! Auf Schiffen oder in Flugzeugen gilt die EU-Roaming-Verordnung nicht. Hier können hohe Roaming-Gebühren anfallen. Auch das WLAN auf einem Kreuzfahrtschiff oder im Flugzeug kostet in der Regel extra.

Daten-Roaming aktivieren bzw. deaktivieren

Überprüfen Sie vor Antritt einer Auslandsreise ins Nicht-EU-Ausland, ob das Daten-Roaming ausgeschaltet ist. Bei ausgeschaltetem Daten-Roaming können Sie nicht im Internet surfen und erhalten auch keine WhatsApp-Nachrichten.

Im EU-Ausland können Sie das Daten-Roaming in der Regel aktivieren. Sie erhalten von Ihrem Anbieter eine entsprechende SMS, die Sie über die geltenden Regelungen informiert. Besonders aufmerksam sollten Sie bei Reisen nach Großbritannien sein. Nach dem Brexit gehört es nicht mehr zur EU, wird aber netterweise von manchen Anbietern noch so behandelt; von anderen allerdings nicht und es entstehen Zusatzkosten.

- Öffnen Sie die *Einstellungen* und tippen Sie auf *Verbindungen* ❶.
- Wählen Sie dann *Mobile Netzwerke* ❷ aus.
- Ganz oben finden Sie nun Daten-Roaming. Im Bild rechts ist das Daten-Roaming ausgeschaltet ❸.

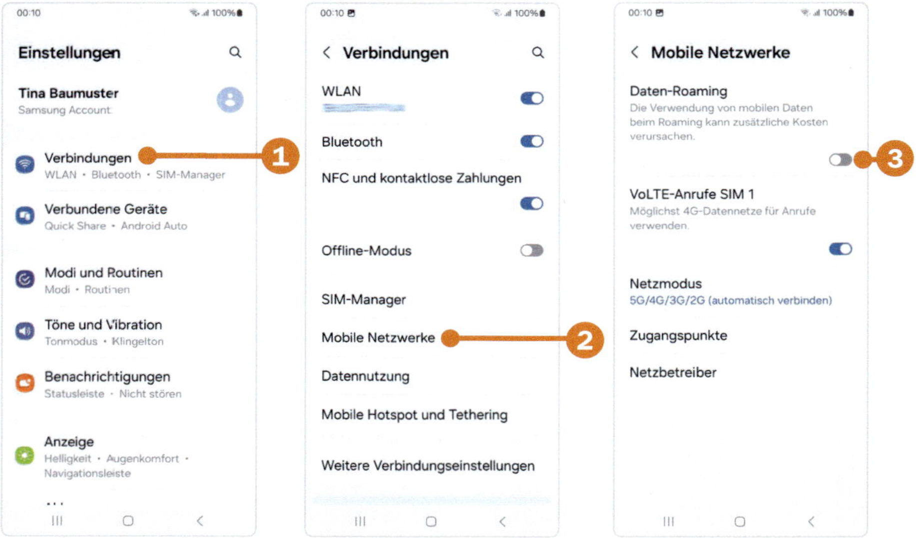

- Wenn Sie das Daten-Roaming einschalten möchten, tippen Sie auf den Regler.

Offlinemodus

Im Offlinemodus, auch Flugmodus genannt, sind mobile Daten, WLAN und Bluetooth ausgeschaltet. Sie sind telefonisch nicht erreichbar und erhalten auch keine SMS oder WhatsApp-Nachrichten. Natürlich können Sie auch nicht im Internet surfen.

- Öffnen Sie die Schnelleinstellungen und tippen Sie auf Offlinemodus ❶. Das Feld wird weiß und ist somit aktiv ❷.

Sie sehen auch, dass der Flugmodus aktiv ist, am Flugzeugsymbol in der Statusleiste. Auf demselben Weg schalten Sie den Modus auch wieder aus.

Tipp! Sie können nach Einschalten des Offlinemodus die Option *Bluetooth* ❸ durch Antippen wieder aktivieren, falls Sie mit einem Bluetoothkopfhörer Musik über das Smartphone hören möchten.

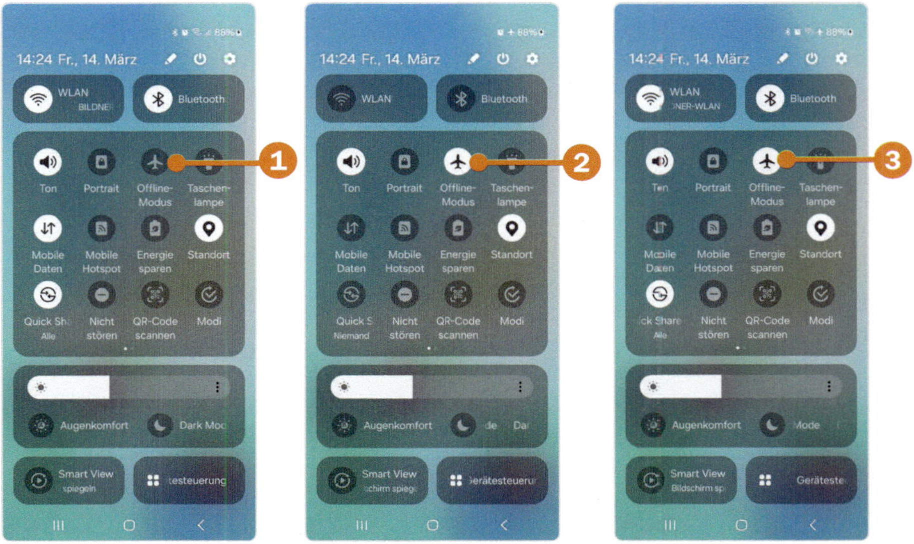

12 Back-up und Daten übertragen

Der Umzug von einem Smartphone auf das nächste ist vielleicht ganz schnell geschehen. Manchmal treten Probleme auf und man muss sich überlegen, wie man zuverlässig alle Daten von einem auf das andere Smartphone übertragen kann. Den einen Weg gibt es nicht, da zu viele Faktoren in den Übertragungsprozess hineinspielen, z. B. Handymodell, installierte Apps, welche Daten werden synchronisiert usw. Wir zeigen Ihnen, wie Sie die Daten mit Samsung Switch übertragen. Das hat für uns immer gut funktioniert. Dennoch sollten Sie vorher einige Sicherungen einbauen:

Vorbereitung

- Jetzt ist ein guter Zeitpunkt, Ihr altes Smartphone aufzuräumen. Deinstallieren und löschen Sie, was nicht mehr benötigen.
- Kopieren Sie Daten, wie Musik oder Fotos, via Datenkabel auf Ihren PC, wie auf Seite 168 beschrieben.
- Falls nicht vorhanden, erstellen Sie eine Liste aller verwendeten Konten mit E-Mail-Adresse und Kennwort: allen voran natürlich das Google-Konto und ggf. das Samsung-Konto, aber auch alle Cloud-Speicher, die Sie in Gebrauch haben, das Amazon-Konto, etc. Gehen Sie Ihre Apps durch und verifizieren Sie, dass Sie für jede App, bei der Sie sich angemeldet haben, auch die Zugangsdaten vorliegen. Falls Ihnen jetzt auffällt, dass Ihnen Kennwörter fehlen, ist es leichter, solange noch alle Konten verbunden sind, ein neues Kennwort zu beantragen.
- Erstellen Sie Back-ups wo möglich. Die Inhalte von WhatsApp können beispielsweise auf Google Drive gesichert werden und so ganz leicht auf das neue Smartphone übertragen werden. Ihre Kontaktdaten werden wahrscheinlich mit dem Gmail-Konto synchronisiert usw.
- Erstellen Sie Screenshots (siehe Seite 152) von Ihren Start- und App-Bildschirmen und übertragen Sie diese ebenfalls auf Ihren PC. So haben Sie eine Vorlage, falls etwas schief geht.
- Haben Sie eine Push-TAN-App Ihrer Bank auf dem Smartphone sollten Sie sich vorher erkundigen, wie diese auf ein neues Handy umziehen kann. Es kann sein, dass Sie die App vom alten Handy abmelden müssen.

Back-up

Ein Back-up, also die Sicherung Ihrer Daten auf einem externen Speicher, ist immer sinnvoll, nicht nur beim Wechsel des Smartphones. So haben Sie Zugriff auf Ihren Daten, auch wenn Sie Ihr Smartphone verlieren oder dieses kaputt geht. Am einfachsten ist die Nutzung eines Cloud-Speichers für die Sicherung, wie die Samsung-Cloud oder Google Drive. Dieser Online-Speicherplatz mit einer Größe von 15 GB wird Ihnen kostenlos zur Verfügung gestellt. Hier wird auch das Back-up von WhatsApp gespeichert, was mit der Zeit sehr viel Platz einnehmen kann. Eine kostenpflichtige Erweiterung ist möglich.

Für die Sicherung in Google Drive ist in den *Einstellungen* ▶ *Konten und Sicherung* ▶ *Sichern von Daten (Rubrik Google Drive)* ❶ bereits das Google-Konto hinterlegt. Die Sicherung auf Google Drive haben Sie vielleicht bei der Einrichtung des Handys schon erlaubt. Falls nicht, tippen Sie jetzt auf den Schalter bei *Google One-Back-up* ❷. Durch Antippen von *Jetzt sichern* ❸ können Sie jederzeit eine Sicherung anstoßen. Achten Sie darauf, dass der Schalter ❹ bei *Sicherung über mobile Daten* ausgeschaltet ist. Oben sehen Sie wie viel Speicherplatz ❺ bereits belegt ist.

Soll ich auch meine Fotos und Videos sichern?

Die Antwort lautet natürlich „Ja", an den Fotos hängt man ja oft am meisten. Allerdings nehmen sie auch oft den größten Teil des Speichers ein. Deshalb sind hier die Fotos von der Sicherung ausgenommen! Wenn Sie nur wenig mit dem Handy knipsen, können Sie die Fotos auch automatisch auf Google Drive sichern. Dazu tippen Sie unten auf *Fotos und Videos* ❻, erlauben den Zugriff, tippen dann bei *Sicherung* auf den Schalter und dann auf *Jetzt starten.*

Bedenken Sie, dass bei Sicherung vieler Fotos und Videos der Speicherplatz selbst von 15 GB schnell voll sein könnte. In diesem Fall benötigen Sie eine andere Lösung. Am einfachsten ist es, von Zeit zu Zeit Fotos vom Smartphone auf den Computer oder ein anderes externes Speichermedium zu übertragen. Natürlich kann das Smartphone in der Zwischenzeit kaputt gehen und Sie verlieren Fotos oder aber der Computer stellt den Dienst ein. Das ist keine optimale Sicherung, aber besser als nichts. Mehr Sicherheit bietet die Nutzung eines anderen Cloud-Speichers.

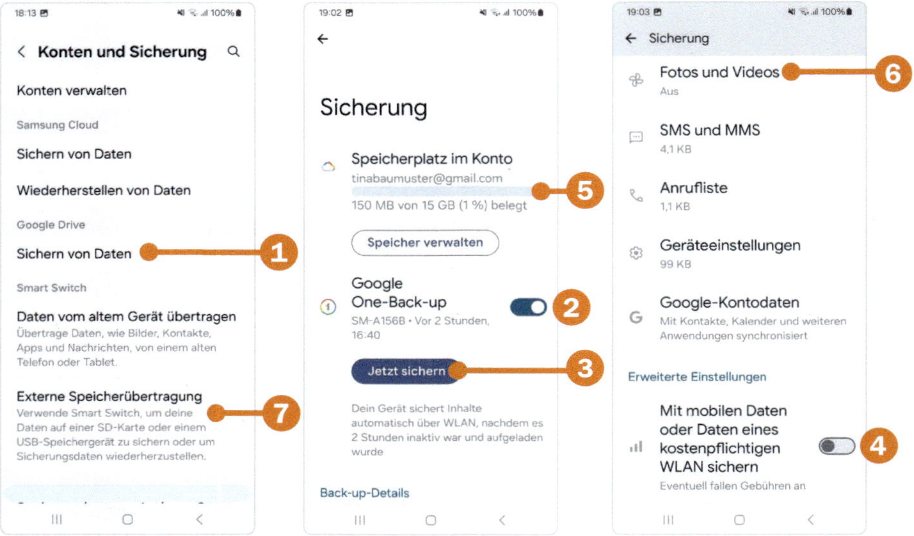

Tipp! Sie können Ihr Back-up auch auf einen USB-C-Stick speichern. Stecken Sie hierzu einen USB-Stick unten in die Ladebüchse und wählen Sie *Externe Speicherübertragung* ❼. Im nächsten Schritt tippen Sie auf *USB-Speicher*, die Daten für die Sicherung werden auf Ihrem Gerät vorbereitet. Wählen Sie die gewünschten Daten aus und tippen auf *Weiter* und *Sichern*.

Smart Switch

Smart Switch ist eine kostenlose App von Samsung. Mit ihr werden nicht nur Fotos, sondern auch Kontaktdaten, Apps, Geräteeinstellungen und sogar das Hintergrundbild des Startmenüs von Ihrem alten Smartphone auf Ihr neues übertragen. Das funktioniert natürlich am besten, wenn es sich um zwei Samsung-Geräte handelt.

Achtung! Wenn Sie WhatsApp verwenden, müssen Sie in WhatsApp ein Back-up auf GoogleDrive erstellen und dieses dann später auf dem neuen Smartphone in WhatsApp herunterladen. Smart Switch überträgt nicht die Whats-App-Chatverläufe.

- Achten Sie darauf, dass beide Smartphones aufgeladen sind.

Altes Smartphone:

- Öffnen Sie *Einstellungen* ▶ *Konten und Sicherung* und tippen Sie auf *Daten vom alten Gerät übertragen* ❶. Falls Smart Switch noch nicht installiert ist, wird eine Meldung angezeigt, dass die App heruntergeladen und installiert wird. Tippen Sie auf *Zustimmen*. Sie müssen den AGB zustimmen, tippen Sie auf *Mehr* ❷ und dann auf *Fortfahren*. Danach zeigt Smart Switch an, welche Berechtigungen benötigt werden, tippen Sie auf *Zulassen*.
- Anschließend vereinbaren Sie, dass dieses Gerät Daten sendet, tippen Sie auf *Daten senden* ❸. Entscheiden Sie dann, ob Sie eine *Kabel* oder *Drahtlos*-Verbindung herstellen möchten. Wir wählen hier die Drahtlos-Verbindung.
- Für den Datenaustausch müssen beide Handys mit demselben WLAN verbunden sein. Für das alte Smartphone ist das schon der Fall und das neue Smartphone verbinden Sie im Einrichtungsprozess. Falls es Probleme bei der Übertragung gibt schalten Sie beim alten Smartphone *WLAN automatisch verbinden* aus, da das den Übertragungsprozess stören kann. Dazu wählen Sie *Einstellungen* ▶ *Verbindungen* und *WLAN*. Tippen Sie dann auf das Zahnrad-Symbol neben dem verbundenen WLAN und ziehen Sie den Regler bei *Automatisch erneut verbinden* auf *Aus*.

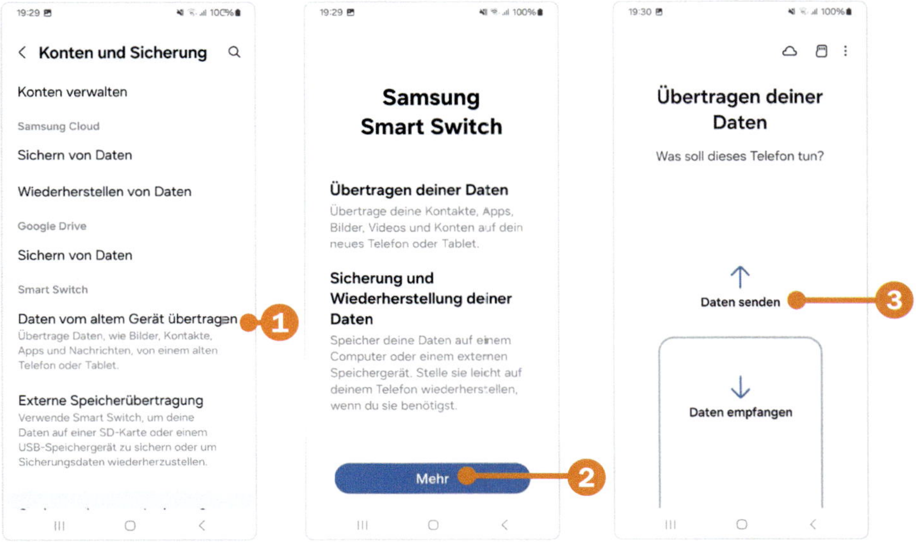

Altes Smartphone

Neues Smartphone

- Altes und neues Smartphone sollten nah zusammen liegen.
- Beginnen Sie mit der Einrichtung Ihres neuen Smartphones, wie ab Seite 29 beschrieben. Wählen Sie die Sprache aus, akzeptieren den Endbenutzervertrag.
- Auf dem neuen Handy erscheint die Abfrage um was für ein Handy es sich handelt. Wir wählen hier *Galaxy- oder Android-Gerät* ❹. Nach Auswahl von Android wird der QR-Code angezeigt. Scannen Sie den QR-Code mit dem alten Gerät

Altes Smartphone

- Tippen Sie auf dem alten Gerät auf *Einrichten* ❺ und scannen Sie den Code. Danach soll die Einrichtung auf dem neuen Gerät fortgesetzt werden.

Neues Smartphone

Altes Smartphone

Altes Smartphone

Neues Smartphone

- Geben Sie die PIN, das Muster oder das Kennwort zum Entsperren des Sperrbildschirms Ihres alten Geräts auf dem neuen Smartphone ein. Tippen Sie auf *Weiter*.

- Tippen Sie bei *Apps & Daten kopieren* auf *Weiter* ❻.
- Im nächsten Schritt akzeptieren Sie die AGBs von Smart Switch mit *Weiter* und tippen auf *Zulassen*, um die benötigten Zugriffsberechtigungen zu erteilen.
- Wählen Sie auch für Ihr neues Smartphone mit *Drahtlos* ❼ eine drahtlose Verbindung. Jetzt wird die Verbindung zur Übertragung der Daten hergestellt.
- Anschließend können Sie auf Ihrem **neuen** Gerät aussuchen, welche Daten übertragen werden sollen. Sie haben die Wahl zwischen *Apps*, *Kontakte, Anrufe und Nachrichten* etc. Belassen Sie die Häkchen bei allen Auswahlmöglichkeiten ❽, um alles zu übertragen. Sie erhalten ggf. eine Hinweis, dass WhatsApp nicht übertragen werden kann.

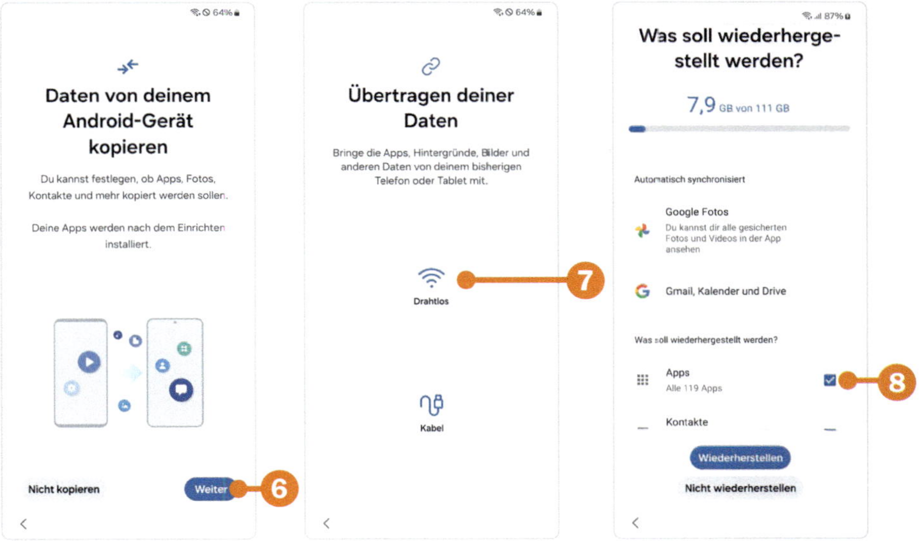

Neues Smartphone

Altes Smartphone

- Wählen Sie auf dem alten Smartphone noch *Bildschirm immer an* ❾, um zu verhindern, dass die Übertragung abbricht.

Neues Smartphone

- Der Einrichtungsprozess, wie am Anfang des Buchs beschrieben (siehe Seite 35), wird fortgesetzt mit Browserauswahl, empfohlenen Apps etc. Schließen Sie den Einrichtungsprozess ab. Die Übertragung der Daten kann etwas dauern. In den Benachrichtigungen sehen Sie den Übertragungsfortschritt ⑩.

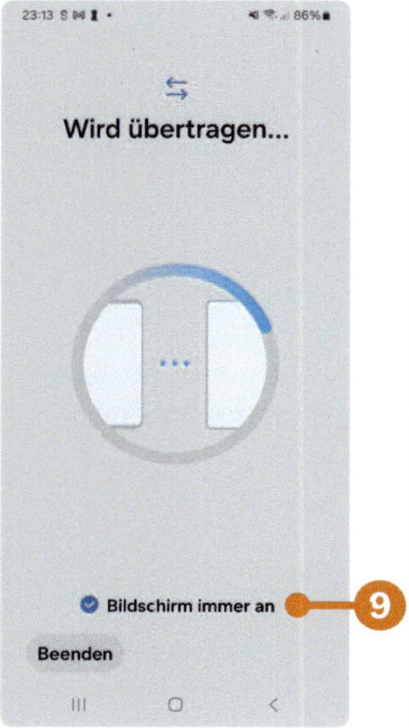

Altes Smartphone

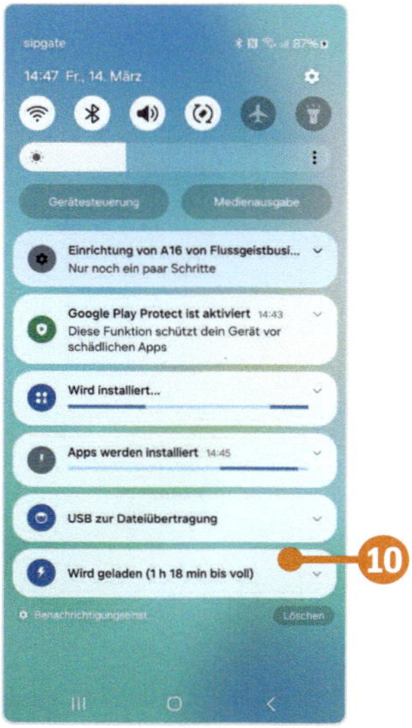

Neues Smartphone

> **Achtung!** Verlassen Sie sich nicht darauf, dass alles kopiert wurde. Kontrollieren Sie die Inhalte des neuen Smartphones, bevor Sie das alte Handy zurücksetzen.

Smartphone zurücksetzen

Sie sollten Ihr Smartphone erst zurücksetzen, wenn Sie kontrolliert haben, dass Ihr neues Smartphone alle gewünschten Daten enthält. Das Zurücksetzen auf Werkseinstellungen bedeutet dass das Smartphone auf den Auslieferungszustand zurückgesetzt wird. Beim Einschalten des Smartphones muss dieses erneut eingerichtet werden und alle Fotos, Anpassungen, neu hinzugefügte Apps, etc. wurden vom Gerät entfernt.

Google- und Samsung-Konto löschen

Löschen Sie zunächst die hinterlegten Konten. Vor allem, wenn Sie das Gerät weitergeben, müssen Sie das Google-Konto löschen, da sich sonst der neue Besitzer nicht mit seinem Konto anmelden kann.

Dazu öffnen Sie die *Einstellungen* ▶ *Konten und Sicherung* und tippen auf *Konten verwalten* ❶. Hier wählen Sie dann das Google-Konto durch Antippen aus ❷ und wählen dann *Konto entfernen*. Analog verfahren Sie mit den weiteren Konten. Für das Samsung Konto benötigen Sie das Kennwort, um dieses zu löschen.

Das Konto wird selbstverständlich nur von diesem Gerät gelöscht. Für Ihr nächstes Smartphone können Sie dasselbe Google-Konto wiederverwenden. Wenn Sie Daten auf Google gesichert haben, müssen Sie sogar dasselbe Konto verwenden, sonst haben Sie keinen Zugriff auf die Sicherungen.

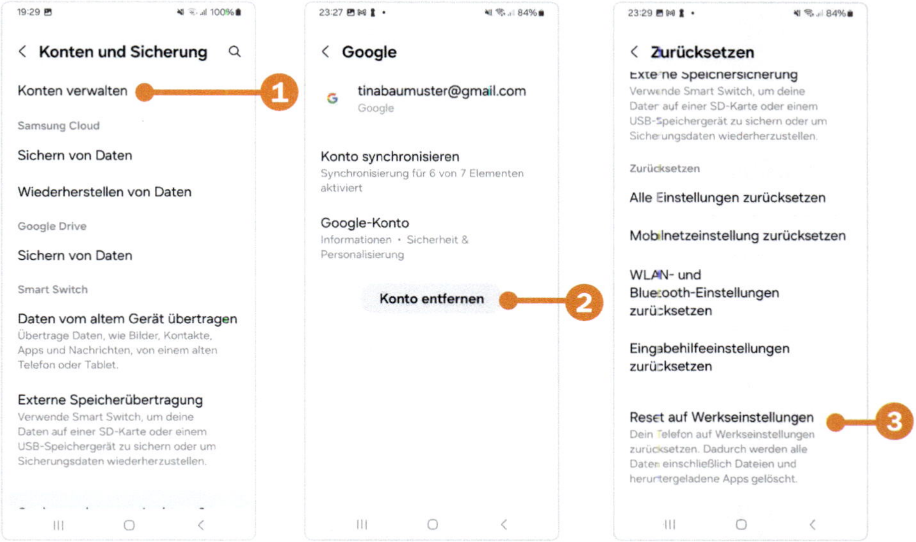

Auf Werkseinstellungen zurücksetzen: Öffnen Sie *Einstellungen* ▶ *Allgemeine Verwaltung* ▶ *Zurücksetzen* ▶ *Reset auf Werkseinstellungen* ❸. Wischen Sie nach unten und tippen Sie auf *Zurücksetzen* und im nächsten Schritt auf *Alles löschen*. Wenn Sie einen PIN etc. als Geräteschutz vereinbart haben, muss dieses eingegeben werden.

Glossar

Account: englische Bezeichnung für ein Nutzerkonto, z. B. ein E-Mail-Konto.

Android: Android ist ein Betriebssystem für mobile Geräte, wie Smartphones oder Tablets. Das Betriebssystem bietet die Plattform zur Speicherung der Apps und deren Bedienung, vergleichbar mit Windows für PCs. Ein konkurrierendes Betriebssystem ist iOS von Apple für iPhones; siehe auch Stock-Android.

App (Anwendung): Der Begriff App ist eine Abkürzung der englischen Bezeichnung Application, zu deutsch Anwendung oder Programm. Apps aus dem Google Play Store werden speziell für Endgeräte mit einem Android-Betriebssystem entwickelt und optimiert.

Back-up: Um dem Verlust Ihrer Daten (Fotos, Videos, Nachrichten, Musik etc.) vorzubeugen, kopieren Sie diese auf ein externes Speichermedium oder in die Cloud. Diese Kopien werden als Back-up oder Datensicherung bezeichnet. Bei einem Defekt des Smartphones oder falls dieses verloren geht, haben Sie zumindest noch Ihre Daten. Sie können Ihre Daten beispielsweise in die Google Cloud (siehe Google Drive) sichern oder Ihre Fotos auch auf den Computer kopieren.

Bildschirm-Time-out: Wenn Sie für kurze Zeit nichts am Smartphone machen, dann wird der Bildschirm ausgeschaltet und das Handy automatisch mit dem Sperrbildschirm geschützt. Diese Funktion nennt sich Bildschirm-Time-out.

Bluetooth: Bluetooth ist eine Methode zur Datenübertragung via Funk über eine Distanz von nicht mehr als zehn Metern. Damit können Sie verschiedene Geräte kabellos miteinander verbinden, beispielsweise Ihr Smartphone mit Bluetooth-Kopfhörern oder einem -Lautsprecher, um Musik vom Handy zu übertragen. Durch Bluetooth können Sie auch Ihr Smartphone mit der Freisprechanlage im Auto verbinden oder mit einem anderen Smartphone.

Browser: Als Browser (engl. to browse = durchsuchen) bezeichnet man Apps, mit denen Sie im Internet surfen, z. B. Chrome von Google oder Samsungs Internet Browser.

Chat: Als Chat (engl. to chat = plaudern) bezeichnet man eine Unterhaltung bzw. einen Austausch von kleinen Textnachrichten über das Internet. Synonym verwendet werden kann der Begriff Instant Messaging.

Chrome: Der Browser von Google, mit dem Sie Seiten im Internet anzeigen.

Cloud(-Speicher): In der Cloud speichern bedeutet, Daten nicht auf dem lokalen Speicher des eigenen Handys, sondern auf einem entfernten Server zu sichern und über das Internet auf diese zuzugreifen. Der Begriff „Cloud" (zu deutsch Wolke) rührt daher, dass für die Nutzer der genaue Speicherort nicht nachvollziehbar ist. Ein Cloud-Speicher (bekannt sind z. B. GoogleDrive oder OneDrive) dient der Speicherung von Sicherungskopien und dem Austausch von Daten.

Datenvolumen: Als Teil Ihres Vertrags für Ihr Smartphone wird Ihnen ein bestimmtes Datenvolumen für den laufenden Monat zur Verfügung gestellt, z. B. 1 GB (ein Gigabyte). Dieses Datenvolumen verbrauchen Sie, wenn Sie nicht mit einem WLAN-Netzwerk verbunden sind und im Internet surfen oder z. B. WhatsApp verwenden.

Display: Das Display ist der digitale Anzeigebereich, also der Bildschirm. Auf einem Touchdisplay können Eingaben mittels Antippen erfolgen.

Download: Download ist der englische Begriff für das Herunterladen von Daten aus dem Internet.

Drag & Drop: Hierbei handelt es sich um die Funktionsbezeichnung, bestimmte Daten, Apps oder Ordner durch Antippen/Anklicken über das Display zu ziehen, um diese zu Verschieben.

EDGE: Das kleine **E** in der Statusleiste des Smartphones steht für **E**nhanced **D**ata Rates for **G**SM **E**volution und bedeutet, dass Ihr Handy aktuell nur Empfang des Mobilfunknetzes der 2. Generation (GSM) hat. Anrufe und das Versenden von SMS sind noch möglich, die meisten Webseiten laden mit EDGE-Empfang jedoch nur sehr langsam oder gar nicht.

E-Mail: Das ist ein „elektronischer" Brief, der über das Internet versendet wird.

Emoji: Ein Emoji (jap. für Bildschriftzeichen) ersetzt insbesondere in Kurznachrichten und Chats längere Begriffe. Emojis können Gesichter bzw. Gesichtsausdrücke darstellen, aber auch Herzen, Gesten, Objekte usw.

Emoticon: Als Emoticons (engl. Kofferwort aus emotion = Gefühl und icon = Symbol) werden bestimmte Zeichenfolgen bzw. Symbolkombinationen bezeichnet, die ähnlich wie Emojis Gefühle ausdrücken. Berühmtestes Beispiel ist der aus Doppelpunkt, Minus und schließender Klammer bestehende Smiley. :-)

Facebook: Facebook ist ein sogenanntes „soziales Netzwerk", in dem man sich ein Mitgliederprofil erstellen und damit Texte, Fotos, Videos etc. hochladen kann. Außerdem ist es möglich, Inhalte zu bewerten, zu kommentieren und sie mit anderen Nutzern zu teilen.

FAQs: Unter **F**requently **A**sked **Q**uestions findet man auf Webseiten und Shops im Internet einen Bereich mit häufig gestellten Fragen und deren Antworten.

Flatrate: Eine Flatrate ist ein Pauschaltarif, mit dem man zu einem monatlichen Fixpreis z. B. unbegrenzt telefonieren oder Daten aus dem Internet herunterladen kann.

Flugmodus: Aktivieren Sie den Flugmodus Ihres Smartphones, werden alle Funkschnittstellen, wie die Telefonfunktion, Bluetooth, NFC oder WLAN, abgeschaltet.

Galaxy Store: Das ist das Samsung-Einkaufszentrum für Apps. Auch hier gibt es ein kostenloses Sortiment; ein Besuch lohnt sich, aber das umfangreichere Angebot finden Sie im Play Store.

Galerie: dient der Anzeige und Bearbeitung Ihrer Fotos und Videos. Die Galerie ist eine Samsung-App.

Gmail: App zum Empfangen und Versenden von E-Mails. Die Gmail-Adresse, die Sie bei der Einrichtung des Smartphones verwendet haben, ist hier bereits hinterlegt.

Google (App): Die Google-App ist kein Browser im engeren Sinne, obwohl Sie auch mit dieser Suchanfragen stellen und das Internet durchsuchen können. Darüber hinaus bietet sie noch weitere Funktionen, z. B. Zusammenstellung aktueller Nachrichten.

Google Assistant: Mit diesem Dienst steuern Sie Ihr Smartphone via Sprachbefehl. Sie können sich einen Witz erzählen lassen, nach dem Wetter fragen oder Ihr Smartphone beauftragen, eine Person anzurufen.

Google Drive: Cloud-Speicher von Google. 15 GB kostenloser Speicherplatz steht zur Verfügung.

Google Lens: eine App zur Bilderkennung, die künstliche neuronale Netzwerke zur Identifizierung von Objekten, Pflanzen, Texten etc. verwendet.

GPS: Global Positioning System (Globales Positionsbestimmungssystem) bedeutet, dass Ihr aktueller Standort via Satellit ermittelt wird.

Hotspot: Als Hotspot bezeichnet man einen öffentlichen Internetzugang, meist kostenloses WLAN, in das man sich einloggen kann.

Icon: ein grafisches Symbol, das auf dem Display die verschiedenen Apps, Dateien usw. darstellt.

Instagram: Instagram ist ein werbefinanzierter Onlinedienst zum Teilen von Fotos und Videos. Nutzer können ihre Fotos und Videos bearbeiten und mit Filtern versehen.

Konto: Ein Konto wird im Internet zur Nutzung verschiedener Angebote benötigt, z. B. E-Mail oder in Form eines Kundenkontos beim Einkaufen im Internet. Zu einem Konto gehören immer E-Mail-Adresse und ein Kennwort. Die E-Mail-Adresse ist weltweit einzigartig und erfüllt eine ähnliche Funktion wie die Kontonummer eines Bankkontos.

Link (Hyperlink): Als Link oder Hyperlink bezeichnet man einen Verweis auf eine Information, die sich an einem anderen Ort befindet. Ein Antippen eines Links genügt, um zu dieser Stelle zu gelangen. Auf diese Weise „surfen“ Sie im Internet zwischen den unterschiedlichsten Seiten.

LTE: LTE steht für Long Term Evolution und bezeichnet die vierte Generation des Mobilfunks, weshalb man auch häufig nur von 4G spricht. Die LTE-Technik ermöglicht schnellere mobile Internetverbindungen mit mehreren 100 Mbit/s im Download und 50 MB/s im Upload.

Malware: Als Malware bezeichnet man eine Software, z. B. Viren, die entwickelt wurde, um in Systemen Schäden zu verursachen. Viren kann man sich unter anderem im Netz beim Surfen, beim Öffnen eines E-Mail-Anhangs etc. einfangen. Mit der nötigen Software kann man dem aber entgegenwirken.

Maps: Karten-App von Google, hier können Sie nach Adressen suchen und eine Navigation von Ort zu Ort durchführen.

Megabit: Einheit, mit der die Datenübertragungsgeschwindigkeit angegeben wird. Ab einer Downloadgeschwindigkeit von ungefähr 25 Megabits pro Sekunde (Mbit/s oder auch MBps) gilt eine Internetverbindung am Handy als sehr schnell. Mit LTE sind theoretisch bis zu max. 500 Mbit/s möglich. Übrigens: Acht Megabits ergeben ein Megabyte.

Megabyte: Einheit zur Messung von Datengrößen (kurz MB). 1024 Megabytes entsprechen 1 Gigabyte (1 GB), 1 MB entsprechen 1024 Kilobytes und 1 KB sind 1024 Bytes.

MicroSD-Karte: Eine microSD-Karte ist ein digitales Speichermedium, das aufgrund seiner geringen Größe häufig bei mobilen Endgeräten zum Einsatz kommt. Mit ihrer Hilfe lässt sich der Speicherplatz auf dem Handy vergrößern.

Online/Offline: Online bedeutet, dass Sie mit dem Internet verbunden sind. Offline hingegen ist das Gegenteil.

PDF: ein Dateiformat für Text und Bild, das sich dadurch auszeichnet, Inhalte originalgetreu wiederzugeben und das nicht versehentlich verändert werden kann.

Pixel (Megapixel): Als Pixel bezeichnet man die Bildpunkte, die zur Darstellung auf dem Bildschirm verwendet werden. Die Auflösung eines Bildschirms gibt die Anzahl der darstellbaren Pixel pro Zeile und Spalte an. Eine Millionen Pixel bilden zusammen ein Megapixel.

Play Store: Hier können Sie sowohl kostenlose als auch kostenpflichtige Apps, Spiele, Filme und Bücher herunterladen.

Podcast: Ein Podcast ist ähnlich einer Radioshow eine Serie von Medienbeiträgen, wie Interviews, Meldungen, Reportagen, Comedy-Beiträge usw., welche in bestimmten Abständen regelmäßig über Apps wie Spotify oder Google Podcast bezogen werden können.

QR-Code: QR steht für Quick Response (schnelle Antwort). Ein QR-Code liefert Informationen, wenn man ihn mit dem Smartphone einscannt, z. B. Webadressen, Telefonnummern etc.

RAM: bezeichnet den Arbeitsspeicher (engl. RAM = Random Access Memory) eines Gerätes. Dort werden alle aktuell ausgeführten Programme, Prozesse und verwendeten Daten zwischengespeichert. Die Größe des Arbeitsspeichers ist im Wesentlichen für die Leistungsfähigkeit eines Gerätes verantwortlich.

Roaming: Mobilfunknutzung im Ausland, umfasst Telefonie, SMS und mobiles Internet. Innerhalb der EU fallen für Roaming in der Regel keine zusätzlichen Gebühren mehr an.

Router: Router sind kleine Geräte, die in einem lokalen, d. h. räumlich begrenzten, Netzwerk die korrekte Übermittlung der Daten regeln und das Netzwerk mit dem Internet verbinden. Aus Sicherheitsgründen sollte jeder Router mit einem Kennwort gesichert werden.

Samsung Notes: App zum Speichern von Notizen, z. B. einer Einkaufsliste. Es gibt Notizen-Apps wie Sand am Meer. Wenn Ihnen diese nicht zusagt, installieren Sie einfach eine andere.

Screenshot: Wenn man einen Screenshot macht, wird der aktuelle Bildschirminhalt abfotografiert und automatisch abgespeichert.

Scrollen: Als Scrollen bezeichnet man das horizontale und/oder vertikale Verschieben des sichtbaren Bildschirmausschnitts. Sie streifen dazu mit dem Finger über den Bildschirm.

Signal (Messenger): Signal ist ein freier und sicherer Messenger-Dienst, der von Sicherheitsexperten und Datenschützern empfohlen wird. Die Kommunikation erfolgt verschlüsselt. Zusätzlich haben die Betreiber der App keinerlei Zugriff auf Nutzerdaten.

SIM-Karte: Eine SIM-Karte ist eine Chipkarte, die ins Handy eingelegt wird. Ohne SIM-Karte ist das Telefonieren und das Versenden von SMS nicht möglich.

SMS: **S**hort **M**essage **S**ervice ist ein Telekommunikationsdienst zur Übertragung von Textnachrichten, die meist Kurzmitteilungen oder SMS genannt werden.

Spam: Nervige oder gar gefährliche Nachrichten, die Werbung oder sogar Viren auf Ihr Gerät zu schleusen versuchen. Meist wird mit billigen Produkten, Gewinnen oder dergleichen versucht, den Empfänger zu locken.

Standort: Wenn Sie die Standortermittlung zulassen, dann wird die Position Ihres Smartphones via GPS ermittelt. Viele Apps (Wetter, Google-Suche, Google-Maps, Fahrpläne etc.) nutzen diese Standortinformationen, um Ihnen passgenaue Informationen anzubieten.

Stock-Android: Das pure Android oder auch Stock-Android bezeichnet ein unverändertes Android-Betriebssystem, wie es z. B. auf Google Pixel Smartphones ausgeliefert wird. Viele andere Hersteller, darunter auch Samsung, nehmen Veränderungen an Android vor und passen die Oberfläche des Betriebssystems an.

Update: Sowohl Ihre Apps als auch die Software Ihres Smartphones erhält von Zeit zu Zeit Aktualisierungen, um Sicherheitslücken zu schließen, Fehler zu beheben, bestehende Funktionen zu verbessern oder neue hinzuzufügen.

VoIP: Mit **V**oice **o**ver **I**nternet **P**rotocol wird zum Telefonieren nicht der traditionelle Mobilfunk genutzt, sondern die Internetverbindung.

WhatsApp: Mit WhatsApp schreiben Sie Nachrichten, versenden Fotos oder telefonieren mit der Familie mit Übertragung eines Videos. Diese App muss heruntergeladen und installiert werden.

Widget: Mit Widgets kann man die wichtigsten Informationen einer App schnell anzeigen, z. B. aktuelle Termine der App Kalender. Widgets können in verschiedenen Größen auf dem Startbildschirm angeordnet werden und zeigen Inhalte, ohne dass man sie öffnen muss.

Wi-Fi: steht für Wireless Fidelity und ist die Markenbezeichnung für einen drahtlosen Datenübertragungsstandard des Institute of Electrical and Electronics Engineers. Wi-Fi-gekennzeichnete Geräte sind fähig, WLAN zu empfangen. Daher werden die Begriffe WLAN und Wi-Fi meist synonym gebraucht, obwohl Wi-Fi nicht die einzige Art von WLAN ist.

WLAN: steht für Wireless Local Area Network, also ein kabelloses, lokales Netzwerk. Für Zuhause haben Sie wahrscheinlich einen Router (Internetzugang über die Telefonleitung) oder ein Kabelmodem (Internetzugang über eine TV-Kabelverbindung) erhalten und eingerichtet. Mit diesem Gerät verbinden Sie Ihr Smartphone, aber auch den Computer, Laptop oder das Tablet und erhalten dadurch eine Verbindung zum Internet. Außerhalb eines WLANs verbindet sich das Smartphone über das Mobilfunknetz mit dem Internet (mobile Datenverbindung).

YouTube: Portal mit Videos zu fast allen Themen, kann kostenlos verwendet werden.

Zwei-Wege-Authentifizierung: Das ist ein zusätzlicher Sicherheitsschutz. Ein Account wird nicht nur durch ein Passwort geschützt, sondern durch eine weitere Abfrage.

Index

U

V

W

Y

Z